全国革命老区县发展史丛书·广东卷

# 大埔县革命老区发展史

大埔县革命老区发展史编委会　编

SPM 南方出版传媒·广东人民出版社
·广州·

图书在版编目（CIP）数据

大埔县革命老区发展史／大埔县革命老区发展史编委会编. —广州：
广东人民出版社，2020.3
（全国革命老区县发展史丛书·广东卷）
ISBN 978-7-218-13797-1

Ⅰ. ①大… Ⅱ. ①大… Ⅲ. ①大埔县—地方史 Ⅳ. ①K296.54

中国版本图书馆 CIP 数据核字（2019）第 176874 号

DAPUXIAN GEMING LAOQU FAZHANSHI

## 大埔县革命老区发展史

大埔县革命老区发展史编委会　编

出 版 人：肖风华

出版统筹：钟永宁
责任编辑：廖智聪
装帧设计：张力平
责任技编：周　杰　周星奎

出版发行：广东人民出版社
地　　址：广州市海珠区新港西路 204 号 2 号楼（邮政编码：510300）
电　　话：（020）85716809（总编室）
传　　真：（020）85716872
网　　址：http://www.gdpph.com
印　　刷：广州市浩诚印刷有限公司
开　　本：715mm×995mm　1/16
印　　张：22.75　插　页：16　字　　数：300 千
版　　次：2020 年 3 月第 1 版
印　　次：2020 年 3 月第 1 次印刷
定　　价：78.00 元

如发现印装质量问题，影响阅读，请与出版社（020-85716808）联系调换。
售书热线：（020）85716826

# 广东省编纂《革命老区县发展史》丛书
# 指导小组

组　长：陈开枝（广东省老区建设促进会会长）

副组长：林华景（广东省老区建设促进会常务副会长）

　　　　宋宗约（广东省农业农村厅副巡视员、广东省老区
　　　　　　　　建设促进会副会长）

　　　　刘文炎（广东省老区建设促进会副会长）

　　　　郑木胜（广东省老区建设促进会副会长）

　　　　姚泽源（广东省老区建设促进会副会长兼秘书长）

　　　　谭世勋（广东省老区建设促进会副会长）

## 办公室

主　任：姚泽源（兼）

副主任：廖纪坤（广东省农业农村厅扶贫协作与老区建设处
　　　　　　　　处长）

　　　　柯绍华（广东省老区建设促进会副秘书长）

　　　　伍依丽（广东省老区建设促进会副秘书长）

# 《大埔县革命老区发展史》编纂委员会

顾　问：张达文　吴深干　黄占添　黄焕土
　　　　张　杰　刘澎光　杨彬兴
主　任：朱汉东　熊锋松
副主任：黄建庭　李礼醒　李　宏　陈伟平
　　　　陈军营　蓝　欣　杨自强　袁光明
编委会成员：袁光明（县老促会）　何凯涛（县府办）
　　　　　　蔡　葵（县委宣传部）何晋江（县扶贫局）
　　　　　　黄佳清（县党史办）　张建新（县方志办）
　　　　　　甘海洋（县党史办）　赖特成（县扶贫局）
　　　　　　黄志忠（县委宣传部）庄忠伟（县委办）
　　　　　　林德树（县老促会）　陈介成（退休老干部）
　　　　　　余　敏（退休老干部）张上兴（县老促会）
　　　　　　连国良（县老促会）　刘建明（县老促会）
主　编：袁光明
副主编：林德树　陈介成　余　敏
组织协调单位：大埔县老促会
编审人员：袁光明　林德树（兼统稿）　陈介成
　　　　　　余　敏　蔡　葵　张建新　甘海洋
　　　　　　黄志忠　庄忠伟　赖特成　邱汉章

在举国欢庆新中国成立 70 周年前夕，中国老区建设促进会王健会长请我为《全国革命老区县发展史》丛书作序，作为一名在老区战斗过并得到老区人民生死相助的老兵，回首往事，心潮澎湃，感慨万千，深感义不容辞，欣然应允。

中国革命老区，是以毛泽东为代表的中国共产党人在领导人民推翻帝国主义、封建主义和官僚资本主义三座大山，争取民族独立和人民解放伟大斗争中建立的革命根据地，在这片红色的土地上，诞生了无数可歌可泣的革命英雄儿女，为后人树起了一座不朽的丰碑，她是新中国的摇篮，是党和军队的根。

在艰苦卓绝的战争年代，老区人民把自己的命运与中华民族的命运紧紧地联系在一起，与中国共产党和人民军队的命运紧紧地联系在一起，他们生死相依，患难与共。我曾亲历过战争年代，并得到过老区红哥红嫂的救助，切身感受到发生在身边的一幕幕撼天动地的革命故事，在那极其艰难的条件下，老区人民倾其所有、破家支前，不怕艰难困苦，不怕流血牺牲。"最后一碗米送去做军粮，最后一尺布送去做军装，最后一件老棉袄盖在担架上，最后一个亲骨肉送去上战场"，这是当时伟大的老区人民为建立新中国做出巨大牺牲的真实写照，它将永远镌刻在中国共产党、中国人民解放军、中华人民共和国的历史丰碑上。他们的光辉业绩永载史册，他们的革命精神必将影响一代又一代的革命新人，造就一代又一代的民族脊梁。

在社会主义革命和建设时期，革命老区和老区人民响应党的号召，面对落后的面貌、脆弱的经济、恶劣的生态环境，他们本色不变，精神不丢，自力更生，艰苦奋斗，干一行爱一行。始终坚持"革命理想高于天"，自觉做共产主义远大理想的坚定信仰者和忠实实践者，勇于向恶劣的自然环境和贫穷落后宣战，他们在各条战线上为国建功立业，用平凡的双手创造了一个又一个不平凡的奇迹，彰显了老区人的崇高精神和人格力量。

在改革开放的伟大进程中，老区人民解放思想，勇于创新，发奋图强，攻坚克难，老区的经济社会建设取得了辉煌成就。特别是在改变中国的面貌、中华民族的面貌、中国人民的面貌、中国共产党的面貌的伟大实践中发挥了至关重要的作用。老区人民既是改革开放的参与者，也是改革开放的推动者。

艰苦练意志，危难见精神。老区人民在近百年的革命战争、社会主义建设和改革开放的伟大实践中，孕育形成了伟大的老区精神：爱党信党、坚定不移的理想信念；舍生忘死、无私奉献的博大胸怀；不屈不挠、敢于胜利的英雄气概；自强不息、艰苦奋斗的顽强斗志；求真务实、开拓创新的科学态度；鱼水情深、生死相依的光荣传统。这是党和人民宝贵的精神财富、丰厚的政治资源，是凝心聚力、振奋民族精神的重要法宝，也是社会主义核心价值观的重要内容。

中国老区建设促进会怀着强烈的政治责任感和历史使命感，组织全国各地老促会人员克服困难，尽心竭力编纂《全国革命老区县发展史》丛书，记录老区的光辉历史和辉煌成就，传承红色基因，弘扬老区精神，是功在当代、利及千秋的一件大事。手捧这部丛书的部分书稿，读着书中的故事，倍感亲切，深感这部丛书具有资政、育人、存史的社会功能，有着重要的时代和历史价值。它是不忘初心、牢记使命的源头活水，是赞颂共产党、讴歌老区人民的一部精品力作，是弘扬老区精神、传承红色记忆的丰厚载体，是一项继承优秀传统文化、弘扬革命文化、发展社会主义先进文化，坚定"四个自信"的宏大文化工程。它必将成为一种文化品牌，为各界人士了解老区宣传老区支持老区提供一部有价值的研究史料。希望读者朋友们能从中了解并牢记这些为党和民族的利益不断奉献的老区人民，从中得到教益，汲取人生奋斗的精神动力。

新时代赋予新使命，新起点开启新征程。让我们更加紧密地团结在以习近平同志为核心的党中央周围，坚持以习近平新时代中国特色社会主义思想为指导，增强"四个意识"，坚定"四个自信"，做到"两个维护"，弘扬老区精神，铭记苦难辉煌。为实现"两个一百年"奋斗目标，实现中华民族伟大复兴的中国梦作出新的更大的贡献！

2019 年 4 月 11 日

　　2017 年 6 月，中国老区建设促进会组织全国各地老促会启动编纂《全国革命老区县发展史》丛书，按照"建立中国共产党、成立中华人民共和国、推进改革开放和中国特色社会主义事业"三大里程碑的历史脉络，系统书写革命老区百年历史，深入挖掘革命老区红色文化资源，这对于充实丰富中国革命史籍宝库、在新时代传承红色基因、弘扬革命精神、强固根本，对于激励人们在新的历史条件下夺取中国特色社会主义伟大胜利，实现中华民族伟大复兴的中国梦具有重要意义。

　　丛书编纂以习近平新时代中国特色社会主义思想为指导，以《中国共产党历史》《中国共产党的九十年》等重要文献为基本依据，以党的领导为核心，以老区人民为主体，以老区发展为主线，体现历史进程特征，突出时代发展特色，坚持辩证唯物主义和历史唯物主义相统一、历史真实性与内容可读性相统一的原则，书写革命老区从站起来、富起来到强起来的光辉革命史、不懈奋斗史、辉煌成就史，把老区人民的伟大贡献、伟大创造、伟大成就、伟大精神充分展示出来，形成一部具有厚重历史特征和鲜明时代特色的精品力作。这是一部培根铸魂、守正创新，既为历史立言，又为时代服务，字里行间流淌着红色血脉、催生着革命激情的传世之作。丛书的编纂出版将成为讴歌党讴歌人民讴歌时代、传播红色文化、为革命老区和老区人民树碑立传的重要载体。

丛书按照编年体与纪事本末体相结合、以编年体为主的编写体例确定框架结构；运用时经事纬、点面结合的方式记述史实；坚持人事结合、以事带人的原则处理人与事的关系；采取夹叙夹议、叙论结合以叙为主的方法展开内容。做到了史料与史论、历史与现实、政治与学术统一，文献性、学术性、知识性相兼容。

为编纂好《全国革命老区县发展史》丛书，打造红色文化品牌，中国老区建设促进会认真组织积极协调，提出政治立场鲜明、史料真实准确、思想论述深刻、历史维度厚重、时代特色突出、编写体例规范、篇目布局合理、审读把关严格、出版制作精良的编纂出版总要求，力求达到革命史籍精品的精神高度、思想深度、知识广度、语言力度，增强丛书的权威性和社会影响力。各省（区、市）、市（州、盟）、县（市、区、旗）老促会的同志，以强烈的使命感、责任感和紧迫感，勇于担当，积极作为，认真实施，组织由老促会成员、专家学者等参加的十余万人编纂队伍。编纂工作主体责任在县，省、市组织协调、有力指导、审读把关。各方面人员以高度负责的精神和科学严谨的态度，满腔热情地投入工作，为丛书编纂出版做出了重要贡献。丛书编纂工作还得到了党和国家有关部委、地方各级党委政府及有关部门的大力支持和积极参与，社会各界也给予了热情帮助。中共中央政治局原委员、中央军委原副主席、原国务委员兼国防部长迟浩田上将，对老区人民怀有深厚感情，对革命老区建设发展十分关注，欣然为《全国革命老区县发展史》丛书作总序。

丛书由总册和 1599 部分册（每个革命老区县编纂 1 部分册）组成，共 1600 册。鉴于丛书所记述的史实内容多、时间跨度长和编纂时间紧，不妥之处，敬请批评指正。

中国老区建设促进会

## ● 革命遗址、旧址及重点纪念设施 ●

"八一"起义军三河坝战役旧址及纪念碑、纪念园

"八一"起义军在三河坝留下的"誓死杀敌"墙标　　三河坝战役指挥部旧址——田氏宗祠

多宝坑小站缵诒堂

余均平旧屋中站仓库

棣萼楼（秘密仓库）

红色交通线大埔中站

中央红色交通线示意图

大埔角仓下的中共南委机关旧址（右）及闽粤赣边区革命历史陈列馆

大埔革命烈士纪念碑（县城五虎山）

大埔县第一个党支部——高陵仰文学校党支部遗址所在处所

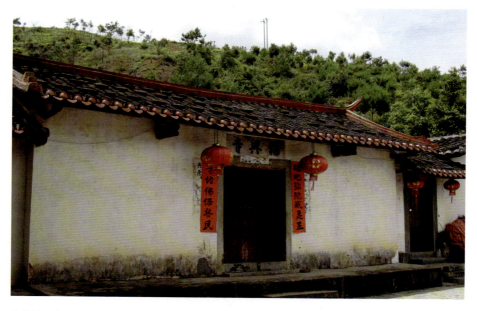

大埔第一个农会——太宁农会旧址（茶阳太宁福兴寺）

大埔县部委扩大会议旧址——桃源镇郭氏学校

长北乡、埔北区、埔五区苏维埃政府旧址——茶阳镇高乾村

早期大埔县委办公旧址
和农运领袖饶龙光故
居——义训堂

中共南方工作委员会
机关旧址——西河镇
漳北村竞业楼

抗日游击队韩江纵队
第三、四支队成立地旧
址——银江镇豆甲坑

中共闽粤赣边工
委扩大会议旧
址——茶阳镇严
背村盛公祠

中共闽粤赣边区党
委成立地旧址——
光德启明寺

枫朗镇保安村
韩江军政干部
学校旧址

中共闽西地委成立地旧址——西河镇岩上大老寨庆云楼

罗明故居（枫朗镇坎下村）

## ● 交通先行 ●

梅大高速公路及东延线

梅坎铁路

# ● 瓷电主导 ●

广东粤电大埔电厂（三河镇汇东村）

广东粤电青溪电厂

## ● 园区集聚 ●

高陂陶瓷产业园区

民间瓷艺

瓷业兴隆

● 美丽城乡 ●

县城一角

大麻镇小留村新居

大埔西河镇黄堂村省
级新农村示范区

湖寮镇莒村

# ● 社会祥和 ●

平安大埔

广场里的健身热

大埔地处闽粤交界，境内群山簇拥，万壑纵横，人文荟萃，民风淳朴，是一方充满魅力的热土。赤帜高扬，星火燎原，早在1925年至1926年，大埔便先后建立起了中共仰文学校党支部、百侯缝业工会、太宁农会、中共大埔县部委会。1927年6月，县党组织发动工农群众在大埔县城茶阳举行武装暴动。1927年10月，"八一"起义军在三河坝英勇抗击国民党反动派，浴血奋战三昼夜，在建军史上写下了光辉一页。1930年夏秋，党中央开辟了一条从上海经大埔青溪通往闽西中央苏区的红色交通线，青溪交通中站曾为中央苏区转送过大批革命力量和军用物资。这条交通线被称为摧不垮的苏区生命线。抗日战争时期，中央南方局秘密设立中共南方工作委员会（简称"南委"），"南委"的机关就设立在枫朗大埔角村。解放战争时期，中共闽粤赣边区委员会和中国人民解放军闽粤赣边纵队先后在光德漳溪村启明寺和上漳村成立。八一起义军、红四军、闽粤赣边纵游击队等无数革命先烈用热血染红了这片土地，筑起了一座座不朽的丰碑。

2009年1月8日，中共中央党史研究室确认大埔县为原中央苏区县。

中华人民共和国成立以后，大埔老区人民在党和政府领导下，继承先烈遗志，发扬革命传统，致力于老区建设。改革开放以来，特别是党的十八大后，老区干部群众坚持以习近平新时代中国特色社会主义思想为统领，努力开创出决胜全面建成小康社会新局面。

为贯彻落实习近平总书记关于"发扬红色资源优势，深入进行党史、军史、老区革命史优良传统教育，把红色基因代代传下去"的指示，中国老区建设促进会部署全国编纂《全国革命老区县发展史》丛书。县委、县政府主要领导对《大埔县革命老区发展史》编纂工作高度重视，亲自挂帅组成《大埔县革命老区发展史》编纂委员会，领导编辑出版事宜，具体事项由大埔县老促会协调落实。

《大埔县革命老区发展史》是大埔老区人民为民族解放、为中华人民共和国成立英勇奋斗历史的真实记录，也是大埔老区人民在社会主义建设各个时期以昂扬斗志、披荆斩棘、勇往直前，取得一个个辉煌成就的客观展示。我们力争把《大埔县革命老区发展史》编纂成为存史育人，鉴古观今，让人们不忘历史，不忘初心，牢记宗旨的教材。它将激励后人奋力拼搏，把红色土地建设得更加富庶、文明、和谐，以告慰革命先辈。愿将此书献给广大读者，共同分享饱含红色文化的老区史篇。

《大埔县革命老区发展史》编委会

2019 年 8 月

# 1

## 第一章

县域概况

## 一、地理位置与自然特征

大埔县位于广东省东北部、韩江中上游，东北紧靠福建省平和县、永定县，东南连接潮州市饶平县，西依梅县区、梅江区，南邻丰顺县和潮州市潮安区。全县区域总面积2462.02平方公里。

大埔县属亚热带季风气候。境内年平均气温22.1℃，年降水量1750.3毫米，年日照时数1656.9小时。

大埔有"山中山"之称。山地面积298万亩，耕地24.76万亩，是典型"八山一水一分田"的山区县。

大埔山脉大部分为北南走向，四周高，中间低，粤东的莲花山、凤凰山，闽西南的水珠崇、象湖山等山系在这里集结，奇峰如柱如屏，拔地而起，千岩万壑，纵横交错，气象森森。

大埔境内溪流纵横。隋朝时改县名"义招"为"万川"，似与川流众多有关。发源于福建宁化的汀江，来自紫金、龙川的梅江，源自福建平和的梅潭河，在境内的三河坝汇合成粤东第一大河——韩江，然后南下潮汕，注入南海。

大埔自然资源丰富。丰溪省级森林公园以原始森林神秘而闻名遐迩，溪流飞瀑、珍稀动植物多；阴那山以奇峰秀石、古木幽径为神奇；双髻山以天然石岩石洞、摩崖石刻著称；西岩山以烟云树海、万亩茶园饮誉南国；韩江以两岸青山耸翠、风景秀美的"韩江画廊"而声名远播。大埔县水力资源丰富，理论蕴藏水力发电量为70万千瓦，可开发量为53.1万千瓦，已开发39.95万千瓦。矿产资源主要有铁、镍、铅、锌、钨、钼、锡、铜、金等金属矿；有磷、水晶石、长石、石英石、瓷土、紫砂陶土等非金属矿。瓷土储量4.2亿吨，紫砂陶土储量超1亿吨，有800多年制作陶瓷的历史。大埔全境适宜种植蜜柚、茶叶、烤烟，全县种蜜柚12.4万亩，茶叶10万亩，优质烤烟2万亩。

## 二、历史沿革

大埔历史悠久，境内已发现多处属于新石器晚期的文化遗址和商墓群，证明早在 3000 多年前就已有人群聚居。县志载：远自夏商周 3 代，大埔为扬州南裔地，秦汉时属揭阳。

东晋义熙九年（413 年）立义招县。

隋大业三年（607 年）改义招县为万川县。义招、万川县治均设在湖寮古城。

唐武德四年（621 年）废万川并入海阳县（今潮安）。

此后，历宋、元及明前期，均为海阳县光德乡。

明成化十三年（1477 年）立饶平县，大埔为饶平地。明嘉靖五年（1526 年）分饶平县的清远、恋洲两都置"大埔县"。

清乾隆三年（1738 年）划出白芒畲、箭竹洋、下畲子、塘子腹、风吹礤、青麻园等 6 处归丰顺县。

民国时期大埔县归潮州管辖。

1949 年中华人民共和国成立后，先后属兴梅专区、粤东行政区、汕头专区管辖。1965 年属梅县专区，1983 年属梅县地区，1988 年至今归属梅州市管辖。1958 年撤丰顺县，划潭江、黄金、隯隍、大龙华 4 个公社归大埔县管辖；1960 年复设丰顺县，上述 4 个公社重划归丰顺县管辖。

明重置大埔县时县城驻茶阳，1961 年春，县治由茶阳迁至湖寮镇。

## 三、行政区划

大埔县现辖湖寮、百侯、枫朗、大东、高陂、光德、桃源、大麻、三河、银江、洲瑞、茶阳、西河、青溪 14 个镇和丰溪林场，256 个村、居委会，其中村委会 245 个、居委会 11 个。全县总人口 57.19 万人，常住人口 38.18 万人。全县人口主要为汉族，兼有蒙古、回、壮、满、瑶、土家、黎族等 23 个少数民族的少量居民。大埔县是"客家人"聚居地，语言以客家方言为主，光德镇九社、高陂镇埔田等村间有漳州、潮州语。

## 四、革命老区概况

新中国成立后，曾于 1952 年、1958 年和 1985 年对革命老区进行三次评划，又于 1989 年、1991 年、1993 年进行增补评划，至 1994 年 6 月，经省审查批准，大埔县有革命老区村 1291 个（自然村，含土地革命战争时期和解放战争时期）。全县 14 个镇 1 个场均有革命老区村庄。老区人口 387205 人，占全县总人口的 78.1%。老区耕地面积 12198.72 公顷，老区山地面积 190405.2 公顷。

大埔县被广东省人民政府确定为广东省重点革命老区县。

2009 年 1 月 8 日，经中共中央党史研究室认定，大埔县为原中央苏区县。

另经广东省有关部门认定，在革命战争年代，大埔县为革命牺牲的烈士有 651 人。其中辛亥革命时期牺牲的烈士 3 人；第一、二次国内革命战争时期牺牲的烈士 494 人；抗日战争时期牺牲的烈士 21 人；解放战争时期牺牲的烈士 133 人。

# 第二章
## 地方党组织的建立、发展与初期的革命斗争

  大埔是接受新民主主义思想乃至马克思主义理论传播较早的一块红色土地。1925 年秋，大埔首个中共党支部——高陂仰文学校党支部成立。在党组织的领导下，国共合作期间的大埔的工人运动、农民运动蓬勃兴起。"四一二"反革命政变后，大埔县的革命"武装暴动"也此起彼伏。武装暴动虽失败，但暴动有力地打击了国民党右派，也使大埔共产党组织和革命群众得到了锻炼。

# 大埔首个中共党支部的建立

1911 年 10 月，孙中山领导的辛亥革命，结束了中国两千多年的封建帝制，播下了民主共和的思想种子，促进了人民民主主义的觉悟。但是，革命的胜利果实很快被帝国主义和封建势力的代表袁世凯篡夺。

1917 年 10 月，俄国爆发十月革命，开辟了人类探索社会主义道路的新时代。正如毛泽东所说：十月革命一声炮响，给中国送来了马克思列宁主义。

远在岭南一隅的大埔山区也不例外。

## 一、革命思想的传入

第一次世界大战结束后的 1919 年，中国以战胜国身份出席了巴黎和会，并提出废除不平等条约的要求但被无理否决。5 月 4 日，北京学生集会，高呼"外争国权，内惩国贼"等战斗口号。全国舆论沸腾、群情激昂。大埔《旬报》及时报道爱国学生运动的消息，各中小学师生集会游行，组织了学生剧社，编演白话剧，开展社会宣传活动，星期天设台演讲，举行抵制日货的斗争。县城大埔中学（原乐勤中学）张善铭、贺遵道、陈成都（陈正，永定人）等组织学生十人，搜查日货，上街游行。沿街各店挂出"抵制日货"等标语。学生剧团还在天后宫筑台，公演白话剧，揭露日本侵略野心和罪行。而后下乡串联各校，开展反日救国运动。高陂仰文学校林谔庵校长及谢天放等组织学生救国团上街游行，成立救国演出团，赴全县各区圩场演出。大埔旅潮小学，由校长刘竹岩及杨简士、郭寿华组织师生参加潮州反日示威游行，成立学生救国团，与高陂仰文学校联合成立学生剧社，钟展南、郭瘦真、连学史（连贯）等先后参加剧团演出。自始，连续 3 年在潮州、大埔、永定等地公演，宣传抵制日货等。各区设立阅报社，向青年提供上海、北京、汕头出版的书报。大埔青年深受新文化运动的启迪。

在新文化思潮的影响下，张善铭、郭瘦真、卓庆坚、赖玉润、蓝裕业等纷纷外出求学，有的进入军校，探索救国救民之真谛。

在新文化运动的影响下，大埔兴起办学之风，1921 年增办中、小学 166 所，共有中学 2 所，小学 232 所，提倡发展科学和民主。为了振兴民族精神，大埔中学实行军事体育训练，学校自制木枪开展军训，学生贺遵道、连学史等在民主思想的影响下，于 1922 年发动反对学校专制的学生择师斗争，抗议个别守旧教师对学生的苛刻管理。因贺遵道等被开除学籍，激发了全校罢课行为，并取得旅省同学会声援，提出撤销教育局长职务以平息埔中风潮的要求。校长黄柏声、教师罗卓英被逼辞职，学校撤销开除学生令。同期，同仁区湖山公学勒令月考不及格学生退学，全校学生进行罢课斗争，张土生等广州、汕头新学生社派员支援，校方被迫收回勒令。学生择师斗争的胜利，使民主思想在大埔得以广泛传播。

## 二、新学生社及团组织的建立

受"五四"新文化思潮的影响，大埔同乡会书报社收订北京《晨报》、上海《时事新报》、《民国日报》、《向导》周刊、《创造》周刊、《金中》周刊等，使大埔青年从宣传资产阶级民主与科学，逐步转向宣传俄国十月革命和社会主义思想。1921年春，旅省大埔学生张善铭、郭瘦真等参加了谭平山等人在广州组织的马克思主义研究会、创办《广东群报》等活动。蔡国枢参加陈独秀举办的宣传员养成所学习。

1921年7月，中国共产党第一次全国代表大会在上海召开，通过了中国共产党的纲领，确定党成立后的中心任务是组织工人阶级，领导工人运动。8月，出席中共"一大"的代表陈公博回广州传达"一大"精神，成立中国共产党广东支部，谭平山任书记。张善铭等与会者为党支部成员。至1922年6月，张善铭、郭瘦真、赖玉润为广东支部32名党员之一。

11月，谭平山在广东筹建社会主义青年团分团，张善铭被指定参加联络工作，与蓝裕业、郭瘦真等对原大埔旅省同乡会进行改组，修改同乡会章程。大埔旅省部分学生利用寒暑假回乡之机，在茶阳、高陂等地举办青年团讲座，指导各校学生会的活动等等。

1923年秋，张善铭于广东甲种工业学校毕业后回到家乡，向大埔中学的同学张高友等介绍广州学生运动情况，宣传俄国十月革命和马克思主义，鼓励他们读"中学"（入团）考"大学"（入党）。埔中学生会接受广东新学生社的章程，组织大埔中学新学生社，为广东新学生社大埔分社，并吸收饶维昌、罗筹添加入社会主义青年团，成立大埔中学独立支部。张土生亦于湖寮湖山公学组织新学生社，郭寿华回到大麻，向小留郭氏甄藻学校师生宣传广州学生运动以及新学生社的组织等情况，组织广东新学生社大麻分社，发动了数千农民示威，要求减租减息，引起团广东区委的重视，派员巩固大麻农民运动成果，组织了英雅农会，开展反吊佃、反大斗收租的罢耕斗争。

1925年2月，广东政府军第一次东征，中共广东区委、共青团广州地委为支持东征，成立岭东团组织，派廖其清、罗振醒先期到汕头联络，7月，成立团汕头地方委员会，廖其清任书记。此时，因东征军返广州平息商团军的叛乱，洪兆麟趁潮梅空虚回师潮汕。团汕头地委决定团员分散活动，返回农村。郭寿华及郭瘦真、邹师贞等均先后回大埔，恢复新学生社的活动。埔中、陂中、麻中、三中、侯中、仁中，以及各处小学都有新学生分社之设立。

东征军政治部周恩来率部进入潮梅后，派肖隽英留大埔公开组织国民党，建立由肖隽英、郭栋材、杨肖仁组成的大埔县党部筹委会。东征军回师广州平息刘杨之乱后，整编成立国民革命军，举行第二次东征，取得广大群众的支持。大埔新学生社、青年团积极支援东征，沿途均张贴欢迎革命军标语，并设站备好茶水、粥饭犒劳义军。宣传队在三河、茶阳举行了军民联欢大会，大埔中学新学生社还邀请东征军宣传队来校作报告。宣传队与国民党大埔县党部筹委会郭栋材、杨肖仁、徐鹿琴等研究党部问题，决定吸收赖释然、杨简士等中共党员参加筹委会，同时，选派代表出席东江会议。23日，东征军总指挥部总政治部主任周恩来，在汕头召开惠潮梅地区党代表会议，会上，周恩来作政治报告，赖玉润作党务报告，大埔代表郭栋材亦在会上作了大埔政治形势的发言。会上廖其清当选为检察委员会主席，郭栋材任提案审查委员会委员。1926年初，周恩来出任国民政府"东江各属行政委员"，并主持了惠潮梅行政会议，大埔县县长谢直君、教育局长李景崧、教育界代表、工人代表、商会代表等出席了会议。会议给大埔代表很大的鞭策，为大埔建立统一战线打下了基础。

1926年春，在广州加入共青团的张穆回到百侯，担任百侯中学教师，他在学校组织新学生社，先后吸收侯中学生、侯小教师、店员等加入共青团，成立共青团百侯支部，张穆任支部书记。至1927年4月，团员发展到100多人。

1926 年 7 月，共产党员学生廖仲达、钱干城等组织共青团高陂支部，廖仲达任团支部书记。

### 三、大埔首个中共党支部诞生

1925 年初，东征军政治部宣传科的罗伯良与前来慰劳东征军的郭瘦真及团广东区委学生部长郭寿华，候补执委邹师贞先后到汕头，拟回家乡大埔指导和帮助建立中共地方组织和国民党大埔县党部。

此时，高陂市小教师赖释然在汕头加入中国共产党，后随郭瘦真到广州参加第三届农民运动讲习所学习，后任农民运动特派员，派回大埔开展农民运动，发展党、团组织。

1925 年 5 月，赖释然回高陂市小后，组织教师联合会，宣传孙中山的联俄、联共、扶助农工三大政策，宣传打倒军阀，介绍俄国十月革命的经验，组织传阅《共产主义 ABC》，讲述农民问题是中国革命的根本问题等。通过教师联合会，先后吸收市小教师陈井（陈紫英），仰文学校学生会负责人廖仲达、张拱南及市小学生郭才等加入中国共产党，在高陂竹头下蚬子坑召开秘密会议，填写入党申请书，举行入党宣誓仪式，建立高陂党小组，廖仲达任小组长。经廖仲达、张拱南介绍同班同学李孔光、赵迪生、廖良海、徐家诗、钱干城、罗华明等与教师陈用光、廖秀藩、罗欣然等人加入中国共产党。不久，成立中共高陂支部，廖仲达任书记。大埔首个中共党支部由此而诞生。

第
二
节

# 中共大埔县党组织的发展

## 一、党的组织逐渐发展

1925 年 7 月，因东征军回师广州，洪兆麟部复占潮汕。旅潮小学教师杨新民、李言皆、杨简士等党员，遵照团汕头地委"分散活动，开展农村工作"的决定，分别回到百侯小学、附城西南小学及县教育局工作，李言皆、饶维昌在维靖乡吸收李理皆等加入中国共产党后，成立中共维靖支部，李言皆任书记，不久又吸收饶万成等为中共党员。

杨新民、杨凤阳回到百侯小学，吸收丘荣泉等加入中国共产党后，建立百侯支部，由杨新民任书记，后发展了杨树荣等人加入中国共产党。1926 年春，依广东党团联席会议的规定，接收超龄团员转党，大埔在工人、农民中发展团员、党员总数达 100多人。

大埔党组织的建立，为大埔人民在大革命时期的革命斗争做好了组织准备，为大埔风起云涌的工农运动揭开了序幕。

## 二、中共大埔特别支部和中共大埔县党部的成立

1925 年 11 月，国民党大埔县党部筹委会郭栋材出席东江各属县党部代表会议期间，由郭瘦真介绍加入中国共产党。会后回大埔与赖释然、杨简士、李言皆、饶龙光、徐鹿琴等积极发展国

民党组织，建立国民党大埔县党部筹委会，并在党部内组织了中共大埔特别支部，由农运特派员赖释然任书记，隶属广东区党委并归赖玉润任书记的中共潮梅特委领导。特别支部下辖高陂、维靖、百侯支部。1926 年初，张土生与钟展南介绍邓龙光等加入中国共产党后，在桃源公学成立党支部，张土生任书记。第一次国共合作时期，中共在茶阳养育堂设立了党机关，建立了附城区、高陂区党部。中共大埔特别支部的共产党员积极帮助国民党大埔县党部筹委会开展工作。经共产党员和国民党左派的努力，组织了行业工会、农会、新学生社等群众团体，提出"改善工人生活""提高工资""实行 8 小时工作制""减租减息"等口号。发展国民党组织的同时，吸收先进分子加入中国共产党。至 1926 年3 月，全县国民党员达 2000 多人，建立了 8 个区党部、44 个区分部，并于县城茶阳举行了第一次代表大会，选出国民党县党部执委 7 人，其中有中共党员郭栋材、饶龙光、赖释然、李言皆，共青团员谢卓元。郭栋材任常务委员兼工人部长，饶龙光任青年部长，李言皆任宣传部长，赖释然任农民部长，徐鹿琴任组织部长，杨肖仁任商民部长，杨简士等当选为监委委员，这为中共大埔地方党组织的发展壮大提供了有利条件。

1926 年 3 月，在广州发生"中山舰事件"。5 月，蒋介石在国民党内进一步提出"整理党务案"，排挤打击共产党人。面对逆转的形势，中共广东区委、团广东区委决定整顿党团组织，清除动摇分子，加紧训练中坚分子，以巩固党团组织，更好地发挥党团组织的作用。中共大埔特别支部及国民党大埔县党部对党的组织也分别进行了整顿，重新登记党员。国民党党员重新登记后有 1156 名，其中双重党籍者占一半以上，8 个区党部的领导人均是共产党员或团员。中共大埔特支在整顿党组织的基础上，进一步发展组织，填补空白乡村。饶维昌于西河黄沙梧冈学校组织青年读书会，吸收进步青年陈梅光等加入中国共产党，建立黄沙支部，陈梅光任支部书记。李言皆、李理皆赴大麻恭州翠英刘氏学校开展建党工作，建立恭州党支部，李言皆兼书记。张鸣铿接任维靖支部书记。

1926年7月，为培训革命干部，中共汕头地委创办"东江农工运动人员养成所"，由罗明负责。中共大埔特别支部选派李明光、张克韬、郭才、连半天等20名共产党员、国民党左派参加了学习，李明光任学习班的党支部书记。结业后，郭才留汕头，连半天调平远，其他回大埔，开展工农运动，随北伐军做政治工作。

1926年11月，郭栋材奉中共汕头地委委员郭瘦真之命，在茶阳养育堂召开会议，组建中共大埔县部委。郭栋材任书记，饶龙光任组织委员，李言皆任宣传委员，赖释然任农运委员，杨简士任工运委员。后增设军事委员，先后由郭栋材、饶龙光兼任。中共大埔县部委下有高陂仰文支部、市小支部、百侯支部、维靖支部、桃源支部、黄沙支部、恭州支部等。

### 三、党组织进一步发展

县部委成立后，饶龙光、赖释然到太宁发动农民运动。经赖释然、饶龙光及张高友介绍，县教育督学饶炳寰加入中国共产党。饶炳寰回太宁公学以任教作掩护，组织农会、农军，并吸收饶寿田、饶福昌入党后，建立党小组，不久扩大为太宁支部，饶炳寰任书记。此后又吸收赖金华等人入党。接着饶龙光、赖释然又赴长教吸收农运积极分子谢快能等加入中国共产党，建立长教（新村）支部，谢快能任书记。赖释然巡视西河，与饶维昌介绍张恨秋入党，并派他前往岩上建立党组织。张恨秋在家乡麻园发展孙纪龙等人入党后，建立中共岩上支部，张恨秋任书记。

1927年1月，罗欣然、廖秀藩赴平原北坑，吸收农会干部郑伦武等加入党组织后，建立北坑党支部，指定郑伦武任书记。

在桃源，由郭瘦真、张土生吸收邓云光、钟道生入党，1927年夏，邓云光、钟道生在桃花介绍张维阶等人入党后，建立桃花支部，由张维阶任支部书记。张土生、钱干城赴洲瑞，在营子里吸收教师丘宗海等人入党，建立党支部，丘宗海任书记，后又在赤水德馨学校介绍黄同奇等入党，与张国栋一起组成赤水支部，黄同奇任书记。郭瘦真和黄海波介绍李良惠等加入党组织，建立澄坑支部，黄海波任书记。

在埔西大麻、银江等地，谢卓元介绍房运明、房明光、余勇文等入团。1927年春，团潮梅特委宣传委员何德常回银江昆仑小学任校长。郭栋材赴银江检查工作，决定他们由团转党，分别建立房运明任支部书记的冠山支部、廖顺光任支部书记的坪上支部、张凤初任支部书记的乌石坪支部。1927年春，赖释然任湖山公学校长，吸收蓝始有等入党后，建立湖山支部，赖释然兼任书记。

1927年3月，郭栋材调新编第二师政治部工作，由饶龙光接任书记兼组织委员、军事委员。在蒋介石集团压迫共产党和工农力量日趋明显的情况下，大埔党组织积极发展，共产党员仍在国民党县党部中占有领导地位，造就了较好的革命形势。北伐军北上途经大埔，处处受到群众欢迎。

# 群众运动兴起

## 一、反帝反封建宣传活动的开展

中共大埔地方党组织创建后，进一步发挥教师联合会、新学生社的组织作用，组织教师、学生在城乡广泛宣传革命思想，组织剧团公演，组织游行集会，举办演讲会，组织青年读书会等，把社会宣传与社会服务结合起来。提倡平民教育，开办夜校，招收农村青年及妇女入学，以夜校为阵地，进行反帝反封建的宣传。当时开办夜校计高陂五六间，大麻二间，西河黄沙一间，每间学生约 100 人。党内发行的《共产党宣言》《共产主义 ABC》《向导》《中国青年》及同乡会的《大声》等供师生阅读传播。党组织还派人帮助当地群众组织农民协会、行业工会。

1925 年夏，广州沙基惨案的消息传来，县城茶阳及高陂等地各界群众，分别举行反对帝国主义者的抗议集会游行，召开郭光彩烈士追悼会，声援上海"五卅惨案"示威大会。

1926 年 5 月 30 日上海"五卅惨案"纪念日，银江公学组织师生游行，演出帝国主义、军阀土豪欺压劳苦大众的活报剧，编制歌谣，揭露土豪劣绅的霸道。一名东山中学学生参加游行，被巡官扣留，银江公学学生会组织童子军冲击警察所，迫使巡官放出被扣学生，此举扩大了学生运动的影响。

## 二、工人运动的兴起

1922 年 5 月，郭瘦真出席第一次全国劳动大会。回来后，发动工人运动，并提出了建立大埔陶业工会的建议。在青坑、沙雷、长三坑组织了陶业工会。中共大埔县部委成立之后，在上级的指导下，于国民党大埔县党部中设工人部，郭栋材任部长。中共大埔县部委设工人运动委员，由杨简士任委员。国共两党合作，发动和组织了行业工会，由国民党左派徐鹿琴具体组织，发动高陂的工人和店员，参加反帝集会游行，逐步建立了高陂缝业工会、篷船工会、搬运工会、店员工会百业工会和理发工会。张土生在桃源发动召集陶业工人在桃源公学开会，成立桃源陶瓷工会，邓汉龙任主席。平原在徐鹿琴指导下，建立平原陶业工会。各地工会提出实行八小时工作制，增加工资等要求。为了与企业主斗争，高陂、桃源陶业工会，联合饶平、丰顺陶业工会，在高陂组成饶和埔陶业总工会，推举郭瘦真任总工会主席，徐鹿琴负责具体业务，经营高陂出口的陶瓷工业产品，直接运销潮汕，抵制陶瓷商人的剥削。工会实行工票制，由总工会与各业主结算，凭工票支付工资，以达到提高工人工资的目的。

1926 年 8 月 1 日，丘荣泉、杨鹤松等在百侯成立缝业工会，选出杨经伦任会长，揭开了百侯工人运动的序幕。此时，大埔有工会 2 个，会员 212 人。

百侯工会成立后，组织罢工斗争，举行集会游行，百侯师生也积极参加了游行，迫使资本家推出代表肖督生与工会负责人谈判，接受工会提高工资的条件，斗争取得了胜利。1926 年 10 月，杨经伦应邀参加汕头召开的岭东缝业工会代表大会。会后，百侯缝业工会成为岭东缝业总工会百侯分会。

### 三、农民运动蓬勃发展

1923 年，茶阳太宁的饶龙光、饶伟昌、张高友等先进教师，阅读了《新青年》《每周评论》《向导》等刊物，较早地受到革命思想的影响。他们以学校为中心，夜校为阵地，串联先进青年，开设平民学校，建立太宁乡自治促进会，在民众中享有很高的威望。

1926 年春，省农民协会农运特派员赖释然到太宁协助饶龙光等人组织太宁农民协会。协会设于福兴寺，公推饶龙光为农会主席，成为大埔县第一个农民协会，会员很快发展到 1500 多人。太宁农会开展了轰轰烈烈的"二五减租"运动，还编印了《太宁月刊》，传播革命思想和农运事迹。在大埔革命史上，太宁农会和农民运动写下了光辉的一页。

太宁农会的成立影响很大，附城各乡纷纷要求组织起来。长教于 1926 年秋成立了长教乡农民协会，谢快能任主席。刘德、胡伟初等在城东下马湖一带发动农民，建立农会，刘德任主席。大靖、黄沙也以学校为中心，发动农民组建农民协会。邹国平建立仁厚村农会后报请广东省农民协会批准，扩大成立花窗乡农民协会。张恨秋在西河汶水成立农会，由黄文秀任主席。青溪乡由徐元熊组织农会。

平原北坑小学教师郑伦武发动成立农会，参加农会者 200 多人，郑伦武任主席。平原乡农会，廖勒石任主席。桃源的黄天锡、逆流的苏江兰、乌槎的廖秀藩、三洲坑的苏薄廷、赤山的黄天亮、赤水的蔡子超、古野的郭月楼等，分别组织成立了乡农会。

在埔东王兰，赖释然、连半天发动王兰小学教师下乡到中岭、陶金坑等地建立王兰乡农民协会。

1927 年初，谢卓元回英雅组织了农会，选举管伯基任主席。郭栋材和黄埔军校学生余远经在银江学校组织举行"五卅惨案"

纪念大会，向农民宣传革命道理，会后，组织进步老师下乡建立农会。余远经组织成立了银中村农会，房德清任主席；昆仑村何德常、冠山房明光、乌石坪张凤初分别组织成立了农会。

部分农会为实现"二五减租"开展了斗争，英雅农会进行罢耕斗争。群众基础较好的太宁农民协会，提出"一切权力归农会""实行孙中山的三大政策""减租减息"，乡外的地主不敢进太宁收租。

"中山舰事件"后，附城区的肖雨史、饶两我乘机反攻倒算，企图追回"二五"减去的田租利息。中共大埔县部委、国民党大埔县党部发动太宁、长教、城东等农会会员到县城举行孙中山逝世一周年纪念集会，揭露反动县长出卖革命政权的罪行，组织游行，并封锁了城门，搜捕贪官，逼使东江行署免去了陈毓辉县长职务，斗争取得初步胜利。

赖释然出席广东省第二次农民代表大会后，传达了大会精神，并带回《广东省农民协会章程》《农民自卫军组织法》组织学习。太宁农民协会、农民自卫军组织经报请省农民协会批准，于1926年12月在太宁召开农民自卫军成立颁证、颁旗仪式大会，举行全乡游行示威，鼓舞了农民的斗志。农民自卫军开展"一仙"运动捐款购枪，并向各姓祖尝、殷实人家募购枪支。自卫军还组织青年舞狮队，以春节拜年募捐等方式筹款购枪70多支，农民献出鸟枪、土铳、长矛等300多件，建立了农民自己的武装。

郭瘦真、郭栋材、徐鹿琴分别在桃源、桃花组织以党、团员为骨干的农民武装队伍桃源自卫军，由邓云光任队长。桃花由郭应龙等召集成立桃花农民自卫军中队，由张原臣任队长。两队联合行动，于韩江桃花口打反动轮船，筹款购枪。黄沙农民自卫军以支部为基础扩大组织，由党支部书记陈梅光担任队长。

为把减租减息在全县铺开，农会要求县政府发布减租减息条文，通令各乡执行，但县长拒不签发。于是，在城区各农会于

1927年3月12日孙中山逝世两周年纪念日举行联合大会及示威游行。游行队伍在饶龙光、饶炳寰率领下进入县衙，向县政府请愿。县长曾希周见势逃之夭夭，县政府秘书被迫接见了请愿代表，答应印发布告，实行减租，废除田租外的剥削，规定租斗为15斤的铁斗。英雅农会在杨肖仁的带领下，制出花岗石的标准石斗，设在那口、水兴码头，以便核实地主使用的收租斗，如超大则砸掉，并加以处罚。

### 四、民众对北伐战争的支援

在共产党人的推动和影响下，广州国民政府领导的国民革命军于1926年7月9日举行北伐誓师大会。东路军于8月进驻大埔三河、高陂，筹划北伐入闽。

中共大埔县部委积极动员各乡农会、工会、教师联合会支援北伐战争。罗欣然、贺域道在高陂组织工人、学生，把北伐军宣传队带来的大批标语、宣传小册，分送到各乡张贴和散发。师生们组成宣传队为北伐军作客语翻译，配合做好宣传工作。高陂、大麻、三河、茶阳、太宁、长教等沿途的乡村农会、工会等团体，备足茶水、米粥，招待过境北伐军官兵。9月17日，北伐军进入太宁、长教后，饶龙光、饶寿田、张高友等发动了1000多名的农会会员、农民自卫军干部，组成军需运输队，运送粮食、枪弹等，派出骨干力量，随军参加宣传队。10月10日，北伐军攻打永定县城时，太宁农军参加出击湖雷、坎市等战斗，北伐军送锦旗一面，书云"十五年秋，我军入闽，道经太宁，深得乡人赞助，特赠此旗，以作纪念"。罗欣然、李明光等编入第二路军政治部宣传队。县部委书记郭栋材亦调任新编第二师政治部主任，直接参加北伐战争。他们在战斗中经受了锻炼，培养了才能，成为后来大埔武装斗争的领导力量。

# 第四节 "四一二"反革命政变后的武装暴动

1927 年春，蒋介石发动了"四一二"反革命政变，疯狂搜捕和屠杀共产党人及革命工农群众。7 月 15 日，汪精卫在武汉召开分共会议，同蒋介石集团一起对共产党员和革命群众实行大屠杀，至此，国共两党合作发动的大革命宣告失败。

在大革命中组建的中共大埔县部委，一开始就处于国共两党的合作形势中，共同发动了工农运动，多数领导干部都具有双重党籍，在中共广东区（省）委的领导下，表现了很强的革命组织才能，涌现出罗欣然、李明光、丘宗海、谢卓元、肖月华等骨干人物。他们逐步形成大埔革命的中坚力量，使大埔在大革命失败后，革命步伐仍继续前进。

继上海"四一二"反革命政变后，4 月 15 日，李济深在广州发动了政变，组建国民党广东省清党委员会，在广州、汕头进行了反革命大屠杀，邹师贞（长治人）等 100 多名共产党员惨遭杀害。大埔县清党委员会改组旅省同学会及《大声》杂志社，清除共产党员、团员后，回大埔改组了国民党大埔县党部，对全县国民党员进行重新审查登记，组织革青社取代新学生社，开除进步学生。国民党党员原有 2000 多人，"清党"后仅有 134 人。区党部也组成改组委员会，白色恐怖笼罩了整个大埔。

在白色恐怖中，中共海陆丰地委与中共汕头地委于 4 月下旬联合组成中共东江特别委员会，建立惠潮梅农工救党军总指挥部，加强了与省委失去联系的东江各县党组织的领导，统一了共同斗争策略。不久，汕头地委书记郭瘦真、秘书长贺遵道等及北伐军政治部的郭栋材、罗欣然，宣传队的李明光、丘宗海等亦先后回到大埔，他们带回上级指示精神及外地工农斗争经验，批评大埔县部委没有组织暴动，不红不白，促成中共大埔县部委于高陂召开部委扩大会，郭瘦真、赖释然等出席，郭栋材、丘宗海、李沙蒂、张土生及闽南特委书记罗明列席了会议。郭瘦真传达中共东江特委的会议精神，并介绍了普宁、潮安暴动的经验。会议决定发动高陂、茶阳暴动，夺取政权，并制订了暴动计划和进行领导分工，决定高陂由郭栋材指挥，茶阳由饶龙光指挥，罗明和黄埔军校学生罗法胜参加茶阳暴动。

## 一、湖寮、茶阳和百侯暴动

赖释然为配合高陂、茶阳的行动，在湖寮发动暴动。1927年6月2日晚，农会骨干在蓝氏进化学校集中，由赖释然、蓝始有分别作动员报告和行动计划部署。次日凌晨，他们手携几支烂步枪及耙头、钩刀等武器，兵分两路出击警察所和区署。在两路农军的突然夹攻下，警察和区长毫无防备，只好举手投降。赖释然等收缴了区署武装，在福地坪召开暴动胜利庆祝大会，宣布成立区人民政府。

为组织好县城茶阳暴动，饶龙光、饶炳寰、张高友在罗明帮助下，分析了形势，进行了部署。由于高陂暴发洪水没有行动，郭栋材、郭才也赶来参加茶阳暴动。6月5日，茶阳也受洪水影响，当天饶龙光、张高友在太宁公学集中农军100多人，会合前来支援的永定农军40多人由山路进入县城东门，赖释然率湖寮、西河农军经大靖进入西门。他们在罗法胜的指挥下，手握驳壳枪、步枪及其他手枪、耙头、长矛浩浩荡荡进入县城。驻军、警察闻风而逃，农军冲进县衙，搜捕反动分子，收缴枪支，夺取了县府政权，贴出安民告示，向群众揭露国民党反动派屠杀工农的罪行，宣传工农政权，实行八小时工作制、减租减息等政策和主张。

中共百侯支部获悉湖寮、县城茶阳暴动胜利后，组织学生、店员、青年促进社集会游行，揭露百侯区长杨省我勾结土豪劣绅发行卖税抵纳券、勒索工农的罪行，游行中丘荣泉指挥百侯工农武装冲进区署，收缴了区署的枪支。

茶阳、湖寮、百侯的暴动，使革命群众受到极大的鼓舞，增强了群众革命胜利的信心。

## 二、联合阵线政权建而复失

暴动推翻了国民党右派大埔县政权，建立了共产党与国民党左派联合政权，组织了大埔县政务委员会和军事委员会。还以中国国民党大埔县革命委员会名义，委任郭栋材为政务委员会主席兼军事委员会主席，饶龙光、李敏臣任副主席。以太宁、桃源、桃花农民自卫军为基础成立大埔县农民自卫军独立第一团，饶龙光任团长兼党代表；太宁农军为第一连，饶寿田任连长；桃源等埔南农军为第二连，邓云光任连长。全团暂定300人。

县政务委员会之下，建立了三个区级革命政权：张高友组织附城区政务委员会，百侯区政务委员会由杨子褒任主席，同仁区政务委员会由赖释然任主席。

第一次暴动后，虽建立了联合阵线政权，但维持时间很短，湖寮仅7天，百侯、茶阳仅10天。6月17日，新任国民党大埔县县长刘职超率一营兵力进占了大埔，县、区联合阵线中的中共党员、农军被迫撤出城镇，转入乡村。国民党改组委员肖雨史等组织商团军"进剿"太宁等地，农民自卫军独立第一团第一连伏击商团军数次，给予一定的打击，终因力量悬殊，被迫分散，部分撤入团村、城东隐蔽。埔南高陂革命力量，撤入桃源。

# 第三章

## 中央苏区县的形成和苏区人民的浴血奋斗

　　"八一"起义军入境大埔以及三河坝战役的打响极大地鼓舞了大埔共产党人和民众的斗志，推动了大埔武装割据的兴起和红色政权的创建。大埔苏区最终成为中央苏区的组成部分。

"八一"起义军三河坝战役

### 一、"八一"南昌起义及"八七"会议精神的贯彻

1927 年，中共中央决定利用共产党掌握和影响下的国民革命军在南昌举行起义。

7 月，周恩来受党中央指派前往南昌，成立中共前敌委员会，周恩来任书记，贺龙任总指挥，叶挺任前敌总指挥。

8 月 1 日，举行南昌武装起义，占据了南昌城。"八一"南昌起义打响了武装反抗国民党反动派的第一枪，揭开了中国共产党独立领导武装斗争和创建革命军队的序幕。

8 月 3 日，起义军依原定计划从南昌南下广东。

为纠正党在大革命后期的错误，制定新的路线和政策，中共中央于 8 月 7 日在湖北汉口召开紧急会议（即"八七"会议），通过了《中国共产党中央执行委员会告全党党员书》，确定实行土地革命和武装起义的总方针，号召党和人民继续进行革命战斗。

在早之前的 8 月 3 日，中央发出关于湘鄂粤赣四省农民秋收暴动大纲，为加强对南方各省的领导，决定在广东建立南方局并要求闽南农民运动需与东江相衔接。中共广东省委为贯彻中央的决议和指示，制订暴动工作大纲，省委要求各地发动实施秋收起义。

随后，张善铭主持召开东江特委、海陆丰地委联席会议，制

定暴动计划，举行了海陆丰暴动。东江特委委员、汕头地委书记郭瘦真回到大埔，在桃源传达了"八七"会议精神和中共广东省委发动东江暴动，迎接起义军入粤的指示。罗明要求中共大埔县部委，支持调大埔入党的张鼎丞回永定县溪南发展党组织，建立中共金沙支部。罗明还在枫朗日新小学向县委委员赖释然及温仰春等部分中共党员传达了"八七"会议精神。

1927 年 8 月，中共大埔县部委在光德澄坑召开扩大会议，贯彻"八七"会议精神，贺遵道传达了省委和地委准备暴动、组织进一步秘密化的指示，外地回来的黄炎、李沙蒂也参加了会议。会议决定调整领导，增选贺遵道、黄炎、李沙蒂、丘宗海等参加县部委，李沙蒂接任宣传部长，饶龙光任书记兼组织部部长，健全各级组织机构，建立区委。埔北成立中共附城区委，饶炳寰任书记；埔东成立中共百侯区委，杨新民任书记；埔南成立中共高陂区委，李沙蒂任书记；埔西成立中共大（麻）（三）河区委，李庆溪任书记，房明光任副书记。

8 月下旬，中共大埔县部委按潮梅暴动委员会的指示，组织大埔县暴动委员会指挥全县暴动。大埔县暴动委员会成立后，受东江工农革命军总指挥部及中共大埔县部委指挥。

## 二、高陂、茶阳的第二次暴动及迎接起义军入埔

中共大埔县部委在中共汕头地委书记郭瘦真的指导下，于高陂留田举行扩大会议，具体研究策应起义军入埔和高陂、茶阳暴动的计划。

9 月 11 日，张土生、赵学军率古野农军，丘宗海率三洲农军，吴龙波、钟展南、邓云光率桃源农军，黄海波率光德农军，约 600 多人按计划发起对高陂的进攻，一举占领高陂区署，收缴了区署的枪械，成立肃反委员会，由丘宗海负责，镇压了反动资

本家。

高陂暴动胜利后，赖释然、李明光与中共汕头地委秘书罗伯良北上永定、上杭迎接起义军前敌委员会。他们在上杭受到前委书记周恩来的接见，聆听了周恩来关于南昌起义的意义和用武装的革命反对武装的反革命，在广东建立革命根据地的指示。

9月16日，贺龙率起义军由福建省永定汀江进入大埔，前锋第二十军第二师第四团在大埔石下坝击溃陈铭枢的一个营。国民党大埔县县长刘职超等反动分子闻风而逃。中共大埔县部委书记饶龙光等获悉起义军入埔，精神抖擞，即率农民自卫军独立第一团第一连进入大埔县城，同时派江弼群率农军一部北上石下坝，与起义军联系。18日，贺龙与苏联顾问高尔罕及警卫员等乘船直抵三河坝。第二师师长秦光远指挥第一团、第二团、第四团沿汀江轻装直下三河坝。同日第二十军第一师、第三师水陆两路进驻大埔县城；次日，前委李立三、彭湃在县府接见了太宁、西河漳溪农军。中共大埔县部委在养育堂举行欢迎起义军进驻大埔的干部会议，研究部署筹粮筹款，做好后勤供给，支援起义军战斗。会后，郭栋材与李明光率农军第二连随起义军第二十军进驻三河坝，第十一军第二十四师次日下三河坝，两军在三河坝会师。第十一军第二十五师在朱德率领下于20日进入县城，朱德看望了在城警卫的第一连农军，送长枪150支，另送5支给漳溪农军。22日，刘伯承率驻三河坝之起义军直下潮汕，房明光、黄拱辰、余勇文等与大麻、银江学生随军南下潮州，协助做宣传和翻译工作。第二十五师同日赶赴三河坝留守，牵制与阻击梅县方向的国民党军钱大钧部。郭栋材率独立团第二连跟随起义军指挥部，负责联络工作。起义军还在汇城东门的大沙坝举行军民联欢会。

中共汕头地委书记郭瘦真赴高陂，在民船上见到了前敌委周恩来、彭湃及贺龙等，并一起直下潮安。船到潮安青天白日（地名）登岸后，周恩来指示"组织东江工农革命军，由彭湃任总指挥，杨石魂、郭瘦真任副总指挥"。郭瘦真受命后带钟展南又回三河坝与朱德联系，朱德给郭瘦真1000元大洋和100支枪，挂起"东江工农革命军副总指挥办事处"的牌子。为支持梅县组建革命武装，郭瘦真给王克欧大洋400元回梅县组织武装。朱德还拨给英雅农军和高陂农军各50支步枪，加强了大埔农军的装备和战斗力。

### 三、埔域工农政权的建立

南昌起义军进入大埔后，大埔山河一片红。

高陂暴动胜利后，成立了黄炎任主席、李沙蒂任组织部部长、张土生任宣传部部长、罗欣然任财政部部长、丘宗海任军事部部长的高陂区工农革命政府。

9月16日，农军独立团第一连占据县城后，成立大埔县人民革命政府，饶龙光任主席。19日，起义军前敌委员李立三、彭湃，正式委任大埔县工农革命政府成员：饶龙光任主席，郭瘦真、郭栋材任副主席，李卓寰任县公安局局长，饶炳寰任秘书。同时成立附城区工农革命政府，张高友任主席。大埔县工农革命政府成立后，即抽调人员下乡发动各区暴动，组织区工农革命政府，筹集军粮，组织宣传队、慰劳队、运输队支援起义军。

中共百侯区委在起义军入埔之际，发动工人、农民、学生暴动，再次占据百侯区署，成立蓝朝任主席的百侯区工农革命政府。区工农革命政府成立后，派杨树勋等20多人到三河附近各乡宣传，派梁进阶、杨兰史、温仰春等奔赴茶阳协助做好支前工作。

中共大（麻）（三）河区委，在起义军进占大埔后，成立李庆溪任主席的埔西区工农革命政府。

全县先后建立了四个区级政权，全面发动群众，支援起义军。

起义军第二十五师师长周士第回忆："我们到达三河坝后，中共大埔县部委派一个同志驻在师部，与我们保持密切联系，派人帮助第二十五师到西面的梅县县城和北面的松口等地侦察敌情，给我们提供后勤支援。第二十五师政治部也派出工作队，在三河坝一带做群众工作，宣传党的政策。"宣传队所到之处，张贴《土地政纲》《告革命同志书》《总指挥贺示》等。贺示云："照得本部各军，富于革命精神，此次南昌起义，原为救国救民；转战千里来粤，只求主义实行，对于民众团体，保护十分严谨。对于商界同胞，买卖尤属公平，士兵如有骚扰，准其捆送来营；本军纪律森严，重惩决不姑徇，务望各业安生，特此郑重声明。"

## 四、"八一"起义军三河坝战役

"八一"起义军主动撤离南昌，南下广东，目的是"先得潮、汕、海陆丰，建立工农政权"，后取广州，再举北伐。起义军进抵广东大埔县后，作出了分兵部署：周恩来、贺龙等率领主力向潮州、汕头进发；第九军副军长朱德和第二十五师师长周士第、党代表李硕勋率领3000多人据守大埔三河坝，阻击由梅县松口方向追来的国民党军钱大钧部（约两万人），以掩护主力南下潮汕。

三河坝地处梅江、汀江、梅潭河的汇合口，史有"得此控闽赣，失此失潮汕"之称。朱德获敌人进占梅县的消息后，为避背水作战之忌，将部队从汇城转移至汇东笔枝尾山一带。此时，国民党军钱大钧部由梅县、松口进逼三河坝，向起义军进攻。

10月1日，朱德部3000余人在大埔农军、民众配合下，与敌激战。敌军强征民船载兵从河西轮流东渡强攻。起义军依凭滩头、竹林、山头工事，严阵以待，采用"半渡而击"的战术将敌船大部打沉打漏，多次击退了敌军的强渡。1日夜，敌军从上游又强征50多只木船，正面掩护强渡，起义军击毙敌人一部，半数敌人爬上东岸，占据滩头竹林。第七十五团团长孙一中等，乘敌立足未稳，带领 6 个连战士猛反击，全歼登岸的 300 余敌兵。

次日，敌军集中大炮、机枪于旧寨天子岽（今火车站）向起义军猛烈射击，掩护强渡。起义军英勇反击，毙伤其一部。另一部分敌军数百人在下游几里的石子笃山脚偷渡，第七十三团在陈毅等的指挥下全歼这股敌军。是夜，敌军一部从下游十里的大麻附近林坑渡江，占领了梅子岽山头。第二十五师参谋处处长游步仁、第七十三团团长黄浩声、团党代表陈毅协同指挥，起义军官兵英勇出击，但因敌军人多势众，并且占领了有利地形，形成双方对峙的态势。

3 日早晨，大雾封江，敌人从上游的恭沙渡口偷渡汀江、梅潭河占领了东门部。此时，桂系黄绍竑部吕焕炎师、黄旭初师两个师占据韩江东岸的高陂，截断起义军南下潮汕的通道；钱大钧部新编第一师、苏世安第十八师又在大麻、恭州两处渡江，占据太阳岽，王文翰第二十师在东文部向起义军发动强攻。起义军与敌血战三个昼夜，虽给敌重大杀伤，但自己也伤亡数百人，又处于敌军绝对优势的三面包围中，弹少、援绝。3 日晚，为了保存革命力量，朱德决定撤出战斗，采用"次第掩护，逐步撤退"的战术，摆脱敌军。4 日，起义军在百侯小学举行了军民联欢大会，朱德应邀在侯南小学（杨氏宗祠）门前作了形势报告。5 日，转赴饶平，准备到潮汕与主力会合。

6 日晨，第二十军教育团参谋长周邦采带领从潮州突围的数百人到饶平茂芝与朱德部会合，带来了叶、贺主力在潮州、丰顺失利的消息。在此极端险恶的情况下，朱德在饶平茂芝召开了军事会议，以非凡的革命胆略和求实精神，作出了"隐蔽北上，穿山西进，直奔湘南"的正确战略决策。起义军于 7 日离开茂芝，沿闽粤边境入福建省平和县，途经永定下洋，于 12 日再入大埔北部太宁的排楼坝，支援农军击退"进剿"太宁的肖雨史商团军，次日由饶寿田、张佳来、江弼群为向导，经长教进入永定的峰市，后赴武平，转抵赣南，并在1928年4月底率部上井冈山，和毛泽东领导的秋收起义部队胜利会师，建立了中国工农红军第四军。

## 五、大埔党组织和革命群众对起义军的支援

在三河坝战役中，中共大埔县部委组织农军及革命群众编成战斗队、侦察队、向导队、宣传队、担架队支援起义军。农军100多人在龙虎坑、笔枝尾山、梅子岽与起义军并肩战斗，共同杀敌，他们中有些人英勇牺牲。

三河镇余里村（时称余粮坑）是离战场较近的一个小山村，这里便成为起义军部队的"后方"，军事物资补给、伤病员救治都在这里进行。战斗打响后，农军和村民用木梯、竹梯作担架将伤员抬到村里，分别安顿到两处农民家里（战时救治点），不到两天便接收了100多个伤病员。正当部队军医们因缺少药物无法为痛苦不堪的伤病员治疗而犯愁的时候，该村村民袁穆嫂（郭快）和袁觉叔姆（杨仙）自告奋勇找到起义军的医官，告知用山茶籽油治疗枪伤的民间偏方，她们还发动村民献出各自家里留存的山茶籽油，集中送到起义军的战时救治点。袁穆嫂和觉叔姆找来宗族里的几个村姑帮着用山茶籽油为枪伤、烧伤的起义军官兵清洗伤口；几个男村民便跑到山间采摘新鲜山茶籽和青草药，捣烂成药泥后为伤员敷贴伤口……

战斗三天后，起义军带着伤病员离开了余粮坑，径直朝着湖寮板坑的方向撤离。起义军撤离的那天晚上，一个军官模样浑身是血的操着北方口音的人来到村民袁联甫伯家门口，有气无力地对袁联甫伯说：他是个起义军连长，名叫李泽群，在三河坝战斗中腿部受伤了，敌人冲上来时，子弹打完了，混战中他忍痛滚到

山崖的草丛里，避开了敌人。听完这个受伤军人的讲述，袁联甫伯确认他是起义军后，便毫不犹豫地把他背到屋背左侧观音堂那间破烂的小神宫里藏起来。袁联甫伯安顿好李连长的食住，还天天上山采摘草药，悉心为李连长敷贴草药疗伤。一个月后，李连长腿部的枪伤渐渐好了起来，可以走动了，便要求把他送到三河坝乘船去寻找起义军部队。看到劝留不住，袁联甫伯只好找来几个可靠的青年帮助护送李连长到三河坝码头。上船前，在没有外人的地方，李连长悄悄地对袁联甫伯说，"大伯，您不要担心，起义军是铁打的人，我一定能找到队伍"，接着又说"革命的红旗是不会倒的，胜利以后，我就回来谢谢你们的恩情！"

三河坝战役是"八一"起义军在广东的一场惊天地泣鬼神的战斗，数以百计的烈士忠骨留在大埔这块热土上。

没有三河坝战役，就没有井冈山会师。正是朱德同志，在指挥三河坝战役完成阻击国民党军的任务之后，坚持革命必然胜利的信念，把起义军保留下来的极其宝贵的革命"火种"带上了井冈山，和毛泽东同志的队伍会师。参加过井冈山早期斗争的谭震林同志说过："留在三河坝的那部分力量假如不能保留下来，而井冈山只有秋收暴动那一点力量，很难存在下去。"

原中央党史研究室史学专家石仲泉称："扼守三河坝，掩护主力军；存蓄革命种，共举井冈旗。"

## 六、"八一"起义军对大埔的影响

"当年烽炬传千里，从此风雷遍九陔"。南昌起义军入境大埔，时间虽短，但对大埔的革命和武装斗争发生了重大的影响。它鼓舞了大埔共产党组织和民众的斗志，促进了大埔党团组织和革命团体的恢复、发展，壮大了地方武装力量，推动了土地革命战争的发展与革命根据地的创建，拉开了土地革命的序幕。

南昌起义军南下广东的喜讯传来时，大埔人民欢欣鼓舞，纷纷参加农军和赤卫队。大埔党组织为迎接起义军，组织了暴动委员会领导全县暴动，第二次指挥农军和民众攻占县城；同时发动了百侯、湖寮、高陂等地工农武装暴动，建立了县、区革命政权。

起义军抵埔期间，四处张贴《告革命同胞书》，先后在三河、百侯召开了干部会、军民大会。朱德、李立三、彭湃等领导人发表演说，宣传党的宗旨，揭露国民党右派的反动实质，号召民众组织起来，开展武装革命，打倒土豪劣绅，推翻国民党反动统治，实行土地革命，从而使大埔山区复燃了革命烈火，党团员和广大人民群众的革命热情空前高涨。起义军还帮助大埔健全各级领导机构，任命大埔县工农革命政府正副主席。朱德率部离埔时，在地方干部会议上又指示："你们是当地的革命种子，不能随军离埔。今后，革命斗争虽然艰巨，只要同志们有决心、有信心，处处为人民谋利益，胜利是一定属于我们的。"此举，使大埔的党员、干部认识到革命的艰巨性，稳定了情绪，振作了革命精神，树立了革命必胜的坚定信念。起义军送给大埔农军200余支枪和一部分弹药，并且留下了李井泉、黄让三、李西亭、李友桃、张华丁、徐先兆等军政人才及一批伤病员，作为大埔的武装骨干，加强了地方武装力量。

茂芝会议后，朱德在途经大埔向闽赣转移途中又向大埔干部提出要求：把农民运动同武装斗争紧密结合起来，打个立脚地方，学会游击战争，同时要注意与饶平、平和、大埔等邻县革命力量取得联络，在斗争中互相支援，为饶和埔边区后来的斗争指明了出路。

## 第二节

# 武装割据的兴起和红色政权的建立

## 一、中共大埔县委的建立

三河坝战役后，中共大埔县部委领导人与原中共广东区委及汕头地委的罗振醒、郭瘦真、贺遵道、蓝裕业、罗伯良、李沙蒂等人转到桃源的东瓜坪，在知悉起义军于揭阳失败的情况后，他们共同研究善后工作，决定将失散的起义军人员及退至大埔的饶平农军等安置到瓷厂及东瓜坪一带，建立山村据点，创造时机，扩大斗争。会后，张土生在桃源的古竹村建立农会，建立党支部，由黄天赐任书记；附城区委派汪家训回岩上发展组织，在南桥吸收张国英等入党，建立党支部，汪家训任书记。梁跃南回双溪，吸收新民学校校长梁进阶等入团，建立团支部，梁跃南任书记。

11月，中共东江特委委员、汕头地委书记郭瘦真，在桃源郭氏学校召开梅县、大埔、丰顺边的党员代表会议，大埔的饶龙光、郭栋材、张土生、李沙蒂等50多人参加了会议。会上，听取了蓝裕业传达的中共南方局、广东省委联席会议关于实行武装夺取政权，建立苏维埃政府的精神，分析了起义失利后的形势，决定组织农村暴动。会后，在郭瘦真的指导下大埔党的领导人继续开会，按上级指示，将部委扩大成立中共大埔县执行委员会，选出饶龙光、郭栋材、赖释然、黄炎（黄炎熙）、李明光、丘宗海、何德常、罗欣然、杨鹤松、饶寿田、徐雄、张土生、李沙蒂等为委员，饶龙光任书记，张土生任组织部部长，李沙蒂任宣传部部长，郭栋材任军事部部长，赖释然任农运部部长。确定了发动农民抗租抗税，开展打土豪分田地的斗争和扩大武装，建立工农革命军和革命政权等方针。

## 二、工农革命军第十五团的建立

三河坝战役后，农民自卫军独立第一团第二连经湖寮、箭管、五家畲、雷公坑退入澄坑中央坑，郭栋材、张土生、李沙蒂、丘宗海等在黄海波家举行紧急会议，商讨如何坚持斗争等问题。当时认为国民党军陈济棠、徐景唐两师仍驻高陂，不利于继续暴动，决定将农军和三河坝参战人员撤到凤凰的猪麻场，隐蔽待机。经过桃源东瓜坪时，郭瘦真认为东瓜坪地处深山，环境与地形有利于集中隐蔽，便决定留在东瓜坪休整。10月3日，国民党军薛岳师占据县城后，农民自卫军第一团第一连退回太宁，伏击了肖雨史商团军3次"进剿"。接县委通知后，分散开赴桃源东瓜坪，集中进行隐蔽整训，由起义军留下的黄让三、李西亭、周绍奇、张华丁担任军事教官，进行步操、投弹、射击以及利用地形等军事知识训练，郭瘦真担任政治教官，组织学习中共南方局和省委联席会议的决议及朱德军长离别时的讲话等。经过一个月集中整训，依上级决定，成立工农革命军（东路）第十五团，饶龙光任团长兼党代表，李韵琴任副团长，罗欣然任参谋长，黄让三任教官。下建立两个营，黄让三兼任第一营营长，何德常任营党代表，张晓光任副营长；李明光任第二营营长，丘宗海任营党代表，邓云光任副营长；原第一连为团部特务连，饶寿田任连长，李西亭任党代表。随军南下潮汕的大麻中学师生黄拱辰等，于起义军汕头失败后回到三河坝，转到洲瑞的营子里，也参加了第十五团。全团官兵达300多人。周绍奇等还到各乡训练赤卫队。县委和工农革命军（东路）第十五团，在南昌起义军留下的干部帮助下，提高了政治素质，增强了战斗力，为大埔后来的武装斗争奠定了坚实的基础。

### 三、年关暴动

高陂位于大埔西南的韩江东岸，水陆交通便利，是大埔西南工业、贸易、文化中心，饶平、平和、大埔三县物资集散地，有一定的军事战略地位。三河坝战役后，中共大埔县部委为加强高陂地区的领导，健全了中共高陂区委，区委全体成员深入山区恢复和发展党、团组织，巩固和健全工会、农会，准备待机暴动。

1927 年 12 月，中共大埔县委在高陂留田召开县、区军事会议，饶龙光、罗欣然等 10 多人参加了会议。中共福建省临委常委罗明应邀参加会议，并传达了中共前委书记周恩来在南昌起义军至闽西时关于发动群众，坚持武装斗争的指示。会议对高陂暴动作了具体部署，作出暴动以第十五团为主力，区委组织各乡赤卫队配合及暴动胜利后建立政权等决定。

1928 年 1 月 1 日（农历十二月初九），第十五团团长饶龙光在黄让三、赖释然的协助下，率团部特务连和第二营 3 个连计500 多人，分四路向高陂发动进攻。桃源、桃花、光德、平原、三洲、赤水、古野等乡赤卫队 600 多人配合高陂暴动，并组织缝业工会、瓷业工会参加暴动。1 日凌晨，黄让三指挥特务连主攻高陂区署，饶龙光等率部主攻警察所，占据区署和警察所。暴动胜利后，宣布成立高陂区革命委员会，黄炎任主席，丘宗海任镇反委员会主席，镇压了反动分子、劣绅、大地主、奸商。第二天兵分两路，一路占据桃花、三洲，封锁韩江路口，没收官办盐船20 多艘，将食盐分给参加暴动的群众，颈系红带的 1000 多人参加了分盐。另一路下乡帮助农民暴动，组织农会。

第三天，逃往潮安的国民党高陂区区长蓝公田带潮安驻军"进剿"高陂，县委和第十五团领导闻讯分两路撤出高陂，一路经赤山到下澄坑，一路由桃花入桃源。夜间第十五团派小队袭捣高陂驻敌。13 日，敌军一营下乡"清剿"，富岭群众被害 4 人。第十五团从沙坪撤至王兰，后转陈大畲。

1928 年 1 月 15 日（农历十二月二十三日），第十五团第二营配合大（麻）（三）河区委副书记房明光及廖德生等发动银江暴动，夜袭龙市警察分驻所。反动巡官闻风而逃，所丁缴械投降。暴动人员乘胜赶到昆仑上坑，活捉了国民党大埔县改组委员会秘书郭松森，没收其家财，焚烧其契券，召开群众大会，宣判其死刑。暴动后，国民党县政府组织民团配合县警队"进剿"银江，多名革命群众被捕，房子被烧，家产被抄。

## 四、中共大埔县委改选

1928 年 1 月底至 2 月初，在贺遵道主持下，中共大埔县委在平原北坑召开扩大会议，饶龙光等 30 多人参加了会议。对高陂暴动作了总结和自我批评，针对县委成立仅一个多月，各区党团组织还不够健全的实际，决定加强基层的组织建设，扩大工农革命军第十五团。会议改选了县委领导，选出贺遵道等 21 名委员，贺遵道任书记，张土生任组织部部长，李沙蒂任宣传部部长兼秘书长。对区级机构作了调整，原高陂区分设中共上东区委，李友桃任书记；中共中东区委，黄海波任书记；中共下东区委，黄碌溪任书记；中共百侯区委，丘荣泉任书记；中共石云区委，罗调金任书记。原大（麻）（三）河区分别成立中共大麻区委，房明光任书记；中共三河区委，谢卓元任书记。中共附城区委，饶炳寰任书记；新建立中共保安区委，陈梅光任书记。同时，调整了第十五团团、营领导干部，李明光任团长，李卓寰任副团长，何德常任党代表，黄炎任政委，黄让三任参谋长。为支援永定的革命斗争，原第一营的永定金沙、西溪等地的40多位农军调归永定，留下的人员组织特务连，重新组建第一营，饶寿田任营长，李西亭任党代表，第二营丘宗海任营长，何德常兼任党代表，全团300人。

## 五、工农武装割据的兴起

大埔县委北坑扩大会议后，县委领导结合省委指示精神，从大埔实际出发，决定今后选择离市、镇较远的乡村开展工作，成立赤卫队，建立据点乡村，重点向南发展的工作方向。县委以第十五团为主力，赤卫队配合组织暴动，摧毁反动民团；提出抗捐、抗税、抗债、不还粮、不征兵的口号，以巩固斗争的成果。

李明光、何德常根据县委向南发展的决定，派邓云光赴岩上水祝，带第十五团第二营回虎坑，帮助训练赤卫队。在虎坑成立埔南区苏维埃政府，由黄炎等组成。吸收瓷工参加农会、赤卫队。第二营进行短期训练，提高战斗力。2月19日，苏宝珊带领反动武装"进剿"虎坑，第十五团第二营和赤卫队对敌人展开猛烈的反击，击退敌人的"进剿"。县委为巩固双桃的据点，派人到埔北、保安、横溪调来40多支步枪，加强武装力量，对火烧斗民团发起进攻。失利后被迫撤到和尚岭。2月25日，高陂驻军及饶平县官田团防分五路"进剿"虎坑，第十五团第二营跳出重围，渡过韩江，打击洲田民团。

在区苏维埃政府领导下，坪上成立铜南乡苏维埃政府，叶雨京任主席。国民党县长刘职超率兵一营及民团"进剿"铜南苏区，发炮轰击坪上，坪上区乡干部和赤卫队撤至李子坪。

第十五团于5月4日，进攻银江龙市，击溃新建的银江警察分驻所，并开展镇反斗争，横扫葛藤坪、昆仑、胜坑民团，处决反革命分子，镇压恶霸地主，推动了"三抗"斗争的发展。农会、赤卫联队控制了银江大片山区。7月7日，埔西区赤卫联队由房明光指挥，进攻新芦下民团。第三日进入磜头，处决了反动土豪劣绅等。第十五团的系列斗争，使国民党当局甚为震惊，大埔、梅县军警及民团联合"进剿"银江，第十五团向丰顺边转移。

中共三河区委决定随起义军做宣传工作回埔的赖谷泉等由团转党，建立英雅党小组，1928年5月，扩大为支部，赖春生任支部书记。建立新农会，开展"三抗"斗争。农历六月，谢卓元组织发动英雅暴动。大麻民团"进剿"英雅，谢卓元等向青溪转移。

中共大麻区委黄拱辰深入山村，在银村、磜头、坪上、葛藤坪与广州起义后回来的廖自求一起，组织农会，建立赤卫队，开展抗租抗息斗争。工农革命军第十五团第二营于4月22日配合大麻区委，包围银江民团团部，摧毁民团。在坪上成立埔西区苏维埃政府，房明光任主席，李庆溪任副主席，黄朋生任赤卫队总队长，

国民党商团军占据埔北太宁后，反动气焰十分嚣张，谢其萃、朱希三等10多名共产党员、革命群众遭杀害，民房、店铺被烧，革命力量被迫转移，饶寿田、饶龙光率特务连转到团村，刘德到下马湖开展工作，成立中共城东支部。下马湖赤卫队成立后编入特务连。特务连进入太宁，开展镇反工作，捕获5名敌探，就地处决。4月，潮汕国民党当局派军进驻大埔县城，与商团军、民团一起大举"进剿"太宁团村。附城区委、第一营指战员，撤至黄沙、保安。保安区委书记陈梅光组织赤卫队发动漳溪暴动。商团军支援岩上民团"进剿"漳溪黄沙。区委、赤卫队退至岩上横溪，重建横溪党支部，张国荣任书记。赖释然至溪上，组建溪上

党支部，赖朝富任书记。第十五团进入水祝，于6月15日发动横溪暴动，处决了反动特务和土豪。事后国民党驻军"进剿"西河横溪。饶龙光等撤出横溪，部署当地党员转入地下。

早于高陂暴动，赖释然吸收苏卫清等入党，建立中共王兰支部，组织农民赤卫队。1928年2月9日，工农革命军第十五团进驻王兰，与赤卫队一起打击反动势力，处决了9名土豪劣绅。3月间，百侯筹组反动民团。5月2日，第十五团全团300多人、赤卫队800多人兵分三路，发起攻击，烧毁百侯区署，镇压反动分子。5月31日，石云区委组织各乡赤卫队集中到枫朗示威。石云区反动分子逃到溪背坪民团处躲藏，第十五团和赤卫队近千人乘胜捣毁民团，先后占据百侯、石云、湖寨区署和警察所，成立埔东区革命委员会，由温仰春、杨鹤松任正副主席。

6月6日，高陂驻军"进剿"王兰，次日，第十五团和埔南赤卫队1000多人，在李明光、黄让三等领导下，为减少县委驻地王兰的压力，分四路出击富岭民团。出击失利后撤回王兰。7月4日，第十五团与王兰、平原、逆流赤卫队发动对逆流民团的攻击，一举击溃民团，接着进入大东，袭击塘市警察所。第十五团转战之处，协助地方赤卫队割据乡村，沉重地打击了反动统治。

## 六、与邻县的联合斗争

参加平和暴动的中共福建省临委常委罗明部署闽西暴动。中共平和县委要求大埔县委支持，县委决定派第十五团前往。1928年3月7日，第十五团特务连及岩上铁血团赶赴平和县长乐，参加了暴动的誓师大会。次日，在平和县委书记朱积垒的统一指挥下，实施声东击西战略，大埔特务连、铁血团插入东门、南门，截击外逃之敌。占据县城后，救出被捕农友20多人。

平和暴动揭开了福建省工农暴动的第一幕，开创了闽粤边大埔、饶平、平和、永定联合暴动的先声。

参加永定暴动的第十五团第一营于横溪暴动后转战于大东、汶水及福建省平和县的湖山与永定县的赤树坪、大水坑一带，后应张鼎丞的邀请，开赴古洋与陈正领导的农军会合。7月1日，举行永定暴动，第一营与铁血团100多人与湖雷农军合攻永定县城。攻城失利后退回湖雷，后又参加陈东乡金丰里农军暴动。7月20日，永定县国民党军"进剿"金沙，第十五团第一营与永定工农革命军一部退回大埔长教，后和永定工农军攻打中坑、陈东坑，击溃永定县地方民团。后退入平和县五坎，开辟了大埔、平和、永定联合斗争的局面。

在饶和埔边和梅埔丰边的斗争，大埔县的大东、枫朗、百侯、桃源、西河、岩上、太宁等割据区域，已和永定县的金丰，平和县的象湖、长乐，饶平县的双善、上饶联结在一起，大埔党组织已有1200名党员。但省委在以城市为中心的思想指导下，指示县委"于一月内移到城市"，又将大埔县委的贺遵道、罗欣然调东江特委，削弱了大埔的领导力量。

1928年6月，军阀徐景唐为加强对粤东的统治，勒令各县组织警卫大队，"专任'剿匪'事宜"。7月1日，县警大队纠集湖寮、百侯、石云民团"进剿"埔东。第十五团掩护县委转移后撤至石圳，奋力阻击叛徒带领的一连反动驻军，后又出击石云警察署，镇压反动分子。

县委在双溪新民学校举行扩大会议，健全县委领导，李沙蒂任书记，会议实事求是地分析了饶和埔边的形势，认为埔东已出现被夹攻的危险，决定转移阵地，跳出重围，开辟埔南埔北新据点。埔东则坚持隐蔽斗争，保存基点。共青团也在百侯举行了代表会议，选举徐家诗为书记，分别向埔西北埔南转移。

1928年8月，国民党军及饶平县、大埔县的县警大队进入埔

东、长乐和双善，第十五团第二营营长黄让三遭敌杀害。8 月 8
日，第十五团与百侯民团激战数小时，未能取胜，退到大东樟树
坛，经大塘头、平和县象湖转到永定县下洋赤树坪、大水坑一带。
第二营经饶平县双善、上饶转大埔县桃源再转到埔西银江，进入
梅埔丰边的铜鼓嶂。

在国民党正规军和永定、平和、大埔、饶平四县反动武装的
"清剿"下，边区武装割据的斗争先后失败，共产党员、革命群
众遭受摧残，大埔处于白色恐怖之中，革命力量被迫向饶平、平
和、丰顺、永定、诏安、南靖等地转移。

"枪杆子里出政权"，大埔人民从血的教训中认识到这样一条
真理。他们以不屈不挠的斗争精神，前仆后继，浴血奋战，开辟
新的革命根据地，建立红色政权，揭开了革命斗争史上新的一页。

# 饶和埔、梅埔丰、埔北苏区的建立

## 一、党的"六大"精神的贯彻与影响

1928 年 6 月 18 日至 7 月 11 日，中国共产党第六次全国代表大会在莫斯科召开。大会总结大革命失败以来的经验教训的同时，制定了党在新的历史时期的路线和政策。大埔籍代表罗明、江惠芳（长治人，后叛变）出席了会议，郭寿华是大会工作人员。同年秋末，中共广东省委书记李源到东江巡视，在潮安县桑浦山召开东江特委会议，传达中共"六大"精神，并指出东江当前的斗争方式必须改变，不能盲目地再搞暴动，不能硬打硬拼，必须善于发动群众，积极领导群众，揭露豪绅地主、反动军官的罪行，组织地下武装，伺机行动。

此时，大埔革命已处低潮时期，县委领导与武装均分散在南北部分山村。11 月 6 日（农历九月二十五日），中共福建省委候补书记罗明由上杭来大埔，部分县、区委成员在大埔双溪日新学校听取了罗明对中共"六大"精神的传达，明确了中国革命现阶段的性质是资产阶级民主革命，新的高潮还没有到来，党的总路线是争取群众，准备起义，而不是立即举行全国性的起义；必须努力扩大农村革命根据地，发展红军，实行土地革命，建立苏维埃政权。无产阶级在农村的基本力量是贫农，中农是巩固的同盟者。农村的豪绅地主阶级是革命的主要敌人，应无代价地立即没收豪绅地主阶级的土地财产，归农民代表会议处理，分配给无地及少地的农民使用。双溪会议上，参会同志还总结前段失败的原因，认为除敌强我弱的因素外，就是暴动时没有一个统一的指挥机关，行动起来，多成孤立的状态，易于被敌人各个击破。相邻四县虽有联系，但没有协调指挥。传达会议后，罗明将留在埔东的温仰春、曹佐腾、黄郁香，平和县的陈顺凡、罗育先，饶平县的詹亚钱等共同组成一个统一领导机关，并由温仰春在西岩山西竺寺主持召开了饶平、大埔、平和三县武装人员的会议，落实"六大"精神，宣布成立饶和埔独立支队，詹亚遂任支队长，温仰春任党代表。下设三个大队，第一大队，张月波任队长，在饶平县活动；第二大队，罗绍环任队长，在大埔县活动；第三大队，罗铁先任队长，在平和县长乐一带活动。战略方针仍是分散活动，做好武装斗争的各种准备。会后，温仰春至诏安，动员有关革命人员归队，于饶平县曹碓坑成立中队，丘春联任队长。

1928年秋，李明光、丘宗海、罗欣然等已转到大埔县、丰顺县边区山村，开辟铜鼓嶂山区据点。

1929年春，红四军入闽，与闽西相邻的大埔民众深受鼓舞，党组织迅速恢复和发展，中共大埔县委加强了埔北、高陂、三河、大麻四个区的领导，建立了22个党支部，党员达349人。另外，中共闽粤边临委扩大为闽粤边特委，并恢复了埔东西岩山一带党的活动，建立了杨鹤松任书记的中共梅河特支。

## 二、埔东（饶和埔）革命斗争的恢复

1928年秋，温仰春、罗时元转到诏安县官陂创办文圃学校，罗时元则进入官陂拳馆，联络失散干部、战士。饶平县的詹瑞兰、大埔县的谢卓元等转到平和县的大溪，秘密串联逃难来碗厂做工的革命人员，建立党支部，谢卓元任书记。杨鹤松亦转到诏安县串联在碗瑶做工的同志，建立大埔党支部。诏安县、平和县边境4个支部计划合组成立中共饶大特委。从大埔疏散到漳浦、龙溪圩的14名党员，也成立中共漳浦特支。中共福建省委决定正式成立中共饶大特委，由余丁仁、谢卓元负责领导。隐蔽在饶平县石井乡的连半天与杨鹤松等取得联络后，恢复西岩山的大埔县和村、饶平县双善党的活动，并于王兰的桃金坑成立埔东区苏维埃政府，在下村坪新屋成立王兰乡苏维埃政府。

### 三、五县暴委与七县联委的组成

1928年七八月间，古大存等与活动在铜鼓嶂的大埔县委委员黄炎等取得了联系后，五华、兴宁、丰顺、梅县、大埔五县代表在九龙嶂共同研究互为呼应的斗争策略，决定组成"五县暴动委员会"（以下简称"暴委"），古大存任书记，暴委下成立军委，由古大存任军委书记。随后，五县暴委发动畲坑暴动，取得了完全胜利。潮安和揭阳县党组织的领导卢笃茂、张义廉见报后也来到九龙嶂会合，五县暴委扩大为七县联委。

### 四、埔西（梅埔丰）武装斗争的恢复和发展

1928年8月，中共大埔县委委员李沙蒂、张土生、黄炎、丘宗海、李明光及工农革命军（东路）第十五团第二营先后转到大埔银江的东瓜坪、中芦、辣里山与丰顺县的十八倒、青泥隔一带，会合先期到达的中共丰顺县委领导罗欣然、廖经天等，在铜鼓嶂山区活动。中共大河区委书记房明光等仍在银江的磜头一带活动，县委又派县委委员张干才在洲瑞赤水村，以大（麻）（三）河区委为核心，成立埔西区革命委员会，张干才任主席，同时组织区武装联队。大麻区委通过工作，组织成立了中共铜山支部，建立了铜鼓嶂据点。嶂岸建立尖山乡苏维埃政府，余纪文任主席，发

动嶂岸一带农会恢复抗租斗争。李明光、丘宗海将第十五团第二营带回洲瑞赤水下坝整训，成立（东路）第十六团，李明光任团长，丘宗海任党代表，并建立前敌委员会，活动在埔、丰、梅三县边区。

1929 年 1 月 7 日，第十六团进攻敌银江龙市警察分驻所，后撤到银江胜坑，配合梅县恢复铜鼓嶂、明山嶂根据地。2 月 13 日，出击黄竹车、坑尾角等地，处决反动分子；同时袭击梅县三乡甲坑民团，并于胜坑的船子坜建立明山乡苏维埃政府，刘丙任主席。初步恢复了银江、洲瑞、梅县的明山、丰顺县的沙田等边区斗争的局面。同年 2 月，成立模范赤卫队，队长廖监源。

1929 年 3 月，东江特委派林国英、罗欣然巡视北部七县，召开联席会议，作出响应毛泽东、朱德率红军入闽，积极开展斗争的决定。中共大埔县委于 1929 年 3 月在洲瑞赤水的下坝召开中坚分子会，改组县委。丘宗海任书记，不久，丘宗海、张土生调东江特委，张国栋为代书记。新县委组成后，将全县划为四个区一个特支。中共埔北区委，钟桂香兼任书记；中共高陂（埔南）区委，钟道生任书记；中共三河区委，房明光任书记；中共大麻区委，房运明任书记。新县委确定今后的工作是策应红军入闽、发动群众、开展游击战争。会后创办《时报》七日刊，曾刊出东江革命委员会成立及毛泽东、朱德等组成东江革命委员会主席团的要闻，极大地鼓舞了群众革命热情。

## 五、埔北（闽粤边）党组织的恢复和苏维埃政权的建立

在大埔北部，中共附城区委委员饶炳寰、张恨秋、陈梅光、张云等在横溪暴动后，先后疏散到广州、南洋，留下谢快能、江弱群，恢复埔北区的工作。第十五团第一营于 1928 年 10 月 23 日会合西河孙纪龙率领的赤卫队、平和县长乐独立营进攻平和大象

湖后，成立香坪、大象湖乡苏维埃政府，没收豪绅的财产、粮食，分给当地农民，开展抗租抗税的斗争。11 月 16 日，埔北钟崔贞民团、张悟贞民团与大埔县警大队、平和县保安队、驻军张贞部计七八百人"进剿"大象湖、五坎。12 月 2 日，埔北钟崔贞、张占廷民团又"进剿"平和县三台洲，进驻五坎。随张鼎丞转战后的大埔第十五团第一营疏散。中共平和县委转移到大埔的大东白土乡。

中共永定县委负责人张鼎丞派溪南苏区的郑启明到大埔的长北乡（今丰溪），吸收茅坪高乾村严秉沛、严燕其入党，建立党支部。党员吴德华到丰溪的瓦子脚、坪畲活动。1929 年初，江弼群、张一恭到丰溪接上组织关系，并入埔北区委，重组长北乡苏维埃政府，严秉翟任主席。

埔北区委书记谢快能等与中共大埔县委失去联系后，接受中共永定县委负责人张鼎丞的领导，在长教、太宁恢复建立党支部。后永定派郑醒亚来埔，建立中共太宁特别支部，谢快能任书记。党组织在太宁、新村、长教、青溪、坪沙、党坪逐步恢复起来。1929 年 2 月 5 日，太宁支部组织赤卫队没收国民党广东省财政厅厅长邹敏初在长治的家财，消灭集福寺乡团，在上高乾成立埔北区苏维埃政府，邓乃初任主席。3 月，在党坪江家祠成立长中乡苏维埃政府，李正初任主席。长北乡苏维埃政府在高乾改选，刘尚贤任主席。太宁成立长富乡苏维埃政府，江德汉任主席。3 月19 日，钟崔贞民团"进剿"高乾，乡苏维埃主席刘尚贤牺牲，严秉翟接任乡苏维埃主席。在区委领导下，党坪上村改选埔北区苏维埃政府，谢觉凡任主席。

## 六、策应闽西红军入埔

1929 年 5 月，蒋介石讨伐桂系军阀。张贞部占据大埔、梅县，指挥部移至大埔三河坝。军阀混战在大埔一带发生，张贞与徐景唐两部于高陂激战，蒋光鼐部赶到大埔增援粤军。

8月，粤军奉蒋介石之命与闽、赣军"合剿"闽西红军，国民党军部上校参谋丘文赴潮梅第六十一师蒋部，廖武郎到第五十师李部，均任少将联络参谋，协助"剿共"。大埔县委获得丘文、廖武郎回到坪砂的情报后，8月12日，县委成员丘宗海、谢卓元等由赤水赶至坪砂侦察敌人动静。13日傍晚分头行动，击毙丘文、廖武郎及其随从等。这次军事行动，给国民党反动军阀沉重打击，打乱了军阀"进剿"闽西红军的计划，陈济棠急忙将进入永定的陈维远部第四团撤回，驻守大埔茶阳、石下坝一带。

1929年9月，中共中央又指示红四军：在军阀战争开始爆发之际，以全部力量到韩江上游闽粤边界游击，以发动群众斗争，帮助东江各县赤卫队建立红军。

10月11日，中共东江特委召开常委扩大会议，决定：普遍发动游击战争，并召开梅县、大埔、丰顺、兴宁、五华等7县联席会议，协同指挥战斗。中共广东省委命令第四十六、第四十八团与朱德、毛泽东率领的红四军同时行动，夺取陷隍、高陂，截断敌人在韩江的联络线；红四军则集中武平后，分一小部分与上杭、永定、武平的武装会合，攻下峰市，努力向大埔边境进击，采取佯攻，分散敌人力量。

10月18日，红四军第二纵队政委张恨秋、司令员刘安恭率部由永定峰市向大埔石上区署虎市进攻。驻大埔县城的国民党军陈维远旅派出其第十五团，进驻石下坝，以保无虞。

中共埔北区委为配合红四军入埔，发动党团员三四十人和区委直接领导的民船工会会员七八十人，侦察反动驻军人数装备、山头阵地、交通要道和羊肠小径，绘制详细地图，由大埔县委代书记张国栋率领人员送交红四军，并为红四军做向导。红四军第二纵队分三路进攻虎市，敌仓皇沿江逃窜，红军追至青溪濂子墩，残敌溃散，红军占据石上、虎市、青溪，俘敌 3 个连。红军亦付出了代价，纵队司令员刘安恭及指战员 20 多人在争夺机枪阵地时英勇牺牲。

红军占领石上区署后，派出政治宣传队，并在石上召开了群众大会，宣传工农红军的纪律和各种政策，散发《土地政纲》。石上 60 多间商店全部照常营业，农会、工会还派代表前往劳军。10 月 20 日，红四军前委令各纵队赴梅县松口集中。22 日，红军第一纵队占据松源，红四军前委书记陈毅从上海回到松源，传达了周恩来起草的中央"九月来信"，来信明确指出：在军阀战争开始爆发之际，红军应以全部力量到韩江上游闽粤边界游击。23 日，红军三个纵队向松口集中时，松口已为敌陈维远部郭思演团占据，便取道蕉岭，25 日，占据梅县。26 日，受陈维远部三个团反攻，红军退入丰顺马图，31 日，复攻梅县，11 月，经武平返闽西。红十一军政治部主任罗欣然随红四军北上，参加了"古田会议"。

红军进东江，而东江特委则部署东江红军打潮汕，向惠阳进发，两军未能会合。因缺乏求实精神，仅 150 多人为主力攻潮汕，至揭阳便失败。红四军进攻东江未取得应有的胜利。

## 七、红军第四十六团、四十八团的建立

1929 年 6 月，中共东江特委代表大会确定，争取广大群众，准备武装暴动，建立东江主力红军为党的总任务，将五县暴委所属的五华、丰顺、兴宁、梅县和大埔的工农革命军和农民武装编为红军第六军第十六师第四十六团，团长李明光、政委丘宗海、参谋长杨崇哲。至 1929 年 10 月 9 日，第四十六团兵力发展到 159 人。后来红四军进东江时留下 120 人，编入红军第四十六团后成

立团部。丰顺为第二营第五连，兴宁为第二营第六连、第七连，五华为第八连，梅县组织第三营第九连，蕉岭组织第十连，大埔组织第十二连，平远组织第十一连。1929 年 11 月，中共大埔县委抽调赤卫队骨干，其中高陂区 60 名，大麻区 30 名，三河区 30 名，埔北区 60 多名，集中于埔北严背畲整训后，设立连部，编为第四十六团第三营第十二连，全连 180 人，张国栋兼任连长，谢快能任政委。大埔埔西、梅县三区、梅县四区及丰顺五区四个区赤卫联队 100 多人，亦于 12 月下旬编入第四十六团第三营。第四十六团于 1930 年 6 月间在大埔桃源整训，改番号为中国工农红军第十一军第四十六团。李明光、丘宗海调地方任职，团长由李斌担任。第四十六团全盛时期有六七百人，成为东江苏区的红军主力，转战于梅县、丰顺、五华、兴宁及大埔的大麻、三河。在以城市为中心的思想指导下，第四十六团曾进攻汕头，于揭阳失利后退回九龙嶂，东江特委迁大南山后，转战于大南山苏区。

　　1929 年 7 月中下旬，闽粤赣三省之敌"汇剿"闽西时，驻汕头蒋光鼐、戴戟部教导团派遣第三营进驻饶城，该营第十三连部分士兵，是原八一起义军在潮汕失败时收编，经常受到长官的苦打虐待，萌发了投诚红军的思想。7 月 31 日，第三营第三连部分士兵获悉红四军从赣南进击闽西，节节胜利，有向东江推进之势，便开始暗中串联。8 月 27 日夜，乘连长到汕头开会，全连士兵熟睡之机，在排长杨福华、副排长赖华山等率领下，准备北上闽西投靠红军。到上饶上善攻打地主民团后，饶和埔军联委派詹瑞兰、连半天与其接洽，军联委发动群众，做好热情接待，并将他们带到岩下村隐蔽休息，然后饶和埔军联委负责人罗时元带他们到诏安龙伞崇进行休整，成立了红军独立连，由杨福华、赖华山任正副连长。该连起义时有 80 多人，但抵上饶后，自动离队 10 人，实存 70 多人。驻平和县城的国民党军张贞部独立营部分士兵哗变，由 1 名排长带 9 名士兵起义，也带到龙伞崇编入该连，全连共有 80 多人，是当时武器装备比较好的一支队伍。东江特委派李光宗前往官陂向鳞和埔军联委负责人罗时元传达建立红军第六军第十六师第四十八团第一营的指示。根据这个指示，便将起义人员和饶平的赤卫队干部编入第四十八团第一营第一连，由宋运臣、杨福华、赖华山任正副连长，宋运臣负责军事，又从各乡赤卫队抽调部分武装骨干组建第二连。

由于第一连中不少人在旧军队里染上了流寇思想和不良的生活恶习，官兵一般都嗜好赌博和抽大烟。对饶和埔军联委有些人竟"拔枪相见"，个别人还扬言"要去当土匪"。李光宗与罗时元研究后，采取几个步骤对他们进行改造：第一，通过联席会从各乡赤卫队中抽调 10 名斗争经验丰富的中共党员编入队伍，设营委，在营委领导下建立党支部，并在官兵中考察培养一些表现较好、觉悟较高的士兵加入中国共产党。先后吸收 9 名新党员，共13 名党员分两个小组为连队领导核心。第二，建立民主制度。成立营、连二级士兵委员会，提倡官兵互教互学的民主作风。第三，健全学习和训练制度。采取由浅入深、循序渐进的方式，使之明确共产党领导下的工农红军，是工农劳苦大众的队伍，官长和士兵都是为工农劳苦大众服务的，是为劳苦大众求解放的。此外，还利用教唱《国际歌》和《红军纪律歌》，利用早晚集队点名呼革命口号，以焕发士兵革命精神。通过艰苦细致的工作，部队出现了学习训练的热潮和大唱革命歌曲的气氛。红军第四十八团经过教育和训练，建立团部，加强了党的领导，由温仰春任政委、罗时元任团长、李光宗任党代表，初步建成一支有组织、守纪律、有觉悟、有战斗力的工农红军。

第四十八团首先出击饶平县的深峻乡地主民团，打通饶平双善与平和长乐赤色乡村的联络通道。接着，横扫上饶的陈坑、洞土、大埔背、石井老大楼等白色据点，使上饶区赤色乡村连成一片。东江特委扩军要求红军第四十八团扩充到300多人，计划在大埔、饶平组建第一营，在澄海组建第二营，在潮安组建第三营。

同年11月1日，大埔埔东赤卫大队，西河、岩上的铁血团配合第四十八团第一营出击大埔木教乡的民团及警卫队。11月6日，第四十八团第一营、铁血团、赤卫队计六七百人由和村向双溪进攻，于双溪梅子坪与县警队、民团900人激战，伤亡30多人。红军撤回和村，在平和独立营的增援下，向大东警卫队发动攻击，歼敌一部。红军撤回双善，大埔埔东赤卫队罗绍环等及西河、横溪铁血团正式编入红军第四十八团第二连，罗绍环任第二连连长。此时，第四十八团实是两连计140多人。11月15日，第四十八团击溃大塘头警卫队，扫除了闽粤边的反动据点。第五天又出击大东福田安民团，恢复了双溪、大东、枫朗的黄沙、王兰等赤色区域。接着为扫除闽粤边的交通障碍，与平和独立营第三次进攻平和象湖民团，清除了闽粤边的反动据点，打通了闽西与东江的交通联络，并把平和独立营的部分干部和战士编入第四十八团第三连，罗育才任连长，全团发展到300多人，成为饶平、大埔、平和、永定边的主力红军。1930年7月，团政委李光宗牺牲，李明光任团政委，团长仍由罗时元担任。不久，该团北上闽西，被编入中央红军第十二军第三十四师一〇〇团，长征时大部分牺牲在湘江战役。

## 八、县委进一步健全后的斗争

1928年8月，中共大埔县委已有埔北、高陂、大麻、三河四个区委，党的支部20个，其中工人支部3个，农村支部17个，党员349人，赤卫队员300人。1929年10月，中共东江特委决定设各县间联席会议，加强对东江特委策略和指示的监督执行机制，发动各县的斗争。饶和埔于饶平双善和大埔和村设联席会议机构，派李坚真等人前来，加强了埔东的领导。在巡视员罗欣然的指导下，中共大埔县委于铜鼓嶂下的丰五区召开了县委扩大会议，分析斗争形势、党的组织建设等情况，确定今后工作方针。张国栋代理县委书记，12 月后，谢卓元任县委书记。县委机关迁至高陂镇。

红四军退回闽西后，东江特委西北七县联席会议将边区划为三个工作中心区，其中大埔的大麻，丰五及梅县丙村、西阳为一个中心区，指定大埔县委负责完成赤色区域的连片；梅县松江、大埔埔北与蕉岭连成一片，由松江区主持召开联席会。在大埔青溪的桂竹园举行联席会议，成立中共饶松区委、区苏维埃政府。1930 年 7 月，已建立区委 5 个，即埔北、三河、高陂、大麻西（银江）、石云。在乡村建立了区、乡苏维埃政府，开展没收分配地主阶级土地的斗争，普遍地激发了群众斗争积极性，"镰刀斧头的红旗可以招展于乡中"。

# 边县苏维埃区域的创建和苏区建设

革命战争的目的就是推翻国民党的反动统治，建立无产阶级专政，通过乡村斗争，创建革命根据地，实现农村包围城市的战略。大埔在土地革命战争中，创建了红军 2 个团及赤卫总队，实行了边县割据，建立了边区苏维埃政权。

大埔红色苏区是在饶和埔、梅埔丰和埔北等边县苏维埃政权的基础上建立起来的，这完全符合毛泽东同志在《星星之火，可以燎原》一文中的科学分析和论断，即在敌人最薄弱的地方突破，农村包围城市，开展武装割据，建立工农政权。

## 一、斗争中建立的边县苏维埃政权

1930 年 5 月，丰顺县八乡山召开东江苏维埃代表大会，大埔15 名代表出席了会议。会议调原第四十六团政委丘宗海回大埔任中共大埔县委书记，原书记谢卓元任县苏维埃主席，以加强闽粤边区的武装斗争与闽西苏区的联系，争取东江苏区和闽西苏区连成一片。

1930 年下半年，大埔境内红色区域逐渐和闽西革命根据地连成一片，初步形成闽粤赣边区革命根据地。同年 10 月，李富春及邓发到大南山传达中央六届三中全会精神，为粉碎国民党军阀对闽粤赣边苏区的"围剿"，使闽粤赣苏区连成一片，将中共闽西特委和东江特委合并，成立中共闽粤赣边特委，邓发任书记，统一为这一地区党和军事的最高指挥机关。11月，依政治局的决定，在闽粤赣边的赣南设立中共苏区中央局，调周恩来任书记，一年后周恩来赴任。苏维埃区域党的组织，为有利于革命的发展和战争的需要，不限于旧的县治。巡视员陈舜仪于大埔和村的石子岭召集饶平、平和、大埔三县县委联席会议，传达中央政治局的计划和中共闽粤赣边特委将三县合并成立饶和埔县的决定。12月，授权中共闽西特委的张鼎丞、邓子恢到大埔和村主持饶平、平和、大埔三县联席会议，成立中共饶和埔县委和县革命委员会，设立机关于大埔双溪和村坑子里。指定丘宗海任书记，连铁汉任常委兼组织部部长，余丁仁任宣传部部长，刘振群任县革命委员会主席。

边县委成立后，统一将原三县境内苏区划为10个区，另成立陶业区。大埔境内苏区有：第八区、第九区、第十区。第八区埔北，区委书记谢卓元；第九区埔东，区委书记谢快能；第十区埔南，区委书记房敏钢。之后为加强陶瓷工人的领导，另成立陶业区，将第十区和饶平九村一带瓷业区与农业区分开，成立第十一区，区委书记克昂。原大埔县委所辖的中共大麻区、三河区及埔北的坪沙片，划归黄炎为书记的中共丰梅县委领导。

2月下旬，饶和埔县委书记丘宗海当选为闽粤赣边区苏维埃筹备委员会委员，谢卓元任饶和埔县委代书记。

## 二、埔西（梅埔丰）苏维埃区域的创建

红四军向粤东发展，给东江东北各县人民很大鼓舞。

1929年12月，在埔西，大埔县委以大麻为中心，加紧赤卫队的游击战争，完成赤色割据，与梅县丙村、西阳连成一片。12月12日，在明山嶂银江与三乡间的关肚里召开丰五、西阳、大麻区联席会议，黄炎主持会议，宣布铜山区革命政府成立，叶雨京

任主席。

在铜山区革命委员会指导下，大埔境内的铜南乡苏维埃政府、尖山乡苏维埃政府、嶂岸乡苏维埃政府、葛坪乡苏维埃政府、明山乡苏维埃政府（含埔梅边境两地）先后成立。乡苏维埃政权政府内成立了赤卫队、妇女会、儿童团等群众团体，进行了没收分配地主阶级的土地。1930 年 1 月 10 日拂晓，四区联队攻击胜坑民团，取得胜利。第三天，反动民团大举进攻铜山苏区，在凹头、黄竹头、圳上等地大肆烧杀。苏区军民在丰五区赤卫队支援下，于铜鼓嶂和明山嶂交界的龙颈凹与敌展开激烈战斗，歼敌 50 余人，大获全胜。接着赤卫队又于 16 日进攻葛藤坪；19 日进攻西阳；28 日四区联队再次出击银江廖奋卿民团，均有收获。龙市（龙颈凹）是梅县与埔南高陂的重要交通隘口，市内商店百余家，为铜山区经济、军事中心。红军赤卫队多次出击银江警察所、民团，打击反动势力，阻击了敌人的"清剿"。

### 三、埔南苏维埃区域的斗争

1929 年 10 月，中共大埔县委入驻高陂市，组织轮渡工人、店员举行政治罢工。1929 年冬，发动了丰顺大胜警卫小队年关闹饷斗争。1930 年 4 月，丘宗海组织赤卫队模范队 100 人，接收来埔起义的丰顺县警队 50 人，将他们带到丰顺的马图，经第十一军政治部主任罗欣然主持整训，编入红军第四十六团。

1930 年 5 月，丘宗海、徐履祥、罗石检策动赤水民团起义，起义人员自愿加入队伍的也有近 100 人，由丘宗海宣布成立"大埔县埔南区赤卫队"。队伍整编后继续向纵深各村出击，又收缴了一些武器。在纪念八一南昌起义 3 周年前夕，赤卫队 300 余人攻打反动势力最强的洲田乡民团，因该民团在坚固的炮楼里死守而未克。随后成立赤水乡苏维埃政府，蔡石生任主席。接着，陈大畬成立埔南区苏维埃政府，邓蕉衍任主席，后将区苏维埃政府转到竹山设立办事机构。于黄泥塘召开农会、工会代表会议，成立埔南乡苏维埃政府，安纲任主席。各级苏维埃政府发动群众抗租，打土豪，没收了少数地主的财产，实行土改分田。后因国民党军"进剿"，革命形势逐步转入低潮。

**四、埔北苏维埃区域的发展**

红四军进攻虎头沙、石下坝时，石上、附城一带反动分子纷纷逃往潮汕。埔北区委委员钟桂香、谢快能、江弼群等发动青溪、长治、附城上山片赤卫队参加战斗，妇女会、农会组织担架队、救护队、运输队进入虎头沙、多宝坑一带做好后勤救护工作。随后建立和恢复了太宁、角连塘两地的长东（太宁）乡苏维埃政府，由曹存芳任主席；新村乡苏维埃政府，由谢汝来任主席；（长富）石茅乡苏维埃政府，由张庆说任主席；改选长北乡苏维埃政府领导，由严秉翟任主席；选举长中乡苏维埃政府领导，由李政初任主席；选举青溪乡苏维埃政府领导，由赖珍昌任主席。各乡苏维埃政府代表会议于严背畬召开，成立埔北区苏维埃政府，谢卓元任主席。1930年初，在高乾村召开各乡苏维埃政府会议，改选苏区领导，邹衍中任主席。长北乡苏维埃政府实行了按人平分土地的没收分配工作。其他乡苏维埃政府在宣传发动、核实人口、土地面积后，转为抗租斗争。西河小调河、上下汶水、湖崇窠在孙继龙等人的领导下，成立汶水乡苏维埃政府，黄文秀任主席。溪头、高侨头成立调河乡苏维埃政府，黄武庚任主席。

1930年4月14日，红军第四十八团进入大埔，在张国荣带领的武装及大东、汶水、横溪、溪上等地的赤卫队配合下，摧毁了岩上张悟贞的反动治安会。敌联防办事处纠集反动武装"清剿"象湖、永定等革命根据地。张国荣带武装和西河赤卫大队回横溪，积极筹备军粮。群众热烈欢迎自己队伍的到来，并要求成立乡苏维埃政府，进行土改分田。因敌人"进剿"，筹备中的横溪乡苏维埃政府未能组成。

### 五、埔东（饶和埔）苏维埃区域的巩固

1929 年冬，红军第四十八团组建后，出击双溪、木教、大塘头、黄沙坝、王兰、大埔角等反动据点，连战皆捷。继而挥师北进，在饶平、平和、大埔三县赤卫队的密切配合下，三次攻打象湖山，拔除闽粤边最大的白色据点，打通了东江革命根据地通往闽西中央苏区的交通要道。回师又攻打平和的坪回、大芦溪、三来洲、李家畲，直捣诏安县的官陂，破下葛圩盐仓，将几百担食盐分给当地群众。翌日又攻打诏安反动据点隔背大楼。第四十八团征战闽粤边，得到赤色乡村人民的大力支援。饶平县双善和大埔县和村等乡村均组织运输队、担架队、宣传队、救护队随军出征，配合作战。仅 3 个多月时间，共拔除白色据点 20 多处，使饶平、平和、大埔的红色区域迅速发展。

1930 年 2 月，平和县国民党刘和鼎部保安团 1 个营，偷袭第四十八团驻地埔东和村。红军和赤卫队 300 多人闻讯登上屋背山头阻击，打死打伤刘部官兵 40 多名，逼使保安团乘夜雾撤退。至 4 月，革命形势日益发展，第四十八团用收缴的一批武器装备了平和县独立营。饶平、平和、大埔三县边境革命武装有红军、独立营和赤卫联队共达 1000 多人。

5 月，第四十八团与平和独立营远征闽西，取得了与中央苏区和闽西红第十二军的联系。不久，国民党军刘志达部 1000 多人"进剿"平和赤色乡村，妄图切断东江通往中央苏区的要道。第四十八团配合红第十二军于平和秀芦乡击溃刘志达部的进犯，俘敌 40 多人。

1930 年 8 月后，闽西红第十二军又三次攻打潮汕，辗转于埔东、埔南，至高陂受阻又回闽西。闽西红军及第四十八团转战大埔、平和，促进了埔东苏区各项工作的发展，先后建立大东西坑、古村、坪山、白土、箭管、大水山、和村、木教、双东、雷公坑、岗头南坪、王兰、广德、枫朗、福员畲等乡苏维埃政府，并在王兰的陶金坑成立了埔东区苏维埃政府，张福员、刘弄章先后任主席。埔东苏维埃政府后迁木教、和村等地，领导群众开展土地革命和武装斗争。恽代英巡视东江闽西时，给大埔苏维埃政府较高的评价，在他的巡视报告中说："大埔一带的地主豪绅已经气馁，不敢得罪苏维埃来往的人员。"[①]

## 六、苏维埃区域内的各项建设

1929 年冬至 1930 年冬，在中共大埔县委领导下，大埔区域内的埔东（石云）、埔北、埔南（高陂）、埔西大麻银江、三河（英雅）5 个区，成立了 4 个区苏维埃政府和 30 多个乡苏维埃政府。苏区人口达 15.5 万多人，占当时全县人口的一半，区域面积则占一半以上。在苏维埃政府领导下开展了政权、武装、革命团体、经济文化等建设。

### （一）政权建设

中共大埔地方党组织，不断纠正暴动中忽略革命政权机制、职能建设的倾向。1929 年夏，中共"六大"精神在大埔贯彻后，又克服了"左"倾路线，坚持在农村领导开展游击战争、土地革命，建立和完善工农革命政权。1930 年 1 月 1 日，成立大埔县革

---

① 《闽西苏维埃的过去和将来》（1930 年 3 月 26 日），《闽西革命史文献资料》（第 3 辑），中共龙岩地委党史资料征集领导小组编，1982 年印，第 220 页。

命委员会，成员由张国栋、丘宗海、钟道生、黄拱辰、余勇文、谢卓元、赖谷泉、黄朋生、邹国平、丘月容、邹玉华组成。3 月，革命委员会改组，由谢卓元任主席，连铁汉、徐履祥任副主席。

1930 年夏，通过工农兵民主选举，大埔选出 15 名代表，出席 1930 年 5 月在丰顺八乡山举行的东江苏维埃代表大会。大会选出 45 名执委，罗欣然、黄炎、李明光、钟道生、丘月容当选，房敏钢当选为候补执委。代表大会后，中共大埔县委、县革委委员于埔南的青碗瑶召开代表会议，选举产生大埔县苏维埃政府，谢卓元当选主席，连铁汉、徐履祥任副主席。先后在王兰、木教、和村设立县苏维埃办事机构，指导区苏维埃政府建立乡苏维埃政府。在区、乡苏维埃政府中，设肃反、裁判、土地、财粮、交通、妇女、赤卫、秘书等委员，分管政府部门工作。全县 30 多个乡苏维埃政府中，有不少是机构健全运转正常的。

1930 年 11 月，东江西北联会的黄炎和饶和埔联会的李坚真，在和村召开三县苏维埃政府负责人联席会议，传达闽粤赣边特委的决定，成立饶和埔县革命委员会，谢卓元任主席。不久，因县委书记丘宗海当选为闽粤赣边区苏维埃政府筹委，谢卓元任县委代书记，饶和埔县革命委员会主席由刘振群担任。

饶和埔县革命委员会成立后，将全县划为 11 个区。饶平黄岗为第一区；浮山为第二区；上饶为第三区；诏安官陂为第四区；平和长乐为第五区；象湖为第六区；秀芦溪为第七区；大埔境内的埔北，即青溪、长治、丰溪、西河、岩上为第八区，曾玉棠任区苏维埃政府主席；埔东的大东、双溪、枫朗、百侯为第九区，刘振群兼任区苏维埃主席；埔南的平原、光德、桃源、古野、洲瑞、高陂为第十区，保留原区苏维埃政府的领导成员；后将第十区与饶平第三区中的瓷业从农业分开，成立第十一区苏维埃政府，由黄文霞任主席。由 11 个区选出 300 名县工农兵代表大会代表。

1931 年 2 月 7 日，饶和埔县工农兵贫民代表大会在大东泮村丘氏宗祠召开，会议选举产生陈彩芹任主席的县苏维埃政府。会议计划开 7 天，进行至第三天时遭敌人围攻紧急突围。

饶和埔县成立后，大埔境内汀江、韩江以西，划归 1931 年成立的中共丰梅县委领导，在埔北青溪的桂竹园成立了饶松区苏维埃政府，叶集任主席。在残酷斗争中，原埔西区苏维埃政府主席黄朋生及区委书记房运明先后牺牲。此时，埔西区苏维埃政府委员李坤转到埔、丰边的十八斗，重新组建埔西区苏维埃政府，李昆任主席，李锡金任副主席，在银江等地坚持斗争。

**（二）武装建设**

中共大埔县委在第一次组织暴动时，就设军事委员会，军委以下建立农民自卫军独立第一团。1928 年冬，建立工农革命军（东路）第十五团，全团 300 多人枪，打击了高陂、百侯、银江、枫朗等地的警察所、民团等国民党武装。暴动失败后，第十五团第一营北上永定，参加永定暴动。第二营转到银江的铜鼓嶂。进入埔丰边后，改称为第十六团，李明光任团长，丘宗海为政委，开展游击活动，帮助建立农会。

在革命低潮时期，大埔还与饶平、平和的革命武装采取联合斗争的方式，组织饶和埔独立支队，各县组成武装大队。大埔的游击大队为第二大队，罗绍环、罗学琴任队长和指导员。西河、岩上组织铁血团中队，实行分散打击地方反动分子的方针。

1929 年红四军入闽，准备向东江进发时，由李明光、丘宗海领导的第十六团扩编建立红军第四十六团，大埔游击大队编入红军第四十八团，中共大埔县委将地方赤卫队组织系统化，形成正规红军、赤卫总队、区联队、乡赤卫队的系列。

赤卫队组织系统：县为总队，设总队长、政委，建立直属模范队，区设联队或区赤卫模范队。总队长邓云光，政委房运明，教官邓雨金。赤卫队组织以游击战术，配合红军行动，打击民团、警察所、联防军。埔北的铁血团参加了饶平、永定的战斗。银江组织建立了少年冲锋队，参加出击民团、攻打梅县丙村和大埔龙市的战斗，为巩固发展苏区作出了贡献。

大埔地方武装为红军扩编的后备力量。原第十五团扩编为红军后，又从各区赤卫队抽调人员，建立红军第四十六团第十二连，后扩建为独立营，连德胜任营长。第四十六团调大南山，第四十八团上闽西后，独立营、区联队为大埔革命武装的主力，参战人员达1000多人，其中494人献出了生命，为大埔苏区的创建、巩固、扩大，作出了极大的贡献。

### （三）革命团体建设

苏维埃政府成立前后，革命群众团体也不断壮大和发展。1928年下半年革命走向低潮时，共青团大埔县委改为特别支部，徐家诗任书记。1929年3月，成立共青团大埔县委，由房明光任书记，1930年7月改选，廖顺光任书记。同时，相应地成立了团区委。团县委和县委机关常驻在一起，协助县委开展群众工作。此外，大埔县委重视妇女工作，设立县妇女委员会，丘月容、张华云、丘丽容、李坚真先后为县妇委领导。县政府下辖各区乡苏维埃政府内均设妇女委员。妇女们在发动参军参战、救死扶伤等工作中，发挥了半边天作用。工会组织有店员、篷船等两个组织，200多名会员，举行政治罢工斗争等。国际少共组织也在乡村发展起来，百侯的杨永松还当选为闽西儿童总团候补委员。反帝大同盟也在大埔建立，埔北的严秉沛当选为闽西反帝大同盟青年部委员。

### （四）经济文化建设

为适应战争形势的需要，大埔苏区内创建了军需工厂，在和村尖山修造枪械等。青碗瑶、陈大畲瓷厂工人研制瓷瓶手榴弹。在大东山背设立救护伤员医院，不少青年妇女参加了医务工作。

苏维埃政府在分田地的基础上，开展生产竞赛，为军烈属代耕、兴修水利及交通等。为冲破敌人的经济封锁，在大东把大禾坪的个体小商店扩大，投资设立消费合作社，派杨丹、杨尚达管理，到白区采购物资。在西河漳溪设供销站，采购食盐、煤油、电池等供给苏区人民和部队。

大埔苏区内还实行平民教育，创办夜校，生产劳动者免费入学。教师由乡苏维埃政府聘任并支付学校经费。县委还创办机关报《时代》，为七日刊。青年团组织文艺宣传队，既活跃了苏区的文化生活，又鼓舞了人们的斗志。

苏维埃政府实行严格的经济管理，苏维埃政府内设财粮委员，管理苏区经济及粮食、打土豪没收的物资等。乡苏维埃政府每月作出财政预算及结算报告上级，严格控制开支，来往人员按伙食规定标准结算。在大埔苏区内流通使用闽西工农银行货币（县博物馆仍陈列当时的软币和硬币），苏维埃区域内部队官兵、群众可交换使用。

## 七、分田斗争

大埔苏区分田活动基本上既按东江革命委员会土地政纲执行，又参照闽西的实施办法。在饶和埔联席会议常设机关的李坚真、黄炎等人指导下，埔东区委、区苏维埃政府派肖月华等人参加上饶双善石井的分田试点工作。1930年春，在区委、区苏维埃政府的领导下，开展没收地主豪绅、封建祖尝、庙产的土地，分配给无地及少地的农民的试点工作。按《关于土地问题的决议案》规定的分田方法，以抽多补少的原则，抽出之田以肥瘦均匀为度。因此，大埔的分田原则兼有东江、闽西优点。主要是以乡为单位，按人分田，原耕为基础，抽多补少，抽肥补瘦，抽远补近，按人平分。土地国有，分给农民使用。大埔的分田从大东西坑开始搞试点。1930 年 1 月，闽西特委派邓子恢来到此地组织乡苏维埃政府。中共饶和埔联会派温仰春主持该乡分田工作，通过分田斗争，调动了农民的革命热情和生产积极性，出现了代耕、帮耕的新局面。

　　土地革命期间，大埔共计有 11 个乡苏维埃区域内实现了按土地政纲的要求分田，共计 15000 多人分得土地 12000 多亩。山林、矿产虽未分，但由苏维埃政府矿产管理部门经营管理。

# 大埔苏区成为中央苏区的组成部分

中央苏区，亦称"中央革命根据地"，是 1929—1934 年土地革命战争时期，中国共产党在赣南和闽西建立的革命根据地。随着中央苏区的扩展，大埔苏区逐渐纳入中央苏区范围。

## 一、大埔建了一个完整的苏区县

革命斗争的发展，决定了大埔县成为中央苏区辖区的必然性。

1928 年冬，大埔籍党的"六大"代表罗明向大埔地方党组织传达"六大"精神，大埔县委在健全县、区党组织后，开创了发动群众进行革命斗争、武装割据的新局面。

1929 年春，中共大埔县委乘毛泽东、朱德、陈毅等率红四军入闽之机，于铜鼓嶂及西岩山区发动群众，扩大革命队伍，8 月，镇压国民党军部少将参谋丘文、廖武郎。10 月，红四军游击粤东北，第二纵队攻打埔北虎头沙告捷，革命群众深受鼓舞，相继成立东江红军第十一军四十六团、四十八团，后成为中央苏区红军的一部分；先后成立埔西（梅埔丰）、埔南（饶和埔）、埔东、埔北四个区苏维埃政府，境内形成东西南北四块，占全境面积三分之二的革命根据地。

1930 年 1 月 1 日，大埔县革命委员会成立。同年夏，大埔县苏维埃政府成立，并进行土地革命。辖区内有 4 个区苏维埃政府、31 个乡苏维埃政府，苏区人口达 155000 人（当时大埔县人口

260000 人），已是一个完整的革命苏区县。此时，大埔的苏区建设和东江革命根据地的苏区建设同步进入全盛时期。

## 二、中央苏区拓展使大埔县成为中央苏区的管辖范围

1929 年春，毛泽东、朱德、陈毅等率红四军主力下井冈山游击赣南、闽西。为打通和东江的联系，中共中央对红四军在闽西、东江连接区大埔等地的军事行动作出部署，同年 9 月 28 日指示红四军：在军阀战争爆发之际，应以全部力量到韩江上游（指大埔县）闽粤边界游击，以发动群众斗争。红四军随后出击粤东北，第二纵队出击大埔县北部石上区，司令员刘安恭在战斗中牺牲。据大埔县委 1929 年 11 月 28 日机关报《时报》所刊，红四军在粤东北成立了朱德、毛泽东、古大存等 21 人组成的东江革命委员会，并颁布《十大政纲》。这些，为大埔县革命根据地的进一步扩展奠定了基础。

1930 年 4 月，中央革命根据地以毛泽东、朱德、陈毅为核心的红四军提出"造就闽粤赣三省边境的红色割据"的新构想。此时，大埔北部的赤色区域已是红四军开辟的闽西革命根据地的范围。同年夏末，大埔县委实施东江特委"加强与闽西联系"的战略，率部转战埔东。此时，东江特委机关由丰顺八乡山迁往南端的大南山，受国民党军的"围剿"、封锁，与大埔县委的联系中断。为帮助大埔巩固红色区域，中央革命根据地闽西苏区红军第十二军、第二十一军等部，多次出击大埔县的东部、南部、北部，将大埔县的红色区域纳入中央革命根据地的辖区，归闽西苏区领导。按闽西苏维埃政府的分配，大埔苏区派员参加参观团赴江西学习，完成苏区红军学校招生的配额等。大埔县苏区的党组织和民众在闽西苏区领导下，为中央革命根据地的巩固和发展作出了

贡献。

1930 年 9 月，中共中央为加强上海中央机关与中央苏区的联系，在原粤东闽西"工农通讯社交通网"的基础上建立上海—香港—汕头—大埔—福建永定—江西瑞金的红色交通线，在埔北青溪里铺设立大埔中站。大埔党组织积极协助中央建立交通线，配合完成了交通线各项任务。这条交通线，史称"摧不垮打不掉的地下航线"。

1930 年下半年，逐渐形成了包括闽西、粤东北、赣东南在内的闽粤赣根据地。此时，中央革命根据地的指挥中心瑞金与闽粤赣根据地相连，同年冬，根据中共中央全国六大红色区域规划意见，配合扩建闽粤赣苏区，在闽西苏维埃政府指导下，饶（平）（平）和（大）埔苏区各县党组织在大埔东部的双溪和村统一成立饶和埔县委及饶和埔县革命委员会（后称苏维埃政府），受闽西苏区领导。1930 年 12 月，饶和埔县委书记丘宗海当选为闽粤赣苏维埃筹备委员会委员。

1931 年 1 月，中共苏区中央局成立，同年 11 月，中华苏维埃第一次全国代表大会召开，中央苏区进入全盛时期。大埔成为中央苏区所辖的闽粤赣苏区饶和埔县（后发展为饶和埔诏）苏区的中心区。闽西苏维埃政府对饶和埔苏区的红军改编、财政等工作作出部署。

1931 年冬，中央苏区粉碎国民党军的第三次"围剿"后，中央红色交通线大埔中站所在地的埔北，设立埔四、埔五区委和苏维埃政府，由闽粤赣苏区直接领导。1932 年春，闽粤赣省委改福建省委后，大埔县苏区归福建省苏区领导。1933 年 8 月，福建省苏维埃政府，对处于边远区域的大埔饶和埔等苏区的工作作出新的部署。10 月，根据福建省委分配的名额，大埔派曹托生等代表出席了中共福建省第三次临时代表会议，1933 年 11 月大埔苏区承担福建省委分配扩红（军）100 名任务，饶和埔（含大埔东部、南部地区）承担扩红（军）150 名任务。大埔的一大批赤卫队员北上闽西参加中央红军。1934 年 1 月，埔北代表赖济华还出席中华苏维埃第二次全国代表大会。

大埔苏区的斗争与中央、闽西苏区共命运同奋斗，为苏区的创建作出了贡献，在财力上支持闽西红军，如 1930 年 5 月 5 日交红第十二军军需处大洋 2235 元，1931 年 5 月 12 日交第十二军司令部经理处大洋 199 元，1930 年 6 月 4 日交永定县苏维埃财政委员会大洋 2300 元。

在土地革命战争时期，有 4 万多大埔儿女为苏区的创建献出了宝贵的生命，其中知名的革命烈士有 438 人，不少革命老区村庄成为无人区。中央红军长征时，有数以百计的大埔儿女参加了长征。在大埔组建的东江红军十一军四十八团北上闽西后，编入红军第十二军三十四师一〇〇团某营，该营大部分红军战士在长征途中的"湘江血战"中壮烈牺牲，他们大都成了无名英雄。广东省参加长征的知姓名红军有 56 人，其中有 26 人是大埔县人①。

---

① 参加二万五千里长征的知道姓名的大埔人：肖月华、肖敬光、杨永松、杨经史、杨兰史、萧光、罗松山、赖可可、罗明、丘正基、杨辉图、丘回春、谢莲开、朱双壁、邓乃举、汪炳南、丘君品、江如良、邱延龄、赖昭先、刘先汉、罗华明、蔡雨青、卓觉明、曹托生、谢小梅。

第六节

## 中央红色交通线及大埔中站

土地革命战争时期，中共中央机关开辟了与各革命根据地联络的长江、北方、南方三条交通线。其中南方交通线由上海中共中央机关经香港，转广东汕头、大埔，到福建闽西，再到中央苏区红都江西瑞金。这条交通线由中共中央交通局直接领导，安全畅通近 5 年，又称"华南线"或"中央韩、汀江线"，即"中央红色交通线"，被称为"打不垮摧不毁的红色交通线"。

### 一、中央红色交通线的建立

1929 年春，红四军由赣南转战闽西，建立闽西革命根据地。1930 年 2 月，随着根据地区域的扩大，为沟通和苏区建设的需要，中共闽西筹建交通网，建立从永定经大埔青溪至汕头的交通线，埔北设大埔站，蔡雨青任负责人，负责传送文件，购买药品、食盐等。

1930 年 6 月，中央主力红军第三次入闽，赣南、闽西革命根据地连成一片，红一军团（前身为红四军）急需与在上海的中共中央直接联系。红军第一军团总政委毛泽东派军团第四纵队政治部主任卢肇西（闽西暴动领导人）从永定赴上海，向时任中共中央政治局常委兼中央军委书记，具体负责军委和苏区工作的周恩来汇报工作，并报告毛泽东建立通往中央苏区的交通线的意见，得到周恩来的支持。10 月，在周恩来亲自主持领导下，成立中共中央交通局，调吴德峰任交通局局长，把军委交通总站和中央外交科归交通局领导，下设长江、北方、南方三条主要交通站线。11月，中央政治局决定在中央苏区设立苏区中央局，并制定《关于苏维埃区域目前工作计划》，要求苏区的交通网与中央政治局统治区域的军事交通网能完全衔接。中央苏区执行中央的指示，在闽西苏区交通网的基础上，正式建立一条由上海经香港、汕头、大埔、福建永定和长汀到江西瑞金的交通线，名为南方（又称华南）交通线，即中央红色交通线。这条交通线初期有水、陆两路，水路由上海经香港到汕头后，经潮州沿韩江乘船至大埔三河坝，转汀江至茶阳到青溪虎市汀江航运终点虎头沙，步行经多宝坑、伯公凹、长治党坪铁坑进入福建永定陶坑、长汀到江西瑞金；陆路由上海经香港到汕头后，走饶平黄冈到大埔东部苏区的枫朗和村经福建永定、长汀到江西瑞金。陆路因沿途需冲破国民党军戒备森严的封锁，且常有土匪出入，危险性大，所以后期较少使用。叶剑英等从陆路进入中央苏区。南方交通线在香港设华南总站，闽西设立大站，大埔设立交通中站，汕头等地设联络站。

大埔交通中站除上级派来的交通工作人员外，原交通线的工作人员并入大埔交通中站，大埔的党组织和民众直接参加了交通站的组建和交通工作。埔北苏区的蔡雨青、黄华、江如良、孙世阶、邹日祥、郑启彬、邱辉如、余均平、余职邦、余川生、余均开等中共党员、干部为大埔交通中站的主要交通骨干，组织有一个李阿镰、饶阿亮、邱阿莲等组成的固定妇女运输队，大埔交通中站驻有一个中央交通武装班，班长卓雄（后为李玉棠），杨芳、杨起超、邹清仁等是大埔人。

大埔交通中站设在青溪里铺余氏宗祠，卢伟良、杨雄、郑启彬等先后任站长。下有茶阳（当时的大埔县城）李国良为负责人的同丰杂货店、孙世阶为负责人的同天饭店，青溪虎市汀江航运终点虎头沙（沙岗头）有余良晋、谢莲夫妇为负责人的永丰食杂店，多宝坑邹日祥家、长治铁坑、伯公凹小站等为交通联络网点。青溪崩逢尾余均平的旧屋、楝萼楼是大埔中站的物资中转仓。购木船一艘、民船两艘来往于汀江中上游的茶阳、青溪，作交通运输。

中央红色交通线建立后，由于大埔交通中站处于红白交界区，是在虎口上的通往中央苏区的重要门户，因而成为极其关键的交通站。大埔中站所在的埔北苏区为了中央红色交通线的安全，直属于闽粤赣苏区省委领导。交通线沿途区域按中央苏区曾被毛泽东赞扬的赣南东固李文林"不打红旗，不搞赤白对立"的斗争模式，确保中央红色交通线的畅通。继建立中央红色交通线后，党中央曾经建立多条从上海到江西中央苏区的交通附线，但均被国民党军破坏。特别是1933年3月底，中央苏区第四次反"围剿"前后，从上海经湘鄂赣边往中央苏区的通道被国民党军彻底切断，唯有从上海经香港、汕头、大埔进入中央苏区的交通线保持畅通，史称"摧不垮打不掉的地下航线"。1934年10月，红军开始长征，大埔交通中站部分交通员奉命参加长征。红军长征后，这条交通线继续为留守中央苏区福建省西部的张鼎丞、谭震林、邓子恢、方方、魏金水、伍洪祥等组成的融党、政、军为一体的"闽西（南）军政委员会"服务。

## 二、圆满完成各项交通任务

大埔交通站先后完成中央交给的任务有：

### （一）沟通上海的中共中央与中央苏区红都瑞金的文件信息来往

从1930年底到1933年1月，中共临时中央政治局迁往中央苏区之前，这条交通线沟通了上海党中央与中央苏区的联系，保证了上情下达和下情上送，使党中央对中央苏区的情况能及时了解和掌握，成为党中央和中央苏区的"千里眼"和"顺风耳"。

### （二）护送大批领导干部进入中央苏区

护送干部到中央苏区，规模比较大的有三次：一是 1930 年冬到 1931 年春，中央从白区调一批干部到苏区加强领导，交通站完成了护送这 100 多人进入中央苏区的任务，他们中有项英、任弼时、邓发等，还有从苏联学习和旅欧学生回国的几十人。二是 1931 年 5 月至年底，因原在中央特科工作的顾顺章叛变，有部分同志急需转移到中央苏区。这批被护送的有李克农、钱壮飞、吴德峰等，周恩来也在这年年底经汕头、潮安、大埔到中央苏区。具体如下：1931 年 12 月上旬，周恩来化名伍豪，与香港交通站派来的交通员肖桂昌坐上英国小火轮经过两天两夜到达汕头。汕头交通站站长陈彭年安排周恩来住了下来。第二天，周恩来打扮成商人，肖桂昌打扮成同行者，登上了开往潮安的火车。火车很快到了潮安。吃过午饭，他们就乘下午两点开往大埔的轮船。轮船到达大埔县城——茶阳后，他们转乘开往虎头沙（又名石下坝）的小船，途经青溪时上岸，到达青溪交通中站。青溪交通中站站长卢伟良率手枪队八九人，与大埔埔北交通站负责人蔡雨青等星夜护送周恩来前往十里外的多宝坑交通小站（邹日祥家），休息半小时后，又趁夜翻山越岭，经洋门、党坪一带，抵达铁坑小站。他们一行白天睡在老百姓家的谷仓内，天黑后才赶路。进入福建永定边境的桃坑交通小站后，再经溪南上金、中金和下金到达永定县委所在地"秋云楼"。永定县委书记肖向荣陪同周恩来，日夜兼程，于 12 月 22 日到达汀州，年底进入江西到达瑞金。三是 1932 年后，中共临时中央政治局由上海迁入中央革命根据地瑞金。由上海经大埔交通站进入苏区的领导干部计有 200 多人，其中有刘少奇、陈云、博古、聂荣臻、刘伯承、左权、李富春、林伯渠、董必武、谢觉哉、徐特立、王稼祥、李维汉、邓颖超、蔡畅、邓小平、杨尚昆、陆定一、王首道、瞿秋白与国际人士李德（中央红军顾问）及无线电技术人员伍云甫、曾三、涂作潮等及其随身带入的无线电台。文艺工作者李伯钊、危拱之等也经大埔站进入中央苏区。

### （三）向苏区输送民用、军用等重要物资

在敌人的"围剿"封锁下，中央苏区的物质条件非常困难。300万苏区人民每年需要价值900万元的盐和600万元的布，需从国民党统治区进口。党中央和周恩来十分重视在物质方面支援苏区。据大概的统计，从1930年底到中央红军长征以前，大埔中站先后为中央苏区运送了药物、电池、电缆、硝酸、硫酸、布匹、食盐、印刷设备等紧缺物资约300吨。1930年秋，卢伟良从闽西特委回香港时，曾带黄金10多斤和大洋几百元交给在香港的广东省委。1931年，吴德峰到苏区提款，一次就带走20万元。同年夏天，曾昌明和肖桂昌到苏区提款，在漳州的聂荣臻交给他们价值5000元的金条，带给香港的党组织，以购置苏区急需的物资。

### 三、保卫交通线安全的斗争

大埔中站设在国民党对中央苏区封锁线边的埔北青溪，埔北石上区署有驻军镇守，周围有坪沙的张茨波团防、洋门的张占廷团防、永定峰市的王石甫、江在田团防，处于敌人四面包围的"虎口"之下，故有"虎口交通站"之称。

1932年8月，叛徒江立周发现大埔中站一位负责人杨献林到多宝坑，便趁夜带张茨波民团，包围多宝坑邹日祥家。当时杨献林等正在邹屋背牛栏棚上休息。邹日祥的母亲江强英听到狗吠声，起床开门，敌人便开枪射击，江强英饮弹倒下，壮烈牺牲，而杨献林等及时向后山转移。邹日祥自己也曾三次被捕坐牢，家里被

洗劫一空，但他却死守党的秘密。出狱后仍义无反顾地战斗在交通线上。

　　同年秋，反动分子刘足卿发现大水坑楝萼楼存放大量的物资，他为了争当石上区长，向国民党大埔县县长梁若谷告密，但又怕被交通人员惩处，不敢带县大队进村。县大队误入三方村搜查，该村教师刘光谱，急嘱其妻回大水坑报信。地下党员李阿庆（女）接讯后，立即组织群众，将楝萼楼的 30 多箱电池、手电筒等苏区物资转运到山林掩藏。敌人赶到大水坑，扑了一空。当晚，闽西苏区派一连红军和群众，将物资安全运入中央苏区。1932 年，叛徒丘雪初任长治乡乡长兼联防主任，拦截运往中央苏区的物资。赤卫队配合武装交通，趁丘雪初仅带 2 名护兵从县城回乡之机，在途中肖子窠山间埋伏，秘密将丘处决。1934 年 10 月初，国民党反动派对苏区进行第五次"围剿"期间，蓝衣社特务丘达甫、丘麟、丘刚甫与国民党大埔县县长范其务布置"清剿"青溪，并窜到青溪坪沙团防驻地。该村学校校长袁旭华（党员）获悉后，与交通站联系，趁团防局为丘接风，演木偶戏之机，带精干武装，当场将丘达甫、丘麟击毙。县公安局长范蔚华闻讯带兵"进剿"坪沙，袁旭华、陈占勇等 10 多人被捕后，坚贞不屈，惨遭杀害。后来，参加转载运输的余川生、余维水、余积邦 3 人被捕，临危不惧，光荣牺牲。

　　交通员孙世阶受命在县城茶阳（时为白区，有国民党驻军）神泉路口的"同天饭店"（交通中站下设秘密联络点）当"老板"，负责接待中央的重要干部，其中包括邓颖超、蔡畅、共产国际顾问李德等人。1932 年至 1933 年，孙世阶两次被捕入狱，但因国民党方只是怀疑，找不到证据，只得同意孙世阶被亲人保出。1935 年，孙世阶再次被捕，宁死不屈，于 1936 年 2 月壮烈就义。

为保护交通站的安全，10 多位革命群众献出了宝贵的生命。

1934 年 10 月，中央红军长征后，大埔交通站的交通员一直坚持工作，多次与指挥南方三年游击战争的陈毅、项英、谭震林、邓子恢、方方等领导人联系，接受任务。1934 年底，国民党峰市驻敌刘荣光的密探来沙岗头药铺，探听有关交通站的情况，交通员和赤卫队将计就计，诱其到山上，将其捕获，经审讯，敌探供认不讳。交通人员要他假称已到汕头、香港，分别写两封家信，说已改邪归正，外出南洋谋生。写好信后即将其处决。信则由交通员带到汕头、香港寄出。敌人见探子久未回归，到其家中查询，信以为真，从而保护了交通站的安全。1935 年 7 月，大埔交通站副站长郑启彬等在执行任务时，不幸被敌人捕获，在狱中坚贞不屈，誓死保守党的机密，壮烈牺牲。

这条交通线在中共中央直接领导下坚持了近 5 年，出色地完成各项重大任务，成为敌人侦不破、切不断、锁不住、摧不垮、打不掉的"地下航线"，其中也有大埔党组织和人民群众为之作出的特殊贡献和巨大牺牲，它将永铭中国革命史册。

# "左"倾冒险主义路线错误下的艰苦斗争

## 一、"左"倾冒险主义路线的影响

1930年6月，中共中央政治局会议通过李立三起草的《目前政治任务的决议》，制定了以武汉为中心的全国中心城市起义和集中全国红军攻打中心城市的冒险计划。此后，以李立三、王明为代表的"左"倾冒险主义路线给党内各级造成了极大危害。中共广东省委于1931年5月派徐德巡视东江，召开特委扩大会议，决定改造各级苏维埃政府。由于"左"倾冒险主义的指导，中共埔丰梅县委进行改组，由黄炎任书记；中共饶和埔诏县委也进行改组，刘锡三任书记，余登仁任县苏维埃主席。在"左"倾冒险主义错误的影响下，县委、县苏维埃政府的处境步履维艰，到处挨打，大片根据地失落。

闽西红军红十二军、红二十一军、红新十二军分别于1930年5月、8月、11月出击东江，大埔党组织、地方武装、赤卫队配合红军进行武装斗争，多次进攻国民党军和反动民团。但由于"左"倾路线的影响，未能达到预期目标。

## 二、"左"倾错误下的肃反

1930年冬的第一次反"围剿"前，在党内和军内进行肃清反革命分子的斗争。这场斗争取得一定的成绩，也犯了严重扩大化的错误，错杀了一批被诬为"AB团"的同志。

1931年在"以深入土地革命为中心和以肃反为中心，粉碎敌人的进攻"的方针指导下，从闽西到东江开展反"AB团"、反"社会民主党"运动。

饶和埔县委迁饶平县石下黎壁村，召开扩大会议，将县工农兵代表大会被"围剿"和苏区斗争的失败，归结于红军独立营第三连，第三连连长张狮等一批指战员遭肃杀遇难。饶和埔团县委书记余勇文，委员余映周、张璇、叶诗光、简鲁田及刘瑶章等也被冠以"社会民主党罪"肃杀。饶和埔县委还在大埔大东大塘头、双溪和村开展肃反，将黄舞章、郭壁绍、连娘恩、温逊群、罗天明等人以"社会民主党罪"杀害。红军第四十八团进入闽西后，亦开展肃反，团长罗时元、政治部主任连半天、特务连长饶寿田也受连长罗绍环叛变株连，被诬以"社会民主党罪"错杀。李坚真、肖月华等，被诬以"社会民主党罪"准备处决，幸李明光力保释放，免遭其难。被以"社会民主党罪"误杀的大埔籍干部还有中共厦门市委书记刘端生。闽西特委还派郑醒亚来埔北，将苏维埃政府主席曾玉棠等20多人押回永定肃反。

归中共丰梅县委领导的大埔西部苏区，中共丰梅县委书记黄炎回大埔银江马头山石坜，贯彻东江特委会议精神，开展反"AB团"、反"社会民主党"的斗争，多人遭杀害。还派叶××到银江的竹子湖逮捕中共埔西区委书记黄拱辰，不问青红皂白，便押至背头山处决。埔西苏区在丰梅县委肃反中，民心涣散，一蹶不振。

1931年11月，第一次全国工农兵代表大会在瑞金召开，会议期间，闽西代表团的张鼎丞向毛泽东汇报了肃反问题的严重错误，毛泽东指示要立即纠正。苏区中央局书记周恩来由上海经大埔、永定进入中央苏区期间，目睹错误的"肃反"运动造成的混乱，向中央报告说："沿途所经，已见到闽西解决社党所得的恶果非常严重。"李明光也就肃反问题到上海向中央作了汇报，回来后在闽粤赣苏区第二次代表大会上，对"肃反"问题进行检查。饶和埔县工农兵代表余登仁等出席全国苏维埃代表大会，刘锡三、陈明昌参加闽粤赣苏区会议回来，在饶和埔苏区贯彻了中央指示和边区的决定，着手纠正肃反中的"左"倾错误。

大埔西部苏区，在中共丰梅县委书记黄炎与县苏维埃政府主席叶明章领导下，再度研究肃反问题，继续开展错误的肃反。大埔西部仅存小小的根据地，肃反搞得人人自危，最后黄炎本人也在内部人员哗变中被杀死。不久，东委派杨雪如来纠正肃反错误，改组县委，由黎果任书记，陈耀、叶明章、饶集庭为常委。

1945 年 4 月 20 日，中共中央召开扩大的六届七中全会，通过《关于若干历史问题的决议》，对第二次国内革命战争时期苏区的肃反作出正确的结论，指出"由于错误的肃反政策和干部政策中的宗派主义纠缠在一起，使大批的优秀同志受到错误的处理，造成党内极大的损失"。同时指出"一切经过检查确系因错误处理而被诬害的同志，应该得到昭雪，恢复党籍，并受到同志的纪念"。1983 年，国务院发出 91 号通知，中共大埔县委参照中共福建省委对闽西错杀人员的政策和做法，组织调查核实，给罗时元、连半天、谢卓元、张华云等 32 位被错杀的人予以平反昭雪，恢复原来的政治面目。

## 第八节 艰苦的三年游击战争

1934 年 10 月，中央红军撤出中央苏区后，国民党仍以第十师、第八十三师、第八十师及广东独立师、第九师为主力，对闽西苏区实行大"清剿"，大埔苏区又经历了艰苦的三年游击战争。

### 一、大埔东北部的游击战

国民党军广东独立师进驻枫朗，国民党大埔民团积极配合，成立大埔县联防大队，各区成立乡联防中队，采取移民并村的手段，"清剿"革命根据地。孙公坪、箭管、崇背等地群众，全部驱赶出村外，隐蔽中被清出的张云开、李治生等革命群众惨遭杀害，大埔处于白色恐怖之中，部分党政干部避往南洋各地或改名换姓，转移他乡。

奉命留守闽西的党组织于 1935 年 3 月组成闽西南军政委员会，张鼎丞任主席，下设 8 个县级军政委员会，其中，永东、永和埔军政委员会领导大埔毗邻闽西南山区的党员。在闽西南军政委员会领导下，保留区级机构，秘密做好接济游击队、为游击队当交通员及提供情报工作。由于国民党军香翰屏等 10 个师的"进剿"，军政委决定不搞大兵团作战，实行分散游击，将闽西南划为三个作战分区，大埔归第二作战区和中共永东县委领导。第二作战区吴胜任司令员，谢育才任政委，赖荣传任政治部主任，奉命开辟永定、大埔边的斗争并经漳浦下闽南，与红三团会合。将红色交通线大埔中站未撤离的雷德兴等人，组成军政委员会交通站。5 月 18 日，部队由平和进入大埔的大东大塘头，与国民党军独立第一师第五团两个连激战后退回象湖、西河汶水一带。大埔的黄友生、肖金榜等因此接上关系，参加了游击队。20 日，再次出击大塘头，进入福田安，打通了闽粤的通道。永东游击队进入西岩山的岗头。红九团谢育才等经西岩山至上善，又进入大埔和村，扫除福田安民团残敌后，回汶水宿营。6 月 11 日，隐蔽在礤头的党员张蓝雍派张逢则等人为永东游击队引路，出击黄麻坳西河张悟贞团防中队，摧毁炮楼，俘敌 40 多人。红九团乘胜进攻联防主任张悟贞老家。张悟贞急赴西河联防办事处求援，请驻军调西河漳溪的两个连"进剿"，于南桥遭遇，敌分两路向红九团阵地梅岭夹攻。敌第五团又派冯团副率两个连从水祝向南桥进逼，红九团于南桥激战数小时后，撤回大东、双溪，13 日，出击枫朗坎下赖凤仪民团，激战数小时后撤回大东、双溪，而后进入饶平下闽南。

张鼎丞率红八团于 4 月进入永定下洋金丰一带，国民党军驻大埔某团奉命"进剿"金丰。6 月 11 日，红八团 400 多人两路进攻下洋胡道南民团，击毙邓怀生中队长等 20 多人，余部投降。6 月 17 日，由李天飞率永东游击大队 200 多人进驻大埔西河黄沙，解决经费问题后经漳溪富里，出击双溪木教民团，后撤回饶平双善、大埔和村、平和长乐一带。

1935 年 5 月，闽西南军政委员会副参谋长朱森投敌叛变，带领民团四处搜捕共产党和基点村革命群众。1935 年 6 月 23 日，中共埔五区委书记郑国雄、杨鞭在严彩畲被捕后叛变，沈春华、朱宜昌在太宁被捕牺牲。闽西南军政委因铁坑交通站邹维尊叛变，另派邓善、曹彩欣建立田瓜寮、塔坑交通站。罗杰、谢金甫、谢柱元、饶其生、曹开振为交通员，负责做好来往人员的接送工作。

原交通中站副站长郑启彬亦在松口牺牲，雷德兴急回永东汇报。永东县委派江利发来大埔重建中共埔北区委，江利发任书记，江铁桥任区苏维埃主席，张大成任共青团埔北区委书记，恢复党团工作。

1935年10月，中共埔北区委书记江利发及郑兆桂被捕后叛变，江铁桥、吴景扬、丁秀兰等埔北区苏维埃政府干部在仁厚村开会时，被敌人包围，江铁桥跳窗突围，吴景扬、丁秀兰在突围中牺牲。

红八团、红九团及永东游击队在大埔的活动，使大埔人民看到了共产党的存在，希望还在，激发了大埔人民的斗志，大埔人民以各种方式支援游击队，如用特制双层的粪桶，秘密将粮食送到象湖、湖岽窠等游击据点。

1936年1月，建立永和靖军政委员会，李天辉任主席。红八团、红九团整编为五个支队，刘永生任第四支队的支队长，向饶和埔发展，建立了永埔工委，郑树昌营长任书记兼主席，永和靖军政委派张全福、罗炳钦组织永和埔工作团，发动群众，开展工作，筹粮筹款，恢复了西坑的丘映职、岩上的赖浪平、白土的曹金华、漳溪的陈梅光的组织关系，建立党的小组。1937年，西坑、白土、岩上、西河建立了党的支部。永埔工委成立后派李赤标到埔北巩固老据点，开辟新据点，在长北乡建立上山片党支部，江国仁任支部书记。1936年9月14日，永和靖军政委主席李天辉率领的游击队，在大埔岩上、漳溪党支部的配合下，再次进攻黄麻坳张悟贞民团，烧毁炮楼一座，全歼民团反动武装。此后，联防主任张悟贞的反动气焰受到沉重的打击，西河联防团无法重建。

## 二、饶埔诏地区的艰苦斗争

1934 年 8 月，中共漳州中心县委、饶和埔诏县委、潮澄饶县委联合成立中共闽粤边特委，黄会聪任书记，饶和埔县委委员谢卓元、张华云任特委委员，调特委机关工作。饶和埔县委调整，书记赖洪祥，组织部部长许其伟，宣传部部长余登仁。机关设于秀篆的赤竹坪，将全县管辖区分为两个区，县委机关邻近十多个村为直属中心区，饶平九村、大埔光德西岩山一带为第二区。派刘达三、杨炳眉和县委委员黄佛率领的一个小队恢复和发展二区的工作。通过串联发动，至 1935 年秋，游击队发展到八九十人，建立了七八个支部。1935 年冬，赖洪祥病故，许其伟接任书记，采取分散出击、打击反动分子的方针，但特委黄会聪却认为是右倾机会主义，于 12 月 15 日作出解散中共饶和埔县委的决定，错误处决了谢卓元、张华云夫妇及余登仁。撤销许其伟职务，许其伟、黄佛、刘达三、杨炳眉等离开了革命队伍，第二区党的组织失去联系。

## 三、古大存率部在大埔坚持斗争

早在 1930 年下半年，在中共党内以城市为中心的"左"的思想指导下，东江特委已将机关由粤东北梅埔丰边区的八乡山迁南部的大南山。主观上，执行了以城市为中心的战略，造成红十一军三次贸然进攻粤东中心城潮安失利。工农武装力量元气大损后，没有认真总结教训，却在根据地内开展错误的肃反运动，造成"1500 多名党政军负责人及战士被错误捕杀"，严重地削弱了东江地区的领导力量。客观上，广东国民党军不断增兵"围剿"红色区域，使根据地区域不断收缩。1934 年 10 月，中央红军长征后，东江根据地失去了北面中央苏区的支撑与牵引，更难抵实力雄厚的广东国民党军。1935 年 4 月，国民党军邓龙光师部重兵围攻大南山，东江特委书记李崇三带领游击总队主力向潮澄澳边区转移途中被捕叛变，导致游击队被骗下山后，被国民党军消灭，根据地沦陷。

1935 年底，古大存带保卫局战士从大南山突出重围后，与上级党组织失去联系，遂向粤东北转移。到八乡山后，与坚持在边区斗争的陈华等梅丰游击队取得联系。他们在丰顺童梓洋会合后，得知红军长征后大埔仍有中共党组织坚持活动，为了尽快取得联系，古大存遂率领陈华、张观亮、张六、曾史文、阿甲、王顺、江耀、宋连胜、朱禄、张阿发、阿七、邓其锦等 17 人，携带花机枪一挺、驳壳枪九支、曲尺一支、手榴弹二枚、子弹一批，从童梓洋出发，经丰顺北斗、留隍、黄金渡过韩江，从潭江进入大埔。进入大埔后，古大存在未能与大埔党组织取得联系的情况下，领导游击队团结群众，创建与扩大党组织，保存与壮大队伍，循游击战的枪声寻找上级党组织，为革命事业作出了特殊贡献。

**（一）在秘密活动中，团结群众，发展党员，建立支部，扩大武装队伍**

古大存率部到大埔后，在高陂的桃花一红军家属家中住了一晚，第二天过高陂后住在一个村子里。由于红军长征后，大埔苏区的中共党组织进入地下，他们无法取得联系。于是，古大存等向群众说明红军的身份，得到了群众的支持，休息 3 天后，向北转移到平原五家畲帽山村，结识了小学教师周显耀。发现大埔地区的群众基础较好，在深山密林中适宜开展游击活动。于是通过周显耀联络了塘腹村的廖有三、廖孔说、廖长引、廖松茂等，并秘密吸收他们入伍。同时，通过他们把游击队员安排在瓷厂以做工为掩护，串联廖百聪、郭杏村、张新铸、黄娘麟等配合游击队活动，逐渐把活动区域发展到北坑，三岗，光德中央坑、老庐下，高陂黄泥坳、燕尾服，桃源东瓜坪、鲤鱼石一带山村及饶平的石寮溪等村庄。在东瓜坪村，古大存通过罗裕民、罗信灿、罗信炳的关系，办"德民小学"，创办游击活动基地。而后，又在桃源尖山培养了郭联慰、李阿发、张发田等人，先后在当地发展了18名战士。为了进一步巩固游击据点，古大存在组建瓷业工会和贫民团的基础上，发展党员，建立了6个支部。后来，原十一军后方医院院长古柳春获悉古大存在大埔坚持斗争，又带古关贤、古宜柄、古铁生、古酉言等8人与古大存会合，游击队人数扩大了2倍。这支游击队成为革命的火种，为粤东北在抗日、解放战争时期开展斗争夯实了骨干基础。

**（二）在隐蔽活动凝聚力量基础上，创建游击根据地**

在出击中，丰富游击战的经验。古大存进入大埔后，在恶劣斗争环境中，从实际出发，坚持斗争。首先，以包山烧炭为业，用个别串联的办法，逐步发动群众，而后又通过瓷工的关系，把队员安排在瓷厂做工，取得合法的谋生权利后，秘密组织工会、贫农团。其次，为解决山区消息闭塞问题，创办学校以公开职业为掩护，订阅国民党的报纸，购置收音机了解敌我情况。再次，建立革命政权，在东瓜坪山村秘密建立苏维埃政府，选举罗裕民为主席，使游击活动有可靠的根据地。在群众的支持下，游击队活动区域伸展到埔南桃源桃丰的尖山、中炉、三洲湖，丰顺的旁门畲等山区，形成了一定规模的游击区。古大存在大埔领导游击队坚持活动中营造的群众基础，为后来粤东北乃至闽粤赣边区的斗争提供了有利条件。

**（三）在游击斗争中，勇于出击，通过扩大影响，寻找上级党组织，及时转变斗争策略，适应革命形势发展需要**

1937年冬，在不了解国共合作的形势下，为尽快找到上级党组织，实施通过枪声与党联系的策略，古大存主动组织游击队远程夜袭国民党桃源乡公所，以东江苏维埃政府的名义，广发宣传文告，招引国民党当局纠集饶平、大埔、丰顺三县国民党地方武装联合"进剿"古大存领导的游击区，并在报纸上炫耀。

党驻香港的中共南临委机关从国民党报刊上发现古大存等的宣传文告与消息后，得知大埔县仍有党组织与武装在坚持活动，于是派饶彰风回大埔县了解情况及联络。饶彰风进入古大存等活动的区域后，由于群众对生疏人有警惕，没有了解到古大存等活动情况。由此，却使古大存发现香港有中共党的领导机关。另外，又从其他渠道了解到全国已实行国共合作，华南成立了新四军。古大存及时转变斗争观念，主动写信给潭江的豪绅张玉阶，申明在大埔活动的部队是中国共产党领导的，建议进行谈判，合作抗日。为了尽快和党组织取得联系，古大存亲自前往香港，通过《大众日报》编辑，再北上武汉找到八路军办事处，见到了周恩来、叶剑英。根据周恩来、叶剑英的指示，古大存返回香港工作，任中共广东省委统战部部长，后北上延安出席党的七大会议。在大埔坚持活动的游击队，则按中共南临委的指示，由古关贤率领北上到闽西特委报到。抗日战争时期，游击队员张五与闽西特委接头后回五华，恢复了八乡山的党组织；古关贤后调任中共大埔县委组织部部长，成为粤东北重建与发展党组织的骨干。

古大存以革命家的智慧，在大埔领导坚持斗争，保存了斗争火种，对后来大埔乃至粤东北老根据地的斗争，有特殊贡献。

# 4

# 第四章
## 抗日烽火燃大埔

　　1931 年 9 月，日本驻中国东北侵略军侵占沈阳，制造"九一八"事件，继而侵占我国东三省。1937 年 7 月 7 日，侵华日军又发动"卢沟桥事变"，日本开始全面侵华，我国全面抗战爆发。抗日战争期间，大埔县广大民众在中共党组织的领导下，开展了轰轰烈烈的抗日救亡运动，营造了良好的群众基础与斗争环境，发生了许多重要历史事件。

# 第一节 抗日救亡运动

  "九一八"事件后，在国难当头、民族危亡的时刻，中共中央和中华苏维埃共和国临时中央政府，多次发表宣言，提出"以民族革命战争，驱逐日本帝国主义出中国"的口号。中共饶和埔县委建立饶和埔反帝大同盟，散发《是谁勾结帝国主义出卖民族利益》的文告和传单，揭露日本帝国主义的侵略罪行，抨击国民党"攘外必先安内"的反动政策，兴起反对日本帝国主义的侵略、反对内战的群众运动。曾一度宣传反共的大埔《大声》半月刊，也抨击了国民党政府的投降路线，指出"在东北爆发'九一八'无耻的残酷的殖民地掠夺战争以来，由于我国军政当局的彻底对日妥协，东北四省已经垂手拱让他人了，此后中国四万万被压迫的人民，将在卖国媚外的军阀铁蹄的蹂躏之下，更加套上一重'帝国主义奴隶的枷锁'。"

  大埔民众举行抗日大会，组织抗日救国团体、演讲队进行宣传。1931 年 9 月 25 日，大埔中学举行抗日大会，全校师生 200 多人参加，刘瑞廷校长作了关于日本帝国主义者侵华的阴谋及日本侵略军在东北的兽行的报告。全校师生义愤填膺，一致决定：（1）誓死不买日货；（2）组织抗日救国团；（3）广泛宣传，揭露日本侵略阴谋及其暴行。10 月 10 日，大埔县城茶阳举行各界反日救国大会，与会者臂缠黑纱，手擎黑旗或白旗，上书"誓死不买日货""誓雪国耻"。学生自治会于城内散发或张贴抗日标语、口号。当晚，各界在县城坛下坝举行化装演讲，与会者数千人。会后组织游行示威，学校童子军组织巡视队，巡视市面，在高坝街查出违反筹备处决定的门市绵昌号。童子军劝告反被恶言相加，便将店主反缚游街示众。此后，大埔中学组织抗日宣传演讲队，分成两队。刘瑞廷率一队到湖寮、百侯、三河，张子诚率一队往西河大靖、漳溪、黄沙。宣传队每到一处，便登台演讲、演出话剧，揭露日军侵略暴行，参加集会群众少则 4000 人，多则如湖寮达 7000 多人。大埔中学学生自治会还成立了以胡知芳为团长的抗日义勇团。大麻中学也组织救国会，下乡到银江、英雅开展抗日宣传。

高陂中学、百侯中学组织抗日救国会、宣传队，上市查禁日货等。百侯中学滕一尘校长组织师生赴高陂中学、大埔中学，交流抗日救国工作经验，聘请全国著名教育家陶行知先生推荐的优秀教师来侯中执教，实行生活教育，启迪学生热爱生活、热爱祖国的思想。

1932 年，在国立中山大学读书的饶彰风与杜埃、张直心组织《天王星》社，出版大型的抗日文艺刊物《天王星》，抨击国民党政府的不抵抗主义。《天王星》被查封后，饶彰风回到大埔西河黄沙梧冈学校执教，于 1934 年与其内弟张富昌在县城大华路创办"文化书店"。不久，李静阳亦开设"中华书报社"，出售《资本论》《列宁与革命》等进步书籍，传播进步思想，使青年学生得到了启发，进一步点燃了抗日救亡的火焰。此外，饶彰风担任梧冈学校校长期间，实行国难教育，与陈以我、饶乃跃等创办《小小》刊物，揭露大埔公安局局长罗锡兰压制抗日宣传的丑行。晓庄师范毕业到百侯中学任教的老师，实行陶行知的生活教育，在全县教育界影响很大。他们利用陈济棠等西南地方派与蒋介石集团的矛盾，通过争取地方派支持，要求抗日，宣传抗日，反对蒋介石的不抵抗主义，驱逐蓝衣社势力，展开国难教育，提倡抗日联合战线，避免一切过于刺激西南派的行动。百侯中学校长藩一尘以优异的教学质量，博得杨德昭（陈济棠驻上海办事处主任，侯中校董）的信任，控制了百侯区教育会。大埔县城，由在城区区长李文（李其浩，原中共维靖支部委员）、在城公学校长饶乃跃、梧冈学校校长饶彰风等控制了县教育会、民众教育馆、《大同报》社。高陂中学校长刘象爻（原中共党员）控制了高陂教育会，使大埔教育界抗日救亡运动活跃起来。

1935 年 12 月 9 日，在民族危机日益加深的形势下，北平爱国学生数千人举行声势浩大的抗日救国示威游行。大埔各中学举行支援"一二·九"学生运动示威集会。该校学生李静阳、蓝克纯等公开发表宣言，号召青年组织起来，奔向抗日前线。

1936 年 6 月，在广西南宁教育研究院入党的杨亦肖、杨兆京、吴燕明、肖力克、张力克、李俊成等，先后回到大埔，杨亦肖、杨兆京在百侯中心学校执教，组织百侯民众读书研究会，由杨亦肖、杨兆京、张载炯、杨璇、杨维雄（杨明）、杨赍雄、郑加明、杨伟美、肖鸿雁组成干事会，团结进步教师，开展抗日活动，利用百侯民众教育馆出版墙报。12 月，组织中华民族先锋队，由杨亦肖负责，丘鸣跃、丘润銮、杨志裘、杨国佐等加入了民先队。同时，还组织读书会、"时代剧社"等，把该地的抗日救亡运动推向高潮。另外，高陂、大麻学生救国会，也积极开展抗日救亡宣传活动。

大埔的抗日救亡运动得到了上级的肯定。1937 年 3 月 28 日，中共南方工作委员会的报告称："广东公开一致的，上至县长、保安队长，下至行夫走卒的救国会"，仅有"大埔、中山两县"。

这些救国会创办文化合作社，发行、推销、介绍先进报纸与刊物，销售《救国时报》每期数百份，推动了抗日救亡运动蓬勃发展，在广东抗日救亡运动中开了先河。①

---

① 《中共南方工作委员会给中央报告提纲》（1937 年 3 月 28 日），《广东革命历史文件汇集》甲 36，中央、广东省档案馆编，1984 年印，第 9—22 页。

# 中共大埔县工委的成立

1936 年秋，为加强南方各种抗日救亡运动的领导，中共中央北方局派薛尚实到广东指导南方地区的抗日救亡运动与恢复发展党组织。薛尚实到广东后，先后在香港、广州、广西梧州、大埔等地发展一批党员。在建立基层党支部的基础上，先后组建了中共广西省委工作委员会、中共西江工作委员会、中共香港工作委员会、中共韩江工作委员会、中共大埔县工委、中共广州市委、中共香港海员工作委员会等中共省、市、县党的领导机构及中共南方临时工作委员会（简称"中共南临工委"）。中共大埔县工委是中共南临工委成立前后，由薛尚实等组建的中共县级领导机关。

随着全国抗日救亡运动的兴起，有一定斗争基础的革命老区大埔，群众的爱国之心，民族精神被焕发起来，抗日救亡社团组织纷纷组建，自发的各种救亡运动在全县各地兴起，为薛尚实在大埔建立首个中共县级领导机关奠定了基础。

1936 年 7 月，薛尚实在广州吸收突进社负责人张直心加入中国共产党。张直心入党后，抗日救亡社团组织救国会派任他为潮梅东江特派员，到粤东了解抗日救亡的情况。薛尚实根据大埔抗日救亡运动蓬勃兴起的状况，委托张直心利用在潮梅东江了解抗日救亡情况的巡视机会，开展中共大埔县地方党的建设工作。张直心离开广州赴潮梅东江地区前，刚在国立中山大学加入中共党组织的饶彰风为张直心介绍了大埔的抗日救亡运动情况，并向他推荐在西河溪南埠福良小学（现在的溪南小学）、梧冈小学教书的陈以我和陈世捧、张占炫、余南盛（永定下洋沿田人）及在城公学的饶乃跃、文化书店的张光等7名救国会积极分子，其中饶乃跃、陈以我是张直心大埔中学的同学。10月，张直心回到大埔后，找到饶乃跃、陈以我，由他们通知其他人员在茶阳大华路文化书店见面，介绍饶乃跃、陈以我、张光、刘德和、陈世捧、余南盛、张占炫7人加入中国共产党，并在书店楼上举行入党宣誓仪式，张直心为监誓人。接着在张直心指导下，于县城茶阳西门河岸南华寺恢复中共大埔地方县级机构，成立中共大埔县工作委员会（简称"中共大埔县工委"），指定饶乃跃任书记，陈以我任副书记，刘德和任组织部部长，张光任宣传部部长。

同年9月，中共南临工委正式成立，薛尚实任主要负责人。中共大埔县工作委员会成员在中共南临工委直接领导下，以职业作掩护，积极在大埔发展党组织，调查土地革命时期留下的党员情况，领导开展抗日救亡运动。饶乃跃任大埔县城茶阳在城公学校长，陈以我任西河梧冈学校校长，张占炫任西河下黄沙培才学校校长，陈世捧在西河黄沙小学任教，余南盛在西河培才小学任教。张光仍在文化书店建立县工委联络碰头地点。饶乃跃、张光在茶阳发展埔中的李静阳入党后，由李静阳在埔中组织新文学会、《前哨社》，吸收肖健、肖鸣律、蓝克纯（何渠若）、胡看芳、张矩章等20多人为社员，号召青年组织起来奔赴抗日前线。还通过余南盛与闽西南军政委员会建立联系，介绍李静阳参加闽西南抗日义勇军。此前后，北部的西河，刘德和在梧冈小学挂教员职以作掩护，接上陈梅光的组织关系，并在梧冈小学吸收卓禹轮入党。陈世捧、陈以我在上黄沙村吸收张弯英、赖粟英、赖亮英入党后，又和刘德和在西河维靖西南公学吸收李其奎入党，在坪沙村发展了丁奕宣、丁迁入党。此前后，先后建立了梧冈、黄沙、维靖、坪沙等党支部。西部的大麻，县工委发展黄亦青加入中国共产党后，指定黄亦青组织大麻支部。东部的百侯，外地的进步青年纷纷回家乡组织抗日救亡活动，1936年冬，在广西入党的李俊成、张力克回到家乡开展宣传活动，团结了一批进步青年。1937年初，县工委书记饶乃跃与广西回来的党员吴燕明接上关系后，一同到百侯，接上杨亦肖的组织关系。根据县工委的工作部署，杨亦肖负责发展埔东、埔南的党组织。杨亦肖及时吸收张伟烈等进步青年入党后，建立了张伟烈任书记的中共百侯支部。接着，中共韩江工委书记李碧山与原永和靖县军政委员会长乐区委的张全福、大东白土党支部书记曹华金联系，指定曹华金、杨亦肖、张全福组成中共埔东工作委员会，曹华金任书记，杨亦肖任宣传委员，张全福任组织委员，在百侯山下坪济美堂设立办事机关，党的活动逐渐发展到埔南高陂一带。革命老区大埔县的东、西、北各地区都建立了中共党的地方组织，这些党组织活跃地领导着大埔县各地的抗日救亡运动。

1937年2月，张直心回香港后，把大埔党的关系交给薛尚实。中共南临工委分工由饶彰风负责与大埔的联系。此后，中共大埔县工委与中共南临工委建立了更密切的关系，在中共南临工委的直接领导下，党的建设与抗日救亡运动更有序地开展起来。

同年5月，回到大埔的肖力克与县工委组织部部长刘德和取得联系后，被安排在维靖西南公学，党员张光、张占炫也调西南公学，加强维靖乡的工作。首先，县工委在饶讲声家设立办事机构，执行中共南临工委关于建立抗日民族统一战线，领导全县人民进行抗日救亡活动，将反蒋抗日改为迫蒋抗日的指示，广泛开展抗日救国会的工作。在党的建设上，采用各种方式，增强党员在抗日民族统一战线中工作的主动性和责任心。其次，调查了解土地革命战争时期留下的党员及组织的活动情况。县工委通过调查，了解到埔南有古大存率领的游击队，埔东原永和靖县长乐区委、埔北永埔工委的党员仍在活动，通过联系，沟通了古大存、闽西南军政委员与中共南临委的联系，为统一闽粤赣边区各地党组织、组建中共闽粤赣省委打下了一定的基础。

中共大埔县工委是南方地区红军长征后，抗日救亡群众运动日渐高涨的土地革命后期，较早恢复建立的县级党组织。中共大埔县工委成立后，积极发挥党在抗日救亡运动中的领导与核心作用，为发动倡办夜校，团结全县各界爱国人士建立了公开的县救国会，设立了文化合作书店，发行进步报刊《救国时报》，沟通闽粤赣边区各地党组织与中共南临工委的联络，转送闽西南军政委张鼎丞、邓子恢、谭震林签发的土地法布告等做了大量工作。

第三节

# 第三节 全面抗战后大埔的形势及党的建设

　　"七七"事变第二天，中国共产党发出《为日军进攻卢沟桥通电》，号召全国同胞、政府和军队团结起来，筑成民族统一战线的坚强长城，抵抗日本的侵略。中华民族面临亡国的危险关头，在共产党不断倡议、全国抗日救亡运动的推动下，达成了国共两党合作抗日协议。

　　虽然达成国共两党合作抗日协议，南方游击队仍遭国民党军队的疯狂"清剿"，统治广东的国民党军第十二集团军总司令余汉谋，在广东民众抗日运动不断高涨的浪潮中，提出"拥蒋抗日"的口号，拥护只有一个领袖蒋介石，坚持"攘外必先安内"的方针，以"抗日"争取群众。大埔国民党当局也一脉相承，抗战爆发前组织的"民先队""前哨社"，各中学的学生救国会也只能在小范围内秘密地进行，校园仍没有自由，共产党更不得公开活动。中共大埔县工委在中共南临工委的领导下，广泛开展抗日救国会的工作，建立抗日民族统一战线，县工委书记饶乃跃以在城公学校长的合法身份，发动组织在城学界抗敌救国联合会和"流动剧社"。大埔县长梁若谷逼于全国民众抗日运动高涨的大势，举起支持群众抗日的幌子，成立大埔县学界抗敌救国联合会，饶乃跃被列入该会领导成员之一，梁若谷自任救国联合会主任，并要求各区相应成立这个团体，企图控制大埔的抗日民众运动。中共大埔县工委遵循中共南临工委指示，在抗日民族统一战线中，坚持独立自主的原则，争取民众团体的合法地位，派人进入以国民党当局名义组织的群众团体中去担任领导职务。因在县城已有国民党当局组织的大埔县妇女联合会，大埔中学有郑作励为首的义勇团，为了以合法的形式发动群众，利用广大农村学校的党员教师和开明乡绅，把抗日民族统一战线工作重点转移到有革命传统的、华侨较多的、学校也多的地方去，县工委将机关迁至北塘饶讲声家，在县城李万利商店设秘密通讯处，撤去县城文化书店，张光到西南公学执教。李静阳于县城大华路创办"中华书报社"经营文化书店业务。县工委要求党员提高统一战线工作的主动性和责任心，发挥党员的模范带头作用，教学育人，树立威信，建立学校这个阵地，同时利用当地较开明的上层人士，开展统一战线工作。县工委利用百侯中学董事长、国民党军委中将参议杨德昭支持"国共合作、一致抗日"主张的有利条件，通过他聘用侯中代校长罗明，以公开合法的校长身份，做好上层的统战工作，由百侯党组织负责人杨亦肖与罗明联系，发动教师组织"时代剧社"，开展抗日宣传，并通过"时代剧社""流动剧社"和国立中山大学回乡学生服务团联合邀请全县各救亡社团学校代表，在百侯中学召开联席会议，将各社团学校联席会议建成党员参与领导的全县抗日民族统一战线组织，领导全县抗日救国运动。

1937年秋，为了统一领导闽粤赣边革命老区的抗日救亡运动，中共南临工委决定将闽西、闽南和广东潮梅地区（韩江工委）的党组织，合并统一成立中共闽粤赣省委（后改称为中共闽西南潮梅特委），以加强党对南方抗日民众运动的领导。

此时，饶奕昌（饶练）经杨康华介绍加入中国共产党后，从广州回到太宁。他和在太宁的曹哲夫通过闽西南军政委塔坑交通站负责人曹开振，与闽西南军政委张鼎丞主席接上关系，他们在张鼎丞的领导下，建立了埔北工作团，曹哲夫任主任，饶奕昌、曹开振参加团的领导。工作团成立太宁党支部，饶奕昌任书记。同年冬，县工委组织部部长刘德和赴太宁，接上中共太宁支部的党组织关系后，太宁支部扩建为中共埔北区委，由曹哲夫任书记，饶奕昌任组织委员，曹开振任宣传委员，委员有张友义、赖文华。

同年秋，在埔南高陂，中共埔东工委委员杨亦肖赴高陂，接上广西入党后回到高陂的李振欢、刘文景的关系，吸收廖秋声（陈华）、张益强入党后，建立党支部，李振欢任书记，归埔东工委领导。丘光在湖寮经吴燕明介绍入党后，回高陂中学建立了党支部，丘光任书记。

同年9月中旬，中共韩江工委书记李碧山，陪同中共闽西南委员会主要领导方方从汕头来到大埔黄沙，由李碧山主持，在下黄沙拖竹岭（桃里）竹头坝举行县工委扩大会议。会上，工委汇报半年多来的工作后，方方传达了中共南临工委关于闽西、闽南和广东潮梅地区（韩江工委）三地的党组织联合成立中共闽粤赣省委，大埔县工委由中共南临工委领导转归中共韩江工委领导的决定。方方还指示韩江工委领导机关最好由潮汕地区转移到斗争环境、群众基础都比较好的老区大埔或梅县。会后，中共大埔县工委派工委委员陈以我、陈世捧等通过统战关系，利用联保主任陈孟光盖章的通行证及自卫队中的地下党员把方方送到永定沿田，及时与闽西南军政委员会主席张鼎丞取得联系。

10月，中共闽粤赣边临时代表会议在龙岩县白沙乡南卓村举行，中共大埔县工委派陈世捧与韩江工委书记李碧山、梅县的陈仲平等粤东北地区的代表一起出席会议。会议传达中共中央在抗日民族统一战线问题上，闽粤边区党组织必须坚持独立自主原则的指示。会议根据中共中央决定，撤销闽西南军政委员会，成立张鼎丞任书记、方方任组织部部长、邓子恢任宣传部部长、谭震林任军事部部长的中共闽粤赣边省委员会。并对边区党的相关领导机构进行调整，宣布撤销岩永靖、永埔县军政委员会，成立永和靖县委。因大埔县工委宣传部部长张光调中共永和靖县委任宣传部部长，大埔县工委宣传部部长由书记饶乃跃兼任，以加强大埔县抗日救亡运动的宣传工作的领导。

1938年初，县工委所在地西河，成立西河区委，由陈以我兼书记，李其揆任组织委员，刘德和兼任宣传委员。

1938年2月，中共闽粤赣省委书记张鼎丞率新四军二支队北上，方方接任省委书记。1938年春中共闽粤赣省委改称为中共闽西南潮梅特委，并撤销中共韩江工委，成立中共梅县中心县委和中共潮汕中心县委。中共大埔县工委归梅县中心县委领导。中共大埔县工委于6月在西河黄沙赤蕨寺举行工委扩大会议，成立中共大埔县委员会。

中共大埔县委成立后，将埔北、西河两区委合并为埔北区委（或称附城区委），曹哲夫任书记，陈梅光（陈段年）任组织委员，后李秋华、李其浩（李文）任宣传委员。区委大力发展组织，健全了原有的上黄沙、下黄沙、岩上、太宁河东及河西支部，新建坪沙支部。

是年2月，曾任东征军政治部宣传科科长的罗贤（罗伯良），从国民党军第十八军回来出任大埔中学校长，并聘请饶乃跃、张恒存（张穆）任教师，县工委又通过张恒存与罗贤联系，发挥了他和罗明在联席会议中的作用，推动了大埔抗日救亡运动的蓬勃发展。此后，大埔县各地青抗会、学抗会、妇抗会、剧社纷纷建立起来，教师、学生积极参加军事训练，组建抗日自卫队、自卫团，呈现一派轰轰烈烈的抗日救亡运动局面。

1938年6月，梅县中心县委书记伍洪祥，大埔县委组织部部长刘德和到高陂巡视，在中共高陂支部的基础上，组建中共高陂区委，由李振欢任书记、刘文景任组织委员（兼妇女委员）、丘光任宣传委员、廖秋声任青年委员，并先后建立了市小、陂中、店员、妇女等支部。

# 中共大埔县党代会的召开

　　抗日战争全面爆发初期，中共大埔地方组织迅速恢复与发展，中共大埔县工委及时召开党代会，成立中共大埔县委，使大埔的抗日救亡运动有更坚实的领导核心，推动了大埔抗日救亡运动轰轰烈烈地开展。

　　1938年6月，中共大埔县工委于西河黄沙赤蕨寺举行工委扩大会议，成立中共大埔县委员会，肖力克（肖明）任书记，陈世捧任副书记，刘德和任组织部部长，饶乃跃任宣传部部长，李静阳任青年部部长，余南盛、张占炫、陈以我、杨亦肖、曹哲夫、丁越任委员。会议确定党的中心任务：一是动员人民群众积极投入抗日救亡运动；二是建立抗日民族统一战线，推动上层的统战工作；三是利用选派较有社会地位、有影响的党员，打入国民党组织内，发展共产党的势力。围绕这个中心任务，加强党的建设，提高党组织的战斗力。中共大埔县委成立后，埔东工委撤销，成立由杨亦肖任书记、杨建仓任组织委员、丘鸿耀任宣传委员、杨赉雄任青年委员的中共百侯区委。

　　大埔县委、百侯区委成立后，为更好地领导抗日救亡运动，重视加强党的自身建设。首先加强组织机构建设，健全和建立区委，区委下建立支部、小组，积极贯彻大量发展党员的决定精神，消灭空白点，设立点、线联系。同年8月，杨卓亨接任百侯区委书记。县委派百侯区委书记杨亦肖往石云区发展党员后，成立杨亦肖任书记的石云区委，不久，大麻、三河区委先后成立，黄亦青任大麻区委书记，谢柱元任三河区委书记。闽西南潮梅特委撤销永和靖县委，原永和靖县委领导的长乐区委归大埔县委领导，张全福任区委书记。9月，在坪沙支部的基础上，成立中共坪沙区委，丁越任书记，李志美（李静阳）兼任组织委员，丁奕煊任宣传委员，李以雪任青年委员。县委之下很快形成了附城、百侯、高陂、石云、大麻、坪沙、长乐等区委的组织架构。其次是健全组织生活，定期汇报和检查工作，支部向党员提出具体任务，发挥支部的战斗堡垒作用，开展抗日救亡运动。再次是加强学习和培训，提高党员的政治素质。

是年冬，广州、汕头相继沦陷，大埔成为抗日战争的大后方，难民大量涌入，海外交通中断，侨汇断绝，出现困境，自产粮食不足三个月，地主豪绅又借机囤积居奇。国民党政府推行国防公债又用摊派方式转嫁于劳苦大众，造成民不聊生，引起群众的不满，大埔县委通过社团运用合法章程开展斗争，使各级党组织得到锻炼。

同年10月，中共闽西南潮梅特委（原闽粤赣省委改称）决定，中共大埔县委归特委直接领导，派秘书长姚铎到大埔筹备县代表大会的工作。不久，大埔县党的代表大会在西河赤蕨寺山上召开，组建了肖力克任书记，刘德和任组织部部长，饶乃跃任宣传部部长，李志美任宣传部副部长，曹哲夫、杨卓亨任委员的新县委班子。肖力克代表县委作了一年来的工作总结。肖力克分析国内外形势时指出，最近国际形势，一方面是侵略阵线的活跃，另一方面是和平阵线愈益坚强。国内军事上已变死守战、被动战、各自为战为自动战和游击战。政治上国共合作进一步巩固，民众运动也相继开展，但国民党需要民众又害怕民众，大埔本来应由殷户负担的国防公债，用摊派的方法转嫁到劳苦群众的身上，征调壮丁，迫使壮丁逃亡。民众运动方面，虽然国民党特派员还处处限制群众团体的活动和操纵抗敌后援会，但救亡话剧、军训、募捐运动，各地夜校继续推行。

鉴于日军先后进犯广州、武汉及广州、武汉的失守，中共闽西南潮梅特委又作出"准备敌后抗日游击战的计划"，会议决定了今后在大埔：（1）巩固和发展统一战线，利用全县救亡联席会议的关系推动全县的救亡工作。主要到工人及学生和知识分子中去，建立各种抗敌同志会，推动各界的救亡工作。（2）抓紧武装民众的工作，动员全体同志参加自卫团的工作。每个共产党员必须在言论上行动上表现勇敢坚决精神，在群众中起模范作用，协助保长、甲长、乡长动员壮丁，帮助解决应征壮丁家属困难。（3）迅速发展党的组织，大胆地、多方面地注意在新地区建立党组织。（4）努力健全支部生活。（5）不要提过高的口号和要求，利用一切可能的机会和组织形式，如社训、夜校、读书会、研究会……发动民众参加抗日救亡工作。（6）抓紧进行党员轮流训练班的工作，提高政治认识，纠正高谈马列主义教育，忽视执行决议的清谈倾向。（7）健全党的领导，建立定期汇报制度。（8）克服工作上的风头主义与英雄主义等任务。同时，根据中共闽西南潮梅特委开展敌后抗日游击战的计划要求，准备以边界相邻的山区为根据地，做好战时的一切准备，工作重点是抓好县内几个主要中学结合战时教育组织学生集中军训，培养抗日游击队干部。根据县委的决定，百侯中学、高陂中学选派受训学生，加强饶埔丰边的工作；大埔中学选派受训学生加强埔永边的工作。

1939年1月，国民党五届五中全会通过《限制异党活动办法案》，在国民党统治区域加强了反动统治，调李善余任大埔县长，唐人任国民党大埔县党部书记，国民党第四战区政治部主任丘誉也回大埔巡视，训示说"不认识只有一个领袖，一个政府，一个主义才能救国的〔人〕简直是汉奸"，要大埔县政府严格执行"限制异党活动"的密令，强化反共措施，从外地调来青年，以"左"的面目参加抗日民众团体的活动，缉查异党、异己，选派中学毕业生送梅县集训的同时在虎山中学举办师资训练班，以法西斯的高压手段，培养反共人物，强逼学员结业时，必须加入国民党，国民党中央情报局人员也派人来大埔发展组织，以介绍职业为诱饵，举办会计班，开设"海滨师范学校"，经训练后派到各乡任乡队副"通讯员"，开展情报活动，因而形成救亡社团学校联席会议活动受到限制，前哨社被取缔，抗日民众团体被解散，严禁青抗会、妇抗会活动，抗日成了有罪，救亡活动被逼由公开转到秘密，抗日社团成员被逼加入到国民党政府名义的合法团体中，或进入其管（政府）、教（教育）、养（税务）、卫（军队或自卫队）部门，以合法的身份保护自己的局面。南委依据中共中央《关于党员被逼加入国民党问题的决定》精神，决定党员加入国民党时，必须向组织请示，经同意后，填写申请表，领取党证后转到异地，或异地找人代办，领取党证，作填写教师登记表用，以取得合法的地位和身份开展工作。

是年9月，中共闽西南潮梅特委实施"准备敌后抗日游击战的计划"，首先，将大埔县委改称为饶（平）（大）埔丰（顺）县委，由肖力克任书记，黄芸任副书记兼组织部部长，古关贤任宣传部部长。大埔境内设4个区委。百侯区委杨赍雄任书记，杨建仓任组织委员，丘善余任宣传委员。高陂区委罗杰夫任书记，廖振戈任组织委员，蔡斯平任宣传委员。大麻区委陈明任书记。三河区委谢柱元任书记，范杨士任组织委员，黎广可任宣传委员。县委机关迁高陂真真照相馆二楼，集中力量开展大埔、丰顺边区的工作。其次，把领导（大）埔永（定）边的埔北中心区委扩大改为新的大埔县委，由张光任书记，廖秋声（廖群、陈华）任副书记兼组织部部长，饶练任宣传部部长，胡伟任青年部长，永定侨育中学的钟骞、周剑鸣任委员。县委机关设于西河培才学校。新的大埔县委负责领导城区、太宁、长治、黄沙和永定县下洋的工作。县委成立后，经过整顿，成立李秋华（李茂群）任书记、詹路（詹前光）任组织委员、饶练兼宣传委员的中共保安总支；廖信（李昌明）任书记、李素娟（李尤聪）任组织委员、丁奕煊任宣传委员的中共坪沙总支；李隆吉任书记、陈鸣（陈绍元）任组织委员、胡看芳任宣传委员的中共大埔中学总支；罗炳钦任书记的中共永定下金区委。

具有革命传统的大埔，在中共饶（平）（大）埔丰（顺）县委、大埔县委领导下，各级中共党组织遵循上级党委要求，大量培养积极分子，大力发展党的组织，至 1939 年 9 月，大埔全县党员达 615 人，营造了良好的敌后抗日救亡运动的斗争氛围，打好了群众基础，为进一步开展抗日救亡运动与敌后抗日游击战争培养了骨干。

第五节

# 中共闽西南潮梅特委机关迁大埔

1939 年 1 月，国民党五届五中全会通过《限制异党活动办法案》，掀起反共逆流后，方方根据中共扩大的六届六中全会"要不断巩固和扩大抗日民族战线，用长期合作来支持长期战争"和"全党独立自主地放手组织人民抗日武装斗争"的方针精神，在特委第五次执委扩大会议上作《为实现中共扩大的六中全会决议而奋斗》的政治报告。会后，为加强对潮梅地区党和抗日救亡运动的领导，他将特委机关从闽西永定鸦鹊碛迁至粤东梅县的大浪口。7 月，为机关安全与便于领导闽、粤各地党组织转变斗争策略，领导民众继续开展抗日救亡运动，特委将机关迁至大埔北部茶阳太宁村李屋。太宁成为中共闽西南潮梅特委领导闽粤赣边区党组织开展抗日救亡及与国民党消极抗日，积极反共顽固势力作斗争的临时指挥基地。

是年初冬，方方赴韶关听取博古传达中央关于《反投降提纲》的精神返大埔后，将机关由大埔迁至梅县松源，并及时召开闽西南、潮梅各县党的代表会议，作《动员全党全国人民为克服国民党投降反共逆流，争取时局好转为旨》的报告，使中央"坚持抗战，反对投降；坚持团结，反对分裂；坚持进步，反对退却"等精神在闽西南、潮梅各地得到贯彻。此时，国民党顽固派拉开了公开反共、分裂统一阵线、破坏抗日救亡运动的帷幕。粤东普宁合利书店、梅县大众书店及《梅县民报》、兴宁的《岭东日报》《时事日报》、丰顺的《文海报》等，先后遭查封，以国共合作为基础的抗日民族统一阵线面临严重的危机。为适应新的斗争形势，特委书记方方奉命至南方局学习。此时，特委保持着高度的革命警惕，并以独到的远见，将特委主要负责人及时疏散，机关以闽粤边的山区为落脚点。1940年春，特委青年部长李碧山、妇女运动工作负责人温碧珍，已转移至大埔西河黄沙塔冈小学，特委秘书长陈卜人亦已转移至西河拖竹岭培才小学，以教书为职作掩护，领导闽西南潮梅地区的党和民众，继续开展革命斗争。随后，从重庆返粤东不久的特委书记方方，亦由饶德安等护送至大埔西河大溪背村。此后，大埔成为中共闽西南潮梅特委固定的指挥基地。

此期间，以汪精卫为代表的国民党伪中央政府成立。闽西南潮梅地区的时局已逆转，闽西国民党顽固派继枪杀中共永定县委书记、在龙岩制造"连坑事件"后，又枪杀了马永昌、吴国桢、赖义斋、陈康容等一批共产党员。潮梅的国民党顽固派亦遥相呼应，推行"一党专制，一个主义"的措施，强令解散各种抗日团体，强迫师生加入三青团。大埔中学、揭阳的南桥中学等进步学校校长受到打击，梅县的学抗会被强令解散，黄戈平等学生代表遭扣押。为适应国民党顽固派的反共、破坏抗日活动日渐加剧的形势，使中共各级党组织能切实巩固下来，以保证各项工作的开展，特委根据中共中央"在战区、敌后，要进一步依靠群众……极力巩固党组织，严重注意秘密工作，千万不要疏忽……在一切地方准备对付局部的突然事变"的战略思想，在全区范围内进行审查干部，整顿组织，对党员进行阶级教育和革命气节等教育的基础上，对全区的工作提出了具体要求。第一是提出"巩固自己，争取中间力量，反对顽固分子进攻"的总任务。第二是针对当时一些党组织和一大批党员在抗日救亡运动中，习惯于搞公开或半公开的活动，土地革命时期老苏区内的一些党组织和党员中，还不善于把武装斗争工作和地方党的秘密工作严格区分开来的情况，要求各地党组织，从斗争的半公开形式转入秘密形式，建立完全秘密机关。全体党员彻底改变工作作风，并实行与之相适应的秘密工作方法，使党的工作生根于工人、农民、教员等基本群众中。对暴露身份的党员，要求原有抗日团体解散后，即加入到其他合法名义的团体，隐蔽自己，等待时机或到前线、敌后发展党组织，开展游击战争。第三是对龙岩、闽南、（大）埔永（定）平（和）边、潮（安）揭（阳）丰（顺）边、梅县等地的工作提出了具体要求。积极在龙岩、永定及永（定）（大）埔边、（上）杭永（定）边、潮（安）澄（海）饶（平）、潮（阳）普（宁）惠（阳）揭（阳）边的基点村，发动群众募款、献谷，购买枪支，建立武装。第四是对日军占领的潮汕地区，灵活地把游击队主要骨干分成两个小分队，在揭（阳）普（宁）边、澄海等地分散隐蔽，并把潮汕党组织划成以林美南为书记的潮（安）揭（阳）丰（顺）中心县委和以罗天为书记的潮（阳）普（宁）惠（阳）县委，以李平为书记的潮（安）澄（海）饶（平）县委，使潮汕党组织加强了农村工作，健全了许多支点农村的党支部。

中共闽西南潮梅特委在恶劣环境中作出的以上决策，具有极强的指导性，它使共产党员在群众中深深扎根，成为领导抗击日军、汉奸，反击国民党顽固势力斗争的核心力量，并使各地党组织避免了大的破坏，使特委之下，仍有中心县委2个，县委9个，区委40个，党员6000余人。党的活动网分布在闽粤两省的22个县、1个市的范围内。另外，中共大埔县各级党组织，在中共闽西南潮梅特委的直接领导下，进行思想、组织整顿，对党员进行形势、阶级、秘密工作教育。中共大埔县委在放弃一部分党员、纯洁组织的基础上，重建下设3个区委、6个总支的委员会。斗争方式上，广大党员及时转入秘密状态，以共产党员的模范带头作用切入国民党管、教、养、卫部门，继续领导民众开展合法斗争。在国民党顽固派愈演愈烈的反共浪潮中，党组织与广大民众经受了锻炼，使大埔形成了良好的政治环境和群众基础。这是后来中共南方工作委员会成立后，中共中央南方局决定机关设在大埔县的主要原因。

# 第六节 中共南方工作委员会机关在大埔

## 一、中共南方工作委员会的组建

1940 年秋，国民党顽固派正酝酿第二次反共高潮，国共合作局面出现危机。中共南方局为使南方党组织有统一的机构领导斗争，经中共中央批准，继八九月间成立中共西南工作委员会后，着手筹建中共南方工作委员会（简称"南委"）。九十月间，中共广东省委书记张文彬、中共闽西南潮梅特委书记方方，先后奉命到重庆南方局商讨成立南委有关事宜，根据党中央的决定和南方局的具体部署，南委成立后下辖江西省委、粤北省委、粤南省委、琼崖特委、湘南特委、潮梅特委、闽西特委、闽南特委和广西省工委等（粤北省委、粤南省委由广东省委辖区分划而成），由方方、张文彬、涂振农、王涛、郭潜 5 人组成，方方为书记，张文彬为副书记兼组织部部长，郭潜为组织部副部长（后任组织部部长），涂振农为宣传部部长，王涛为委员兼任闽西特委书记。南方局决定谢育才调任江西省委书记，并决定南委机关设在广东大埔县境内，中共南方工作委员会于 1940 年 11 月正式成立。

## 二、南委机关在大埔

南委成立后，书记方方为南委机构的健全、功能的发挥作出了一系列卓有成效的努力。他于重庆受命任南委书记后，即起程返回大埔县，途经粤北韶关时，就与南委副书记张文彬讨论今后的具体工作部署，然后才返回闽西南潮梅特委机关驻地大埔县西河大溪背竞业楼饶德安家。接着召开特委常委会议，传达党中央和南方局关于成立南委和撤销闽西南潮梅特委，分设闽西、闽南、潮梅三个特委，直属南委领导的决定。同时还讨论三个特委主要领导干部的配备和他们的中心工作，并决定在原闽西南潮梅特委机关的基础上组建南委机关（仍驻大溪背竞业楼），原特委电台改为南委电台。

特委常委会议后，方方先后分别召见闽南的朱曼平、钱兴、黄康和潮梅的林美南，与钱兴讨论桂林工作。王涛携带大电台到达大埔后，方方又与王涛谈闽西工作。

南委电台的建设，得到了中共南方局重视，在李克农和童小鹏的安排下，从重庆、桂林两地的八路军办事处和新四军军部，分别抽派王清生、钟尚清、袁克伦、程严、马绍、肖敏（女）、方芸（女）等一批技术骨干，加强南委电台的力量。南委任命王清生为台长，温碧珍为指导员，钟尚清为报务主任，袁克伦为机要科科长。同年 10 月，原特委电台从永定沿田迁往大埔黄沙不久，即向闽粤边的福建平和长乐迁移。次年春节前，电台人员及物资全部迁至长乐下村，在乌旗山架搭山寮建台后开始工作，南委电台的建设工作全部就绪。

南委机关成立之际，正是国民党顽固派掀起第二次反共高潮之时，正在组建的闽西特委和龙岩、永定县委受到国民党顽军的袭击，形势十分紧张。在特定的斗争环境中，南委机关经历了由流动到相对固定的一个过程。同年 4 月，南委机关从西河大溪背竞业楼迁往大麻恭州下村老虎塘屋名叫"宜慎山庄"的华侨屋中。此时，南委领导成员张文彬、涂振农、郭潜等先后到职，南委领导在这里举行了第一次集会，决定由方方、涂振农在大埔主持日常工作，谢育才即往江西任省委书记，张文彬回东江，分管原广东省委辖区和东江纵队的工作。5 月，谢育才动身到江西任职，不久，南委机关辗转高陂，此时，南委机关运用在国民党统治区的斗争策略，有组织、有计划、隐蔽地将机关转移到埔东。机关转移埔东前，方方派联络秘书陈光（陈华）到大埔角新村小学（该校校长叶修风系埔东区委委员），以教书为名，负责筹备南委机关转移事宜，黄大水在该校分校敦裕堂任教，负责交通联络。经过一段时间筹备后，机关于同年 9 月迁至枫朗大埔角新村仓下屋名为"江水流徽"右边的老屋。方方与郑小萍、许英（许韵松）、陈锦卿等组成富商家庭，住在老屋内。南委宣传部部长涂振农、王涛夫人张子芳及儿子黄继涛乔装成一家，安排在墩背村罗梯云家，并在高陂建立"鸿达批发商行"作为联络站。在福建省平和县长乐南委电台的基础上，在百侯"见南轩"设新闻台（又称备分台）同时抄收新华社电讯。先后在永定沿田、大埔境内的西河黄沙、高陂真真照相馆、枫朗墩背、大埔角"天成"商号、侯西小学等地设立交通站。

南委机关在大埔期间，大埔党组织归南委直接领导。此时，正处于国民党右派的反共高潮中，在南委的领导下，大埔党组织和南委领导下的各级党组织一样，贯彻执行"坚持团结，反对分裂，长期埋伏，积蓄力量，以待时机"的方针。1941 年 1 月建立埔北、埔南两个县委。6 月改委员制为特派员制，切断了组织的横向联系，实行单线联系，党员转移地方，不转移党的关系，为国统区党组织的建设积累了不少经验，为领导民众与国民党顽固势力作坚决的斗争，掩护南委机关的安全，保证机关的正常运转，作出了积极的贡献。

1942 年春，针对福建国民党顽固派反共活动日益猖獗，为了进一步加强和统一闽西南党组织抗日反顽斗争的部署与步骤，根据南委的决定，在大埔成立了中共闽粤边委员会，统一领导闽西、闽南特委和粤东埔南、埔北党组织，原闽南特委书记朱曼平调任闽粤边委书记，原闽西特委妇女部部长张昭娣调任边委副书记，原闽南特委组织部部长李碧山调任边委常委。

抗日战争时期，中共南方工作委员会的成立及设机关于大埔县，在中共党史和中华民族抗日战争史上，它一度使革命老区大埔县成为华南地区党的指挥中心，一度使南委辖区成为党在南方抗日民族战争中的重要战略点。

# 第七节 南委事件及"隐蔽精干"方针的实施

## 一、南委事件

1941年5月，谢育才率妻儿到江西接任省委书记。此时，省委机关人员已全部被捕，省委机关、电台被中统特务控制，仍用过去的呼号、波长、密码与南委电台联系，假报情况，策划进一步破坏南委及其下属组织。6月，谢育才等到江西后，由省委交通李铁拐（前已被捕叛变）带到吉安，便被国民党中统特务庄子芳密捕。

1942年4月29日深夜，被软禁在庄子芳家的谢育才夫妇弃儿逃出敌手，于5月22日回到福建平和县。长乐区委书记兼南委电台保卫工作的张全福，听保长汇报后见了谢育才，并将谢育才写的简要书面报告转送给南委书记方方，方方即指示电台给曲江的郭潜发出撤退的密码电报。方方从谢育才的书面报告中获悉中统特务的活动阴谋，对形势已有警惕，研究了撤退转移方案，南委机关仅留郑小萍和陈锦卿，方方等人转移到百侯见南轩（新闻台），情况有变时即到埔北、闽西一带。并部署立即清理文书档案、电台抓紧转移。

5月26日，郭潜没有立即执行电报指示，外出时被捕，郭被捕后叛变，曲江交通站遭破坏，粤北省委书记李大林，组织部部长饶卫华及廖承志等人先后被捕。国民党特务破坏了粤北省委后，马不停蹄地奔赴粤东北大埔县。

6月4日，长乐电台工作人员陈学平外出寻找转移地点，趁机叛变，当晚带平和县保警队"进剿"电台。温仁宝、雷德兴交通员奉温碧珍指示，到村里协助王长胜、陈莲秀护送谢育才夫妇转移。他们出发至村口时，与敌相遇，即开枪击敌，遭敌反击。王长胜、陈莲秀在村中焦急地等待温仁宝、雷德兴到来后出发，突闻枪声，知已出事，即带谢育才夫妇急转到大埔的大东西坑隐蔽。同村交通员郭玉意听到情况后，在陈阿貌的陪同下，不顾身妊临产，赶到百侯新闻台汇报。方方、李碧山在那里听郭玉意的情况汇报后，对南委机关及工作人员、新闻台的有关人员，作出紧急转移的系列措施，派杨赉雄将留在大埔角的郑小萍与陈锦卿带走转移，通知墩背人员刘永生、黄月英回闽西；其他人员由姚铎负责经饶平转潮汕，王亚华带涂振农经饶平回揭阳。丘鸿耀带张文彬经大麻转移。蔡瑜、张子房等人闻报，登山隐蔽，在山寮吃饭后，由墩背群众罗娘源父子带路，经三饶转移至浮山；新闻台王强等经梅县松口分批撤至潮汕。王强与肖敏等在陈华的带领下，转移途中与李碧山率领的部分同志会合后，王强在巫少平等护送下到松口，并争取隐蔽下来。王强到松口后，情况有变，复回百侯，同李梨英、方文（方向平）、方超一起回潮汕。

平和长乐电台的钟常喜、钟尚清、文文、程严与黄维礼、陈天祥听到枪声后，紧急转到大东箭滩时，天将亮，即把电台埋藏在山里，并商定黄维礼回大埔角向南委领导报告电台转移情况，并约定回来会合的时间。超过约定时间，程严、陈天祥未见黄维礼按时回来，即向侯西交通站转移，途中与小股敌人遭遇后，程严转移至百侯茶亭下交通站，由刘旭转至他家隐藏，陈天祥回长乐隐蔽，刘旭按李碧山指示安置电台工作人员在百侯新村畲周围的党员和可靠群众家中隐藏：郑小萍由刘旭带回新村畲刘旭家，钟尚清住大老寨张海宏家，肖敏住乌石坪，雷德兴住甘树下等山村隐蔽。方方先后在张奎、郭玉意、余玲、邹子招、张春汉、王立朝等的掩护下，由大埔百侯辗转西河溪南埠经茶阳、青溪黄石村对面的滩阴下，转到梅县松源等地，坚持在梅（县）（大）埔边领导斗争，并由李碧山、王立朝负责与外地联络。

6月6日，叛徒带领特务抵大埔高陂逮捕了南委副书记张文彬，宣传部部长涂振农，破坏了南委高陂交通站，逮捕了交通员和途经该站的师生十余人。6月6日晚，叛徒郭潜带着国民党特务连夜赶往南委机关驻地大埔角村。7日凌晨，大埔角村的一位长者早起上厕所，发现朦胧的晨雾中有很多荷枪实弹的陌生人正悄悄向南委机关驻地小屋围走去。他警惕地感到那里出事了，便赶快叫醒周围几个群众，操起逢节日喜庆时才用的铜锣，边敲边大喊"土匪来了！""土匪来了！"睡梦中的村民被锣声惊醒，当他们知道国民党来抓人时，便纷纷拿起器械走出家门，嘴里叫喊着围上去与特务们对峙。突如其来的乱况搞得特务们不知所措，只得鸣枪威吓群众。当时，南委书记方方因谢育才突然从江西回来，引起警惕，已经提早撤离了大埔角村，留在机关小屋里的郑小萍和陈锦卿两位女同志听到叫喊声后赶紧从后门撤离。待特务们稳住场面扑向小屋时，已经人去屋空。特务们又转到附近墟场里的南委机关联络点"天成"商号，抓捕了店员曾友深，并把商店洗劫一空。7月9日，郭潜又带特务到广西桂林，破坏了广西工委，逮捕了副书记苏曼等30余人。抗日战争时期发生的这一系列历史事件，史称"南委事件"。

## 二、南委事件后大埔党员的"隐蔽精干"活动

6月6日，潮汕交通员张克来高陂，适交通站遭敌人破坏，误为是南委机关遭破坏，即回汕头向中共潮梅副特派员李平汇报，

随后，李平、张克等及时赶赴重庆，向中共南方局领导周恩来等汇报。当时，李碧山住侯北崇正小学，他派侯西交通站的刘旭负责安排南委及部分来埔的电台工作人员。李碧山找到转到大埔的原电台工作人员程严、黄维礼等人后，安排他们在大东西坑的枇杷树背组成工作队建立支部，程严任支部书记，由李碧山直接领导。大埔的党员干部在方方直接领导、李碧山具体安排下实施紧急转移。此期间，李碧山与陈明（住高陂）、廖伟（已安排回梅县）、张全福、王长胜与陈莲秀（留长乐坚持以帮工为活）、黄维礼、罗克群、郭玉意、温仁宝、刘旭、饶德安、饶良新、黎广可、黄戈平、蓝汉华、胡伟等保持组织联系。方方转移到松源后，调埔北特派员王立朝到永定县峰市高磜背开设商店，负责联络工作。不久，李碧山转住湖寮长新马头村徐捷家，改名李荣生，调刘旭回新村畬，掩护李碧山与方方的联络工作和党员紧急转移，并指定雷德兴与张全福联络，安置党员疏散转移。在李碧山的领导下，中共埔南特派员陈明、埔北副特派员古关贤，负责安置南委工作人员和大埔党员转移。具体步骤是：先南委事件发生地区，后相邻地区。其中，在陈明安排下，百侯的杨建仓由刘旭送到张全福处，杨增魁、杨保才送南委工作人员转移后，经饶平到闽南，梁练到松口。逐步撤出后，停止组织活动，实行"勤职、勤学、勤交友"的三勤方针。

南委事件后，方方坚持在闽粤边区领导斗争。同年秋，中共南方局书记周恩来根据张克汇报的相关情况，指示"南委之下的党组织停止活动"。指示在辗转传达过程中，误传为"解散组织，停止活动"。方方对误传的南方局"解散组织，停止活动"的指示，结合南委事件后周边实际情况作出：一是撤退不是卷土而走，要留下根子；二是撤退要有组织地进行；三是工作停止，组织分散，各级留联络员和观察员，党员实行勤职、勤学、勤交友的部署。李碧山按方方的部署结合大埔的实际情况，决定埔北同志就地隐蔽，寻找职业；埔南组织紧急转移。并对大埔党员进行分类排队。第一类是可靠的留下，保持密切的联系，联系办法：一是原在白区教书，没有暴露政治面目的，保持单线联系，党费照交。二是在联络员直接领导下组织生产小组，如在自己的支点内参加开荒、煎樟脑油、做木匠等生产或设商店买卖旧衣等。三是原地已暴露政治面目，但可以通过有利关系打进敌人机关学校去的干部，则疏散出外地隐藏起来，保持通信联系，照交党费。第二类是原地已暴露政治面目的，则通过私人关系疏散出去，自找职业隐藏起来，不保留组织关系，不交党费，对他们只是暂停组织关系，不是"开除党籍"，也不是"自由脱党"。

9月，转移至与大埔交界的闽西永定县峰市高礤背以做生意作掩护的方方被土匪抓去，随身所带的给各地的指示信和衣物被劫，方方与土匪相处的日子里，发现他们是土匪后，便亮出共产党员的身份，宣传共产党的主张。此时，李碧山、朱曼平等人设法营救。大埔群众积极配合与支持，共产党员邹子招抵押家产，支持营救工作，土匪原要10万元赎金，经多方做工作，交付3万元之后，放了方方。

1943年春，方方离开大埔经梅县赴延安时，指定李碧山任南委联络员，负责与潮梅、闽西南各地党的联络。大埔党员在南委联络员李碧山领导下，进行隐蔽活动。

埔西，李碧山、温碧珍由湖寮长新马头村转到英雅的水兴村，住在竹山背张屋，房东亲属阻挠勒索，当时在家的中共党员张克昌，获悉情况后出面制止，避免事件发生（当时张克昌还未认识李碧山）。事后，李碧山转到竹山背对面的黄屋礤住，接着由陈明带回大麻莲塘"怡怡草庐"陈明家，陈明便以商人身份到清泉溪、寨子、双溪新明小学、饶平凤凰金山中学等负责联络工作，并对永定侨育中学的丘秉经、余天选，高陂中学教导主任黄冷柏、黄秀颖等进行考察和联系。陈明又安排积极分子在高陂到饶平的路上设茶店、担盐开展联络。并把电台的雷德兴夫妇带到铜鼓嶂的胜坑人头坪，做木材生意，建立生产基点。黄戈平到赣南。

埔东，黄维礼、罗克群、郭玉意、张奎进入双溪清泉溪建立生产据点，开荒耕地、煎樟脑油、煮酒，后来又与连辉光、李联、连秋树等合伙做杉木生意，在梅子坪、和村、木教、饶平的上下善开展群众工作，发动开荒，生产自救。

埔北，南委事件没有波及，未暴露身份的党员仍单线联系。李碧山调王立朝为联络员，与原副特派员古关贤对平和九峰、九曲塘、大坝头、杨梅田等学校教书的饶奕昌、李维统、李以雪、蔡仕仁、黄华、饶良新、刘旭、詹露、古关贤、黄惠容等依当时的实际情况及时调换学校岗位。不久，为贯彻停止组织活动精神，古关贤将黄华、李维统、詹露派到卓禹轮（卓立）处安排，饶奕昌到江西。古关贤调入梅县后，李碧山指定富里小学教书的胡伟负责西河的联络工作。太宁、青溪、坪沙一带，李碧山派黎广可联系。1944年下学期，胡伟身份暴露后调入长乐，派政治交通员张克昌接胡伟的工作住黄沙小学，负责与同校执教的饶良新、蔡仕仁、陈群、陈永（陈芥芳）、陈美阶联系的同时和校外党员余里英、余湾英等联系。何勇为（黄颖昌）、何献群、古关贤调梅县百禄小学。

1944年8月，日军占据潮汕后又向北侵入，占据了丰顺汤坑镇，推进至石角坝。大埔县是闽粤赣三省的交通要冲，被进占的危机日益加剧，群众要求抵抗日本侵略者的呼声不断高涨，国民党当局置人民的死活、国土沦亡而不顾。

国难当头，留在大埔的共产党人，在南委联络员李碧山的联络与领导下，牢记自己是共产党员，他们坚持抗战反对投降，坚持团结反对分裂，坚持进步反对倒退。团结社会进步力量，掀起生产自救活动，动员群众进行合法的斗争。在高陂、平原北坑等地组织农民成立饥饿团，破豪绅奸商的粮仓，共产党员黄维礼在清泉溪组织饥民到大东储粮仓哄抢粮食，解决了群众的饥荒。百侯通过区教育会及罗明与国民党平和县党部书记陈培英的关系，买回大米1500担，平稳了米价。梁进阶、罗恭照等承办盐运，帮助群众解决生活来源问题。西河黄沙、茶阳永兴的党员发动群众入股，开办销费合作社，与投机商、高利贷者进行针锋相对的斗争。党员张克昌、张竞昌在英雅和群众一起，揭露乡长征兵舞弊案；张华京、张俊晋等人发动全乡进步青年和士绅、老秀才等联名状告管汉文侵吞英雅公学校产和田赋及三河征收处主任杨敏强占学校办公室囤放粮谷的企图。张竞昌、黄为集、张克昌等发动组织合作社与放青苗、高利贷商人斗争。西河北塘的饶造成帮助农民状告土霸杨××侵占农民河坝地，取得了胜利。

南委事件后，大埔党组织及党员远离党中央的领导，在国民党反动派严密搜捕的特殊情况下，经南委联络员李碧山联络，部分仍保持秘密联系，多数党员转移后保持朋友联系，他们牢记党全心全意为人民服务的宗旨，保持共产党员独立自主原则和献身精神。特别是在埔北以教书为职业的党员，薪米除自己吃饭外，节余部分由饶八英联系收缴为党费，支持党的活动。

# 在南委联络员李碧山联络下，大埔党组织恢复

1943 年夏，南委联络员李碧山完成了党员干部的转移、安置工作，除留下部分党员与他保持直接联系外，对其他党员执行停止组织活动的决定，党员不再以党的关系联系，要求党员停止关系后要保持革命本色，做到爱革命、爱真理、爱同志、爱交朋友、爱政治生命，任何时候都不要忘记自己是一个共产党员。此时，潮梅地区发生大旱灾，赤地千里，农业失收，日军又占据潮汕，侨汇断绝，潮汕沦陷区大批难民涌入大埔，而奸商则乘机囤积居奇，造成粮价飞涨，大埔饥民饿病死亡者无数，社会热心人士捐助亦只有当时的纸币 1450 元，人民处于水深火热之中。大埔县国民党政府又坚持消极抗日，积极反共，强制中、小学教师及中学生加入国民党，全县七个行政区和埔中、虎中设立区党部计有 9 个区党部 72 个区分部，在高压强制下，国民党党员近 2000 人。并在县政府内设情报股，组织便衣伪装成积极分子侦查共产党和进步人士的言论、行动，监视、控制、逮捕所谓嫌疑人员。在虎山公学、大埔中学、埔北中学、湖寮自新小学及大埔银行等单位还先后建立防"奸"小组。强制学生加入三青团，建立三青团兴宁区团大埔分团，成员达 600 多人，各中小学设区队，取缔各抗日民众团体，强制对学校实行反动统治。

5 月，南委联络员李碧山根据南方局"要坚持党的原则上的严肃性，又要运用党的灵活性，要善于运用各种斗争形式和组织

形式，绕过横在革命道路上的一切暗礁，而达到解放人民的根本目的"精神，开始重新建立小范围的党组织联系。他把身边的交通员，改为政治交通员，与各地负责人协商，口头传达他的意见，给大埔疏散隐蔽后的党员有所指导和考察。在他的直接布置下，建立交通网点，与闽西南、潮汕沟通。黎广可以卖旧衣做生意作掩护，从莲塘起经大麻镇的刘玉坤钟表店到松口卖旧衣店的宋梅通转梅县的林美南。不久，李碧山与林美南决定调谢毕真在松口建立交通站，经丰顺的留隍到饶平新丰再与周礼平联系，沟通了原各特派员区的联络。李碧山还通过政治交通了解其他党员的去向、表现，然后经考察逐个恢复党的关系。考察恢复的方式：一是经过考察表现好的党员，先恢复关系，再安排工作；二是工作需要，先安排，在工作中考察后，恢复党的关系；三是先到部队锻炼，再正式恢复党的关系。在大埔境内，由陈明安置温碧珍在中兰小学教书，李碧山调埔北黄沙的党员余坚到莲塘，与陈明组成新的家庭，掩护党的活动。

1944 年秋末，南委联络员李碧山根据党员组织关系恢复的情况，在莲塘建立党的联络支部，成员有温碧珍、陈明、张克昌、余坚，由温碧珍任支部书记。原在大东枇杷树背进行生产的党员已成立程严任书记的支部。程严北上闽西参加武装斗争后，黄维礼任书记并转至清泉溪隐蔽搞生产，做樟脑油。组织生活不定期进行，其他党员仍实行单线联系，并对他们的表现进行考察，进行思想政治、组织纪律的教育。在埔北坚持活动的党员胡伟因暴露身份调回老家，由政治交通员张克昌负责联系埔北的党员。李碧山还通过陈明，恢复了裕华小学何献群的组织关系，由何献群与赣南寻邬的黄戈平联系。温碧珍在中兰小学恢复了校长刘波常（罗才）及刘健、黄胜昌的关系。

# 韩江纵队的成立及其活动

1944 年 6 月，日本侵略者为挽救战局，企图打通平汉、粤汉、湘桂铁路。侵占广州的日军北上进攻韶关，侵入汕头的日军亦向北推进。韶关国民党政府撤至粤赣边，兴梅地区处境危急，人心惶惶。南委联络员李碧山分析形势后，与林美南、朱曼平等联络交换意见后，决定加紧恢复党的组织活动，恢复电台工作，组建抗日武装，创建隐蔽的抗日、反击国民党顽固派的游击据点。

## 一、建立党的边县联合机构

1944 年下半年，南委联络员李碧山派陈明通知黄戈平、黎广可等从江西会昌回到莲塘，开展恢复梅埔丰边党的工作，审查党员在停止活动期间的政治思想、工作表现、社会关系等情况并上报批准后，明确党的组织关系和联系方式。在恢复组织中，陈明还以原来保持联系和新恢复的党员作为党组织的骨干建立联络站。如大麻圩的刘玉坤，小麻小学叶炳周，英雅张华京，三河中学余韵园，洲瑞小学张铁城，高陂的丘琦、李泮水等以自己立足的地方建立联络站，进行单线联系。并通过这些党员骨干，发展党的组织。为加强韩江两岸的工作，李碧山还调李健华到桃源，张铁城到洲瑞小学，廖伟回裕州小学，以教书为职业掩护，开展党的工作。埔东、埔南的党员分别经张全福、黄维礼审查逐个恢复了组织关系。

接着，在毗邻汕头地区的埔东，以清泉溪支部为基础，调张全福、王长胜、黄维礼、廖伟组成以大埔东南部为中心的中共饶（平）（平）和（大）埔丰（顺）诏（安）工作委员会，张全福任书记。建立精干的武工队，向饶平、平和、大埔、丰顺边放点连线，发展组织。埔东，在梅县、大埔、丰顺边成立以大埔西部为中心的中共梅（县）（大）埔丰（顺）边工作委员会，陈明任书记，发展党组织，组建武工队。饶和埔、梅埔丰边山区曾是老苏区，工作方法采用摸清情况，向据点群众公开部队是共产党的部队，同时也对乡保长及地方绅士开展统战工作，把开辟据点与扩大武装结合起来。至年底，饶和埔丰诏武工队员有罗克群、张奎、黄大水、李联、连兴辉，武工队由黄维礼负责全面工作，蓝汉华负责军事工作。

中共饶（平）（平）和（大）埔丰（顺）诏（安）工作委员会，中共梅（县）（大）埔丰（顺）边工作委员会的组建，为建立抗日武装韩江纵队奠定了核心基础。

## 二、组建韩江纵队

1944 年秋，占据潮汕后的日本侵略军占据丰顺县的汤坑，为闽粤赣三省交通要冲的大埔县有被日军进占的危机。南委联络员李碧山根据中共南方局书记周恩来对国民党统治区"……运用策略，创造各种各样的方法来开展工作。……"的精神，准备建立以平和长乐"老家"为基点、大埔县为中心的敌后抗日游击根据地。经过一段时间的筹备，抗日游击队韩江纵队各支队先后成立。

## 三、韩江纵队留守支队和第二支队成立

1945 年 1 月，李碧山恢复了与南委事件后各自坚持活动的党员的联系，党组织得到发展。在国民党统治力量相对薄弱的饶和

埔丰边区、梅埔丰边区、埔北等地建立党的边区工作委员会后，李碧山决定组建抗日游击队韩江纵队，准备开展敌后游击战争。首先从各地陆续抽调何献群、胡伟、古关贤、陈木、张光、程严、胡冠中、刘旭、魏成水、罗定能、张全福、王长胜、蓝汉华、黄大水、方波、阿虎、阿宝、阿隆、刘玉虎等二十多人先后到长乐大科的兔子窠山寨集中，通过学习总结武工队经验，统一思想。并于 2 月 13 日（农历正月初一），举行抗日游击队韩江纵队成立誓师大会。李碧山在会上分析当前的形势和任务后，宣布抗日游击队韩江纵队正式成立，强调了韩江纵队是中国共产党领导的人民军队，其任务：一是抗日，打击日本侵略军，创造条件南进到潮汕前线抗日；二是自卫，与国民党顽固派进行斗争，坚持抗战、保家卫国，放手发动群众，紧紧依靠群众，巩固老区，开辟新区，在斗争中扩大队伍，完成党赋予的光荣任务。成立大会后，李碧山将参加韩江纵队的人员分别组成留守支队和第二支队。留守支队由王长胜任队长，张全福任政委，负责巩固长乐老区。第二支队由古关贤任支队长，黄维礼任政委，蓝汉华任副支队长，向饶平、平和、大埔、丰顺方面发展，开辟饶和埔丰地区。

韩江纵队成立后，注意提高队员的军事、政治、文化素质。李碧山经常检查各部队的军事训练、政治学习情况，要求部队宿营在哪里，就在哪里上课，学文化、学军事技术，学习"三大纪律八项注意"，把武工队建设成为战斗队、政治工作队。

同时在长乐下村建立韩纵电台，调赖运如、饶德安、叶云、陈永、程严和胡冠中组建电台工作，程严任台长，胡冠中任支部书记。

## 四、韩江纵队留守支队发展

韩纵成立初期，福建省平和县的留守支队在队长王长胜、政委张全福的率领下，在长乐长北保活动，后发展到大埔的大东、岩上和永定象湖山的一些村庄，开展宣传抗日活动，公开韩江纵队就是当年的红军，是新四军的先头部队，发动青年参军，扩大革命队伍。1945年3月，留守支队进入大埔大东的枇杷树下丘阿广家进行集中训练，学习党在抗日战争中的路线、方针、政策，学习抗日战争的新形势，党的远大目标和当前任务、武装斗争、群众工作，秘密工作原则、纪律、方法等等。队长王长胜教唱红军歌曲和国际歌，学习班在枇杷树下出版油印小报，表扬好人好事，交流学习经验。通过集训，提高了指战员政治觉悟，新老战士以苦为荣，以苦为乐，出现了军民团结闹春耕的欢乐局面。学习期间，张全福、廖伟派黎广可、钟盈与二战初期入党一直坚持斗争的曹华金会合，进入到大东的进滩、双溪的草田里、沿敦田。陈木、李辉回大象湖做老区的恢复与巩固工作，扩大了革命队伍。战斗人员扩充到12人，编为一个小队，钟盈任小队长。为加强对新战士的军事训练，提高作战技术，支队长王长胜、小队长钟盈率小队开赴大科村草子坪的兔子窠里进行军事训练。由支队长王长胜亲自执教，战士们经过一个月的艰苦训练，初步掌握了行军作战的要领，收到了很好的效果，训练结束后，这些队员在张全福、廖伟的率领下，在乐北红色区域周围各据点努力做好宣传和巩固工作，至5月上旬，队伍发展到26人，编成一个中队三个小队，分为六个战斗集体，钟盈任中队长。在大埔的枇杷树下，进滩、南山建立了党的支部或小组。

## 五、韩江纵队第二支队扩大

第二支队宣布成立后，在支队长古关贤、政委黄维礼、副支队长蓝汉华率领下，回驻清泉溪，按照李碧山的要求，做好接头户的联系工作，扩大山区活动范围，向饶平、平和、大埔、丰顺、诏安方面发展，开辟饶和埔丰边地区的同时，打通与潮汕、闽南的联系，放点到连线连成一片，逐步发展游击区；以新四军派回来开展抗日游击战争活动的名义，对群众进行形势和党的政策以及反"三征"的宣传；向敌人要钱、要枪、要粮，扩大自己的力量；支队严守党的纪律，与保甲长等约法三章，组织群众订立保密锄奸公约；注意总结经验，检查群众纪律执行情况，开展批评和自我批评，以提高组织和部队的战斗力。他们利用各种社会关系，寻找接头人员，开展社会调查。黄维礼、黄大水通过清泉溪的阿树哥和大埔角的黄娘烹，向三溪、双溪、百侯西岩山区等进发，于石螺塘找到邓燕珊，到桃源的东瓜坪串联。黄维礼调出在高陂隐蔽的杜明，负责向平原、北坑、逆流发展新区。调黄大水从石螺塘往甜竹坑、砂坪的上下礤开展工作。后黄维礼等继续往南，经尖山至丰顺大水唇、箭竹洋下凤凰山，到达潮安的仙溪，由桃源、桃花到福建诏安的官陂，完成了放点连线工作。完成此项工作的进程中，吸收刘访梅、张遂群、丘文、黄爱强、丘粟英、刘克（女）、刘畅（后当特务）、刘训常、刘迈（女，刘洁珍）、戴敏（女）等参加武工队。

3月中旬，第二支队完成放点连线任务后，回驻清泉溪，与当地党员、群众积极配合，开展抗日宣传。双和乡乡长梁进阶以校长身份发动教师协助工作，发动向绅商富户借粮，解决群众的粮荒问题。采取由支队领导召开绅商会议和个别动员相结合的办法，讲明道理，要他们把粮食借给断粮或缺粮户。对封建性的祖尝、国民党政府的会社储粮，由群众讨论，取得协议，开仓救济困难户。

第二支队开展统战工作中，注意做好保安警队的统战工作。当时，县保安中队徐乃刚等三十多名武装人员驻大东，卡住了长乐往清泉溪的交通咽喉，对饶和埔丰地区党组织的武装活动妨碍较大。第二支队又通过大东乡乡长牵线，与徐乃刚约定联络的谈判地点和时间，订立了互不侵犯的条约，因而第二支队很快开辟了由清泉溪到潮安仙溪、桃源、桃花等纵横两百多公里两百多个村庄的饶和埔丰边的游击据点。

## 六、韩江纵队第三、四支队成立

韩纵留守支队和第二支队成立后，李碧山调陈明筹建第三、四支队的工作。陈明到江西筠门岭带领黎广可、罗敦华等回大埔，后与黄戈平一起到豆甲坑，建立据点。豆甲坑今属银江明德，位于昆仑梅子顶西部，全村有黄、李两姓，十多户人，与戈平的家乡昆仑相邻。陈明、黄戈平找黄坤了解村中情况后，住在该村有威望的黄浪伯家，向他宣传抗日战争形势，公开称是新四军的先头部队，开赴潮汕抗日前线，收复失地，途经大埔，要求村里协助、支持解决部队的食宿问题，取得他的支持，与全村群众议定密约，对外保守秘密，免受国民党军的"进剿"，使群众受到摧残。接着黄大水带李碧山来银江小学与刘全真一道由刘波常带入豆甲坑，李碧山指定黄大水建立接待站的工作。陈明又调刘健、李健华、何勇为出来。张克昌也从埔北送邹子招、曾友深、蔡仕仁、邓联发到豆甲坑集中，胡伟、何献群从埔东赶到豆甲坑。1945 年 2 月 26 日，在黄浪伯楼上李碧山主持召开了第三、四支队成立大会，并在会上作动员报告，阐明抗日战争已进入反攻的阶段，在大好形势下，恢复党的组织活动，组建抗日游击队，开展武装斗争的意义。指出梅埔丰边已具备抗日游击战争的客观条件后，宣布抗日游击队韩江纵队第三、四支队成立。参加大会的共 17 人，分为两个支队，各支队配备六七支短枪，驳壳枪子弹 20 多发。任命李健华为第三支队队长，胡伟任政委，邹子招任第四支队队长，何献群任政委。要求游击队严格遵守人民军队的"三大纪律八项注意"。根据游击队员多是年轻教师的特点,强调三不准:一不准谈恋爱;二不准结婚;三不准对外通信。还规定了游击队的定量供给:每人每月大米30斤,油半斤,盐1斤,抽烟者每人半斤烟丝。韩江纵队第三、四支队总的任务是宣传抗日救国,发动群众,组织群众,建立根据地,武装保卫家乡,打击日本侵略者和汉奸卖国贼。发展方向是以铜鼓嶂山村为中心,第三支队向丰顺八乡山发展,第四支队向兴宁、梅县方向的阴那山、明山嶂、九龙嶂发展。首先开展社会调查,掌握村、乡基本情况,恢复党的活动,建立据点,做好统一战线工作,特别是做好统战的上层人物工作,争取他们一致对外。

成立大会上黄戈平、陈明还介绍了在大埔、梅县边山区恢复党的组织、建立乡村据点的工作经验,会后分两路出发,开创游击根据地。

第三支队胡伟、李健华、刘健、蔡仕仁、邓联发、刘富文、余坚、黄晞、刘达、张清、姚安、张少林、丘文等进入银江内乡,登门拜访张剑真乡长,讲清抗日形势和党的主张,并通过他做了银江四大绅士(坪上的廖奋卿、车上的房练欣、烂泥坪的李文操、高乾排的余文彬)的工作,从而建立了银江内山据点。第三支队按联络员给予的主要任务,开通到丰顺八乡山与潮汕抗日游击队的联络通道。从豆甲坑出发,开展了直坑尾、丰顺县砂田的箭子凹、青钩湾,围绕铜鼓嶂周围的山村沙窝里、杨梅坜、石托子、孩儿座栏、铜锣湖、锅子斜、坪溪、花盏窝、园潭湖、鹤冠嶂,越过大龙华,进入簸箕窝、芋子堂、铁坑等二十多个村建点,尚未到八乡山。1945年7月初,第三支队在铁坑奉命化装后分批走捷径经径门回到丰顺北部的青钩湾整训。整训后,建立了从岳坑经潭江与河东的潮汕韩纵的联络线。接着开通银江溪口、党溪过河东后转到洲瑞的麻子坹建立据点，开辟了梨树下、大坪、嶂背、白水石示、岸洋坪、冠山、大坑上村、柯树暗、冰山、深坑到银溪，完成放点连线，宣传抗日主张，揭露国民党消极抗日积极反共真面目，激发人民群众的抗日救国热情。

第四支队邹子招、何献群、王立朝、王振先、何勇为、英姐、张大林、丘秋、谢文思、余勇谋、钟雄等，做梅县黄都乡乡长钟伟光的统战工作，在黄泥坑、钻子坑、张风车、寨里、亡娘潭到梅县的留岌岗、大横坑、暗坑、竹子留、桃平等二十多个村放点。方法上按黄戈平等介绍的经验，化装入村，了解情况后，选择接头户，然后于夜间整装进村，或分头串联，召开户主会，讲明部队的性质和任务，宣传共产党的抗日救国主张、政策。还与户主们约法三章，违章造成损失的，就要受到处罚。队员进村后，严守"三大纪律八项注意"，搞好住地文明、整洁、夜间学习、执勤工作。作风上积极帮助群众做农事活动，如劈柴、扫地、挑水、割禾、除草等，通过"三同"广交朋友。6 月，奉命回到铜鼓嶂的铜锣湖，建立梅埔丰边生产武工队，开辟铜鼓嶂周围的新区，进行开荒种地，烧木炭，摘叶子，余坚、阿沅等化装去卖，购回生活用品，建立了打狗洞、七娘潭、石涧洞等，将铜鼓嶂周围山村连成一片，建立小块根据地。

### 七、留守支队、第二支队整合为第九支队

1945 年 5 月，留守支队与第二支队经过三个月的建点后，进行休整和总结平和县案上出击的教训，找出失利原因，发扬胜不骄败不馁的精神。休整后，为集中力量开展武装斗争，李碧山将留守支队和第二支队整合编为韩江纵队第九支队，王长胜任支队长，张全福任政委，蓝汉华任副支队长，廖伟任副政委，杜蓝川（杜明）任政治部主任兼党总支书记。支队下设两个中队，第一

中队长刘铁珊，中队设两个小队 17 人，第二中队队长钟盈，中队设 3 个班 25 人，部队政治工作人员 1 人，全队共 48 人。第一中队为支队主力，主要任务是外围歼敌、筹款、筹粮、筹枪；第二中队主要任务仍带武工队，开发新区，做群众工作，武装保卫"老家"，锄奸肃反和开仓济贫等。

为了解决部队作战中所需的枪支弹药的补给问题，派出方波在清泉溪、平原和乐北一带建立兵工厂。由方波、张奎设兵工厂，队员有阿炳、小华，通过方波等人的努力，在工厂设备极其简陋、条件相当艰苦的情况下，翻制子弹，自制手榴弹，修理枪械等，为韩江纵队枪支、弹药的补给作出了贡献。

## 八、韩江纵队第一支队组建

北部的西河、茶阳、太宁、长治、青溪，西部的三河、英雅等乡，毗邻永定的下洋、梅县的松东，都是土地革命时期的苏维埃区域。1944 年冬，恢复组织活动期间，南委联络员李碧山派他的政治交通员张克昌负责恢复埔北地区的党组织关系，调动党员，输送进步青年入伍。张克昌审查恢复了原有党员的联系，如维新乡溪南埔的饶八英、陈算英、周段英、黄利英、张庆超；北塘的张茶英、黄杉英、卓玉带、饶造成；保安乡的张高带、赖智华（赖江平）、李秋华（李茂群）、余里英、孙江（孙石墙）、陈群（陈胜彤）、陈美阶、朱惠珍（朱大嫂）、黄惠容、陈娥英、余彬（余世坚）、陈茂球；太宁乡的李以雪、张尝英、李隆吉；永平乡的丁同益、丁汉、丁泗兆、刘奇春；小湖口的邓光行；永定下洋的魏稼秋、万嫂、甜娣等。建立起县城大华路旧衣摊、漳溪圩新民合作社、黄沙塔下、下黄沙余屋（细妹嫂）、乌猛斗、英雅口等联络站，广交了不少进步青年朋友。

1945 年 5 月，南委联络员李碧山决定向梅蕉杭武发展，通过放点工作建立根据地。考虑到韩纵活动区域的扩展和武装部队的壮大需要，决定组建一支战斗力较强的部队，恢复埔北地区的活动，并向梅蕉杭武发展与闽粤边连成一片。指示张克昌在坪沙做好筹建支队的工作，从梅埔丰边抽调黎广可、邹子招、曾友深等到坪沙，后进入到永兴乡棉畲村以黄洪生家为落脚点，开始创建抗日游击根据地。创建工作从棉畲向郑石寮、坪沙下村、雪罗卜等村发展。6月，又从电台调出程严、刘旭等到埔北与黎广可、邹子招会合，接着又从梅埔丰调邓联发、姚集、郭活、姚丁等前来。6月上旬，他们在郑石寮邓林经家举行抗日游击队韩江纵队第一支队成立会议，宣布抗日游击队韩江纵队第一支队成立，程严任支队长，邹子招任副支队长，黎广可任政委，后调王立朝任政委，胡伟任政治部主任（后由胡伟接任第一支队政委）。制定抗日游击队韩江纵队第一支队主要任务：一是解决经济和武器问题，以适应斗争形势的发展；二是由埔北向杭武蕉梅伸展，恢复党的组织活动，成立中共梅蕉武埔边工作委员会，指定胡伟任书记，建立游击据点。从社会调查入手，摸清依靠或打击对象。抗日游击队韩江纵队第一支队在郑石寮组建后，以埔北为中心，向周围展开工作，建立情报网络，吸收青年入伍，设法解决部队给养，同时开展统一战线工作。至7月，抗日游击队韩江纵队第一支队发展到二十多人，埔北建成韩纵的一块重要游击据点。

## 九、韩江纵队第一、九支队联合出击

1945年，韶关沦陷后，原国民党韶关市市长肖冠英回到西河上黄沙。中共大埔埔北党组织从国共合作团结抗战的利益出发，以抗日游击队韩江纵队的名义发函并附抗日宣传材料给肖冠英，对他回到家乡表示欢迎，并请他以抗日事业为重，支持中共梅埔党组织领导下的韩江纵队的军事行动，如有不便，希望采取中立，保证其生命财产安全。肖接信后即送交大埔县长罗博平，并为罗博平出谋献策，控制学校校董，追查教师来源，要挖出以教书为掩护的地下党员，还出面在西河组织自卫队对付共产党的活动，气焰嚣张。埔北党组织曾多次转达抗日游击队韩江纵队对他的警告，肖仍置若罔闻，坚持顽固的反共立场，并出席了国民党保安乡联保联防会议，指控黄沙学校有共产党活动，要西河的保安乡加强"防剿"。埔北党组织派胡伟、张克昌、李秋华调查核实后，闽粤赣边区党的负责人李碧山决定，调抗日游击队韩江纵队第九支队和第一支队以及埔北党组织共同配合，严惩肖冠英，同时收缴西河下黄沙的广东军管区副司令黄世途家的枪支弹药。为了进一步摸清肖冠英和黄世途家以及保安乡自卫队的情况，第九支队又派出蓝汉华与第一支队的邹子招一起深入保安乡侦察。7月下旬，抗日游击队韩江纵队第九支队从长乐挺进西河的下汶水溪；抗日游击队韩江纵队第一支队从坪沙进入黄沙边的太宁团村，由王长胜统一指挥，以第一支队一部负责镇压肖冠英，另一部配合第九支队收缴黄世途家中的枪支弹药，主要力量负责阻击保安乡自卫队。为防万一，将陈群、陈美阶、饶新良、余世坚等撤离黄沙，准备调入第一支队或参加地方工作，梧冈学校校长黄杭生调至埔北中学，蔡仕仁、张高带进入平和县乐北，还通知开明绅士陈宗元暂离黄沙。

7月31日凌晨，抗日游击队韩江纵队第一、九支队分头包围了肖冠英和黄世途家，以神速的动作，把肖冠英抓出其大门口，镇压了反动分子肖冠英，收缴了黄世途家的长、短枪三十余支，子弹二十多箱及其他军用物资一批，天亮后撤离。保安乡自卫队出动三十多人援救，第九支队于下黄沙水口公王山伏击，击退了自卫队的进攻，保证了部队的安全撤离。

西河出击是抗日游击队韩江纵队在大埔境内的第一次作战，它的胜利，震动了闽粤边区。战斗结束后，第九支队返回平和县秀礤。第一支队返回埔北坪沙雪罗卜，进行战斗总结。为开辟杭武蕉梅边区，根据南委联络员李碧山指示，第一支队政委王立朝率抗日游击队韩江纵队第一支队由埔梅边北上（上）杭、武（平）蕉（岭）、梅（县）边区，开辟新区。

8月8日，抗日游击队韩江纵队第九支队在与大埔相邻的福建省平和县寨子村遭国民党军福建保安第二总队一部及国民党平和县自卫队共五百多人的袭击，支队政治部主任杜蓝川在反击战中壮烈牺牲，支队长王长胜带病指挥战斗，战斗中王长胜和蔡仕仁、张高带等不幸落入敌手，王长胜、蔡仕仁在平和县惨遭杀害。之后抗日游击队韩江纵队第九支队兵分两路，一路由蓝汉华带领，另一路由张全福带领分别沿山转移回到大埔县东部的大东西坑开展活动，与清泉溪的黄维礼、罗克群、黄大水等会合。抗日游击队韩江纵队第九支队和地方工作队以及从白区前来的同志，在平和长乐岗巷举行王长胜等三名烈士的悼念大会。为了纪念牺牲的支队长王长胜，将抗日游击队韩江纵队第九支队改名为抗日游击队韩江纵队长胜支队，由徐达任支队长、刘铁珊任副支队长、张全福任政委、罗才（刘波常）任副政委。支队下设两个分队，全队46人。调整支队领导班子的同时，成立一个由钟盈书记兼任队长，下设两个小队，共18人的武工队，归中共韩东中心区委领导。此后，抗日游击队韩江纵队长胜支队和武装工作队实施突出外围，与活动在以大埔北部为中心的（大）埔永（定）梅（县）（平）和、以大埔东南部为中心的饶（平）（平）和（大）埔丰（顺）诏（安）的地方党组织和武装部队配合，制定武装开发新区，扩大游击根据地范围新战略。

1945年8月15日，日本宣布无条件投降，中国人民的抗日战争取得了最后胜利。大埔县的党组织、民众及抗日武装总结抗日救亡及与消极抗日、积极反共的国民党顽固势力斗争的成绩、经验，欢庆胜利。后来，在中共南委联络员李碧山的直接领导下，进入推翻封建统治，建立社会主义新中国的解放战争新历史时期。

# 第五章

## 解放战争时期大埔的武装斗争

解放战争时期，南方党的组织和武装力量遵照党中央决定及设在香港的"中共广东区委"指示，经过短暂的"隐蔽斗争"阶段后即转入"恢复武装斗争"阶段。中共闽粤赣边区党组织根据闽粤赣边区斗争特点，提出"梅埔先发起"战略，并得到党中央批准。在这个大背景下，大埔很快发展成为闽粤赣边区的核心根据地，成为边区党和军队的指挥中心，成为"围剿"与反"围剿"斗争的重点地区。

# 第一节 国共"和谈"阶段的斗争

抗战胜利后,国民党以"和谈"作幌子,企图用武力消灭共产党掌握的武装,紧锣密鼓地实施"清剿"行动。闽粤赣边党组织执行党中央和中共广东区委指示:"坚持人民武装自卫斗争"、"分散行动,组成短小精悍的武工队,隐蔽于群众之中,保存力量"。

## 一、自上而下的政治较量与军事斗争部署

1945 年 10 月 10 日,国共经谈判签订了《政府与中共代表会谈纪要》,确定召开各党派代表及无党派人士参加的政治协商会议。而在 10 月 18 日,蒋介石背信弃义密令各战区司令,对共产党和抗日人民军队继续"进剿","迟滞贻误者,必执法以罪"。

随后,张发奎在广州召开"粤桂两省绥靖会议",提出两个月内肃清"奸匪"。

1946 年 1 月,广东第六行政专员兼保安司令周景臻与福建第三绥靖区指挥官陈余珊在梅县召开联防会议。会上成立了闽粤边区"清剿"委员会及闽粤边第一、第二联防指挥所。第一指挥所设在梅县松源。第二指挥所设在福建省平和县的长乐,大埔归第二指挥所"清剿"区。联防区兵力由所属各县调派,每区联防自卫大队分三个中队,约 300 人。会上还制定了半年"清剿"计划。韩江两岸是共产党领导的王涛支队和韩江纵队活动的主要地

区，因而地处韩江两岸的大埔被视为"绥靖"的重点。大埔成立了保警大队，下设几个中队。乡镇成立了自卫队配合保警行动。

中共中央对闽粤赣边党和武装的生存极为关注。早在 1945 年 8 月 9 日，就作出《关于闽粤赣边党的工作方针和部署的指示》，指出闽粤赣边是将来内战时双方必争的战略据点，"应以党的政治口号，放手发动群众，坚持与发展各地武装据点，实行人民武装自卫的斗争，并领导群众实行革命的两面政策，掩护党的工作，发展和保护群众利益，以达到树立华南革命根据地的右翼基础的目的"。

1945 年 9 月 19 日，中共中央执行国共合作协议，指示南方主力武装北移。

中共广东省临区委接到中央指示后即召开干部扩大会议，贯彻中央指示，结合实际，提出一方面坚持斗争，保存武装，保存干部，一方面长期打算，准备将来合法民主斗争的方针。会上成立中共广东区委，要求各地武装分散发展，运用革命两面政策，扩大据点。对敌人的进攻，选择适当时机和有利条件，集中力量出击一点，消灭一部。中共广东区委任命李碧山为闽粤赣边区特派员，朱曼平为闽西南特派员，领导闽粤边区工作。

主力武装北移后，中共闽粤赣边区特派员李碧山根据中央和广东区委的指示精神，作出了坚持人民武装自卫斗争，粉碎国民党军事进攻的部署。

1945 年 11 月 4 日，中共中央又批转了方方的意见，成立闽粤边临委，魏金水任特派员，朱曼平、范元辉任副特派员。边区武装王涛支队、韩江纵队分散行动，组成短小精悍的武工队，隐蔽于群众之中，保存力量。

鉴于国民党顽固派对王涛支队、韩江纵队发动"清剿"，李碧山请示中央予以反击，周恩来复示："在国民党方面尚不愿承认广东有共产党军队的情况下，你们不要希望停战小组到闽西南去。必须提高警惕，随时防止国民党军队继续进攻你们"，"闽粤赣边应起而自卫，敌方既不受停战约束，我即应以游击自卫战保护群众利益，并保我干部"。

1946 年 2 月 21 至 28 日，闽粤赣边区特派员李碧山在大埔银江的胜坑沙窝里召开中共闽粤赣中心县委扩大会议。会上成立了闽粤赣中心县委，李碧山任闽粤赣中心县委书记，梁集祥任副书记，张全福任组织部部长，黄维礼任宣传部部长，温碧珍任妇女部部长。下属边县也由特派员改为委员会，加强集体领导，同时抽调边区武装一支队的骨干 30 多人支持地方党组织建设。

至此，在大埔边区建有三个边县委和一个特区：闽粤赣中心县委、中共饶和埔丰县委、中共梅埔丰县委及埔北特派员区。大埔形成了既有党的地方区、县组织领导，又有地方武装力量的反对国民党独裁统治的斗争局面。

## 二、反"清剿"的武装自卫斗争

### （一）联合反击平和县朴树下的国民党自卫队

1945 年 10 月，国民党福建省保二团、三团进攻王涛支队和韩江纵队。保二团进入福建平和县后，纠集饶和埔三县的兵力，采取"到一处烧一处，抓一个杀一个"的措施，对游击区进行疯狂的"清剿"，还强令设置清乡委员会，实行连坐连保，清查户口，移民并村，侦查共产党和人民武装。

为抗击顽敌的进攻，中共闽粤边工委指示王涛支队第一、三大队在司令员刘永生和代政委陈仲平的率领下转到饶和埔丰边，与韩江纵队第九支队（即长胜支队）联合作战。在中共饶和埔丰县委的密切配合下，联合武装力量取得了反击平和县朴树下的国民党自卫队之战的胜利。

### （二）出击高陂

平和反击后，王涛支队和韩江纵队准备袭击高陂，中共饶和埔丰县委积极配合，开展调查、侦察工作。

1946年2月21日，刘永生、黄维礼率部队夜行军，从福建平和县的长乐经大埔县的大东、双溪、大王坑到达高陂的甜竹坑休整。25日，部队指战员化装成赶集或上山祭祖的老百姓，分两路分别经赤山、陂寨向高陂集镇进发。到达高陂后，巫先科、郑金旺带领60多名短枪突击队员，分别向国民党的高陂区署、警察所发起袭击，其余队员则由山路以祭祖坟作掩护，直扑街道后面的小山头，夺取制高点。

当登山的队员将到达最高点时，与一个排的守敌展开了激烈战斗。突击队员发起冲锋，毙伤敌人五六名，敌人溃退，缩进营房。突击队员也负伤3人，班长李顺荣英勇牺牲。

山头枪声响起后，短枪队向区署发起突袭，高陂战斗摧毁了高陂区反动政权。当日下午一时左右部队撤出高陂。高陂出击，是对国民党"清剿"行动的反击，不但解决了部队的经济问题，也扩大了政治影响，给人民群众留下了深刻的印象。

### （三）房东黄英英勇就义

1946年2月，饶和埔丰县委成立后，廖伟书记等人从丰顺县铜鼓嶂转到大埔县第三溪的石壁下，住在房东黄英家，以石壁下为基点，开展饶和埔丰边的工作。

5月8日，石壁下遭到敌人突然袭击。黄英发现敌人进村，便高声呼叫："鹞婆来了！""鹞婆啊！"以示报警。廖伟听到喊声，又看到敌人从山下村上来，立即叫醒黄大水、阿辉，三人将文件带上，紧急转移到楼子背村。

黄英被敌人抓去后，面对敌人的严刑和利诱，大义凛然，坚守党的秘密。敌人无计可施，遂将其杀害于村口。房东黄英为人民的解放事业献出了宝贵的生命！

### 三、贯彻隐蔽方针，武装分散，坚持斗争

1945 年 10 月后，根据上级党组织指示，闽粤边区武装王涛支队、韩江纵队采取"分散行动，坚持斗争"的方针，组成短小精悍的武工队，隐蔽于群众之中，以保存力量。

#### （一）梅埔丰边党组织与韩江纵队第三、四支队的分散隐蔽、生产转化

早在抗日战争后期，战斗在梅埔丰边的韩江纵队第三、四支队通过放点连线，已经建立起明山嶂、铜鼓嶂、北山嶂、九龙嶂周围 200 多个村的据点。其中第三支队以大埔银江的冠山、南树寨为根据地，开辟了赤水、大坑、兼加、党溪、河陂坑、银滩、坑口、银溪口等村据点，建立了恭州、中兰、北埔坝等交通站。

1945 年 10 月，根据闽粤赣边特派员李碧山的决定，韩江纵队第三、四支队整编成立梅埔丰县工委，何勇为任书记，刘健任组织部部长，刘富文任宣传部部长，部分人员组成县武工队（生产工作队），其余人员实行生产转化，利用社会关系寻找职业。

县武工队分成三个小组，何勇为等在杨梅场山上烧木炭，在铜锣湖摘叶子，解决生活和工作经费。刘富文等在铜鼓嶂的花盏寨摘叶子卖，购回生活资料。刘健等在银江孤山和丰顺县的青钧湾一带摘叶子、打草鞋、做木屐、烧木炭，将产品送到丰顺县的岳坑渡去卖。

1946 年春节前后，三个工作组集中在沙寨里整训。整训后，刘富文、姚明、张旺、张挺、叶竹、刘怀河等到丰顺占头村公学任教。张铁城、刘永祥、李向明到洲瑞中心小学任教，张铁城任校长，兼做竹木生意，支持工委经费。林燕化名黄育华，到岳坑

村小学任教，假期回工作组参加生产劳动。

不久，县工委决定成立中共高陂区委，由张铁城任书记，刘永祥、李向明任委员。区委与高陂镇党员李泮水、丘琦、邓燕珊取得了联系。县工委又拨款作资金，派刘永祥脱产做木材生意，解决县工委活动经费。

武工队经过半年的分散隐蔽、生产转化，不单解决了吃饭问题，也锻炼了干部，加强了党的建设，进一步密切了与群众的关系。在武工队中发展了林燕、张少林、李向明等加入中国共产党。在群众中培养了一批积极分子，发展了一批党员。如发展了青沟湾的杨佑来，孤山的严养奎、严洞生，岳坑的杨概，铜山的钟泉嘉、钟强、钟石，白水礤的李裕、李步楼、阿六嫂，冠山的张旺、房钢、房方安等人加入中国共产党。还在昆仑村成立中共大麻区委，李忠任书记，黄举宏任组织委员，刘胜权任宣传委员；在国民党统治区丰顺县砂田乡坎头村发展了教师陈坚、陈平忠、陈道明入党和恢复一些党员的关系。

### （二）饶和埔丰边党组织与长胜支队的分散隐蔽、生产转化

长胜支队出击高陂后，饶和埔边的双溪据点已暴露，成为敌人"进剿"的重点，组织成员便分别向大埔县的清泉溪、第三溪、西岩山、高陂甜竹坑及福建平和县的长乐，广东饶平县的上善、九峰等地转移，在转移中刘登楚因负伤被捕后光荣牺牲。

1946 年 8 月，在长乐下湖洋召开饶和埔丰边县委扩大会议，张全福、梁集祥、黄维礼、廖伟及长乐负责人钟盈、陈木等参加了会议。张全福传达了中心县委扩大会议精神，会议对机关、部队分散隐蔽工作进行了具体部署，同时宣布成立中共韩东中心区委，钟盈任书记。根据会议决定，长胜支队分为三个部分转化。一部分原籍长乐的干部战士 10 多人留下就地坚持斗争，归韩东区

委指挥；一部分由徐达带领向埔丰边（潭山）转移；一部分由罗才带领向埔东转移。后来，因国民党闽粤边区第二联防指挥所进驻长乐，实行移民并村，原留长乐的部队又被迫转移到埔东、埔北。

罗才等人转移到清泉溪，分散安置在基础较好又具备生产条件的据点村，与群众结合，搞生产自给。有一天，敌人包围了清泉溪下屋，队员连光辉、连秋树、刘庆辉及 8 名群众被捕，他们虽遭受严刑审问，但仍坚守党的秘密，敌人未能抓到证据。他们中有些人直到 1949 年大埔解放时才出狱。

**（三）埔北据点的分散隐蔽、生产转化**

1946 年 2 月，中共闽粤赣中心县委决定将梅蕉武埔县工委一分为二，成立中共杭武蕉梅县工委，随第一支队开发杭武蕉梅地区；派张克昌、陈群、巫少平返回埔北开展工作，建立武工队，巫少平任队长，开发新的据点，建成闽粤边的重要基地。

6 月，贯彻上级生产转化精神，指定张克昌任特派员，以据点为基地，领导面上（白区）的工作。原在平和县长乐区就地隐蔽的钟盈等人，因长乐遭敌人"清剿"，也转移来埔北，钟盈任副特派员。党组织和武工队成员在埔北地区分散隐蔽下来。巫少平在茶阳散石里以加工腐枝作掩护；丘苏回家养鸭，后到埔北中学当炊事员；余玲（余桂生）回家搞农业生产；长乐转移来的两名党员在坪沙当雇工；张光（张域昌）在坪沙客栈当伙计；胡豪娣转到太宁公学任教；李华到埔北中学任教；廖晨光、周利文到大埔中学任教。

1946 年 6 月，中共闽粤边临委派饶良新与中共闽粤赣中心县委取得联系后，建立起永埔工作团，以巩固大埔县的散石里（茶阳）、上山片（丰溪）及永定县的大水坑等据点。同年冬，中共闽粤边工委领导开始逐步从永定县进入大埔的丰村、凹背、鹧子石等地隐蔽。

大埔党组织通过生产转化，实现了自力更生，解决了生活来源，密切了与群众的关系，培养了一批群众中的积极分子；另外，运用统一战线关系，团结进步力量，保存了自己。

# 全面内战爆发后革命力量的隐蔽发展

蒋介石顽固坚持独裁和内战政策，终于在 1946 年 6 月，撕下"和平"的面纱，发动了旨在消灭人民革命力量的全面内战。全面内战爆发后，闽粤赣边区的革命斗争形势越来越严峻，隐蔽发展的方针得以深入贯彻。

## 一、国民党重组对闽粤赣边区的"清剿"委员会

1946 年 7 月，国民党又重组了闽粤赣边区"清剿"委员会，曾举直为主任，陈余珊为副主任，指挥闽保二、闽保三两个团及粤保二团，兵力共 5000 余人。

1946 年 8 月，曾举直在大埔召开各县"清剿"会议，成立县清乡委员会，县长罗博平任大埔清乡委员会主任，县警察局局长为副主任，建立大埔县大队，以对付共产党及其领导的人民武装。

## 二、隐蔽方针的贯彻及边区各级党组织的调整

1946 年六七月间，返回闽粤边区的出席中共七大会议代表王维先后向中共闽粤赣中心县委、中共闽粤边临委传达党的七大路线和中共广东区委指示。总的精神是：华南的斗争是艰苦的长期的，"要准备五年、七年甚至十年八年的黑暗"，党的方针是"长期埋伏，积蓄力量，以待时机"。

1946 年 6 月中旬，中共闽粤赣中心县委在梅县三乡大横坑召

开扩大会议，进一步贯彻隐蔽待机方针。会议决定根据组织需要和个人条件，将人员分为两部分：一部分人进入据点坚持斗争，建立生产基点，集中生产，筹措资金；另一部分人利用社会关系，寻找职业作掩护，以待时机。

7月，中共闽粤赣中心县委书记李碧山（越南隆安省人）经中央批准返回越南，闽粤赣中心县委书记改由张全福担任，梁集祥任组织部部长，王维任宣传部部长，何献群任秘书长。

1946年11月，中共闽粤边委副特派员朱曼平受中共中央代表方方的委托，召开中共闽粤边临委、中共闽粤边中心县委干部会议。朱曼平传达了广东区党委关于当前形势与任务的指示以及中央驻香港代表方方对闽粤边工作的指示。总的方针仍是：长期埋伏，积蓄力量，以待时机。会上成立了中共闽粤边区工作委员会（简称"边工委"），魏金水任特派员，朱曼平、王维任副特派员。边工委属下成立四个地委：梅埔地委，由张全福任特派员，陈仲平、何献群任副特派员；闽西地委，由林映雪任特派员，罗炳钦任副特派员；闽南地委，由卢叨任特派员；在永和埔靖区域成立闽西南地委。会议认为，当时的任务是隐蔽地发展自己，提高自己，教育和团结群众，开辟革命新据点，解决经济，培养军政干部，以待新时期的到来。

会后，中共梅埔地委在大王坑召开扩大会议，贯彻边工委会议精神，撤销中共大埔县委，成立边县工委。黄维礼任中共饶和埔丰诏边县委特派员；何勇为任中共梅埔丰边县委特派员，刘健任副特派员；张克昌任埔北区特派员，钟盈任副特派员。会议决定调长胜支队和已进入埔北的第一支队的程严、王立朝、徐达等18人到埔北棉畲（茶阳）整编成立梅埔地委特务队，其余武装人员根据不同的条件分散隐蔽。在分散隐蔽人员中，大部分安置在梅埔丰、饶和埔丰的山区据点，小部分到闽粤边各县从事教书、经商或打入国民党政府基层机关，坚持秘密的地下活动。

1946 年 12 月 7 日，梅埔地委特务队在茶阳棉畲宣布成立，程严任队长，王立朝任政委，徐达任副队长。特务队的任务是保卫机关安全，镇压反动派，筹措经费，帮助地方巩固和发展根据地。梅埔地委还组建了一个工作团，黎广可任工作团特派员，李健华任副特派员。工作团主要任务是负责交通、情报，开展群众工作。工作团分别在小麻、昆仑、英雅、水兴、石涧及梅县的三乡、雁洋等地发动群众，培养了一批积极分子，为开展游击战争奠定了基础。

# 党"恢复武装斗争"决定的贯彻

随着解放战争的深入发展，中共广东区委为落实党中央"恢复武装斗争"的决定，提出"先从闽西南老区搞起，然后向粤东发展"的策略。闽粤边工委根据实际情况，提出"先粤东后闽西"（即"梅埔先发起"）战略并得到党中央批准。这一战略的实施及大埔相邻的各边县革命根据地初步形成，大埔逐渐成为闽粤赣边区解放战争的主战场。

## 一、"梅埔先发起"战略的提出与实施

1946 年 12 月底，中共中央代表方方和中共广东区委为落实中央"恢复武装斗争"的决定，提出"实行小搞，准备大搞"的方针，并提出"先从闽西南老区搞起，然后向粤东发展"的策略。

中共闽粤边工委于永定园头山召开会议，对方方和中共广东区委的指示及当前形势进行分析，认为闽西南屡遭敌人摧残，党组织受到较大的破坏。当地的国民党反动势力比较强大，机构严密，反共经验丰富。相对粤东地区党的组织较健全，韩江纵队开辟了几百个据点，武装转化后，地方党的组织已经恢复和建立起来，梅县有白区工委，大埔有饶和埔丰县委、梅埔丰县委和埔北特派员区，白区的高陂、大麻也设有党的区委；武装转化后，党的地方干部和武装骨干与群众建立了密切的联系，统一战线工作

也打下了一定的基础；粤东地区是侨乡，经济比较富裕，只要控制梅江、韩江、汀江，便能较好解决经济和给养问题；原驻粤东地区的国民党粤东保安团先后调往海南，全区各县仅有保警队一至两个大队，大埔只有省保一大队驻在县城，力量较薄弱。因此，会议提出：在贯彻党中央"恢复武装斗争"决定中，实施"梅埔先发起"战略。即在梅埔先发动游击战争，打开局面后再往闽西南地区发展。会后，即派中共闽粤边工委特派员魏金水赴香港向方方和中共广东区委汇报请示。

魏金水返回闽粤边后，于1947年4月在埔北的七里溪召开闽粤赣边工委（3月中旬，中共闽粤边工委改为中共闽粤赣边工委）执委会议，贯彻中央批准的"先粤东后闽西"的战略方针。会议决定将中共闽粤赣边工委机关迁到大埔长治边境，将闽西南部分军事骨干调入粤东，建立一支主力部队，以形成闽粤赣边武装斗争的指挥中心。

## 二、创建闽粤赣边解放区序幕的拉开

1947年5月30日，魏金水发表《为创建闽粤赣边区人民解放区而奋斗》的文章，提出了建立闽粤赣边区人民解放军，创建闽粤赣边解放区的口号，为统一边区党政军干部的思想发挥了重要作用。

6月18至26日，闽粤赣边工委在埔北严背畲召开扩大会议，魏金水、朱曼平、王维、刘永生、卢叨、林映雪、陈仲平等边区领导人集中此处，学习《迎接中国革命的新高潮》《关于开展蒋管区农村游击战争的指示》，讨论党的建设、审查干部及领导、宣传教育、白区工作、妇女工作、经济工作、"肃反"政策等问题。并作出一系列决议：提出普遍小搞，准备大搞，放手发动群众的游击方针；巩固原有地区，发展新区，将根据地连成一片；

改边区领导特派员制为委员会制，魏金水任中共闽粤赣边工委书记、王维任组织部部长、朱曼平任宣传部部长、范元辉任委员；地委、边县委相应建立武装，选择有条件的地方公开建立根据地。

### 三、中共闽粤赣边工委主力部队粤东支队成立

为实施"先从粤东搞起，再向闽西南发展"的战略方针，中共梅埔地委决定，首先将埔北坪沙集结的人员组成新的部队。经埔北特派员张克昌实地考察，选定青溪坪沙村豪猪窟为集结地点，在山上搭寮居住。梅埔地委及特务队在程严、王立朝率领下从棉畬迁至豪猪窟。随后，闽西的刘永生、杨建仓等15名武装人员也转到豪猪窟，与梅埔特务队合编成粤东支队，刘永生任支队队长，杨建仓任政治委员，程严、廖启忠、徐达任副支队队长，王立朝任副政委兼政治部主任，后调郑金旺任参谋长。支队下设三个班，配备轻机枪1挺，驳壳枪24支，步枪8支。

1947年6月，中共闽粤赣边工委决定，以粤东支队作为边工委的主力部队，并命名为"闽粤赣边人民解放军总队"。由魏金水任总队政委，刘永生任总队长，朱曼平任总队副政委。边工委机关、电台与魏金水政委也转驻埔北甜竹一带山区。

### 四、粤东地方党组织的建设加强与游击队、武工队的建立

1947年8月，中共粤东地委扩大会议在大埔洲瑞麻子坜召开，贯彻边工委决定精神，决定撤销原边县工委机构，建立中共饶和埔丰、埔丰、梅埔县委。各边县委要建立以游击队、武工队为基础的武装力量，积极巩固老区，开发新区，发动群众，组织农会和民兵，摧毁国民党的区、乡、保、甲政权。埔北则在粤东地委领导下成立埔永工委，暂时保持隐蔽，做好武装斗争准备，以保证中共闽粤赣边工委驻地及坪沙的粤东地委安全。

　　会后，边工委常委王维在银江黄草崇指导梅埔、埔丰县委举办军事训练班，为各地培训武装骨干。

　　8月，边工委常委王维和粤东地委组织部部长陈仲平到银江冠山，主持召开中共埔丰县委成立会议，宣布何勇为任中共埔丰县委书记，刘健任组织部部长，刘富文任宣传部部长。县境内组建中共洲瑞区委，张铁城任书记；中共银江区委，姚明任书记；大麻白区区委，李忠任书记。确定县委主要任务是放手发动群众，开展游击战争，筹建县游击队和区武工队。

　　8月，王维到梅县三乡小都的留岌岗主持中共梅埔县委成立会议，宣布黎广可任中共梅埔县委书记，张其耀任组织部部长，李健华任宣传部部长。县委之下建立区委和游击队。其中梅埔县委在大埔建立中共英雅区委和中共大麻区委。中共英雅区委由张光（张域昌）任书记；中共大麻区委由罗忠（罗育珍）任书记。

　　8月，黄维礼在大埔桃花召开饶和埔丰诏边有关领导人会议，传达粤东地委扩大会议精神，研究召集分散隐蔽、生产转化人员，组建饶和埔丰县武装基干队，创建游击根据地等工作；宣布成立中共饶和埔丰县委，黄维礼任书记，黄大水任组织部部长，钟盈任宣传部部长。决定建立中共平原北坑高道区委，钟盈兼任书记；建立中共百侯石云区委，黄大水兼任书记；建立高陂潭江区委，方波兼任书记。

　　黄草崇军事培训班结业后，在黄草崇成立埔丰人民游击队，在梅县三乡小都椎子坑成立梅埔人民游击队。8月底，在大埔平原箭竹洋成立饶和埔丰诏县委武装基干队。9月，在埔北坪沙成立中共埔永工委和埔永游击大队。

　　粤东支队和梅埔、埔丰游击队先后分别在茶阳郑石寮、银江黄草崇等地进行学习整训，按人民解放军建军"三大原则"和人民军队是战斗队、宣传队、群众工作队的要求，进行形势和任务、党的方针和政策、三大纪律八项注意、做群众工作等内容的教育，并进行武器使用、保管、行军、宿营、放哨、警卫、射击等军事技术训练。随后，大埔先后组建了英雅、大麻、银江、银嶂、洲瑞、党银、侯云、双桃、高陂、双和、坪沙、青溪、太宁、岩上、西河等 15 个武工队。

## 游击根据地的开辟

在埔东、埔西、埔南、埔北，各边县党组织积极抓好党组织、武装力量以及游击根据地建设，为武装斗争的深入发展打下了基础，创造了条件。

### 一、梅埔丰游击根据地的开辟

中共梅埔、埔丰边县委在积极发展区以下地方党组织及县、区武装力量，广泛发动群众，建立地方农会、民兵组织，开展反"三征"（反对国民党的征兵、征粮、征税）斗争的基础上，又配合边区主力，开展了打击反动政权及武装的系列战斗，从而使埔西游击根据地很快建立起来。

#### （一）大麻出击

1947年9月下旬，边区主力粤东支队在先后打下了平远县长田张公所、梅县隆文乡公所和官塘田粮分处后，秘密转移到银江冠山，具体部署大麻出击行动。

10月22日，粤东支队第一中队化装成赶集群众，负责解决敌自卫中队和县警察分驻所；第二中队布防镇边鳄鱼朝天山上，警戒三河方向之援敌。上午11时许，第一中队发起突袭，击毙顽抗分子4名。60多名反动武装人员除逃跑外，其余投降；缴获长短枪60多支，子弹3000多发；收缴户口簿、田粮册及其他文件、档案一批，有的当众烧毁；开仓库分给群众粮食几百担。下午4

时，粤东支队撤至粤东地委所在地——大麻汶子里。

**（二）扫荡梅埔丰边反动政权**

大麻出击前后，梅埔、埔丰游击队配合粤东支队行动，开展了梅埔丰边扫荡。黎广可、李健华、刘铁珊率领梅埔游击队和民兵，于1947年10月23日集结于英雅水兴高山，部署战斗。10月24日，刘铁珊率一队人员直奔英雅坑尾管屋，冲进自卫队队长管××家，缴获左轮手枪一支。黎广可、李健华率主力进攻英雅乡公所，所丁见势不妙，放下武器，四处逃跑，缴获长短枪10多支。摧毁乡公所后，梅埔县委和游击队一面散发传单，张贴布告，宣传党的政策，一面破开乡公所谷仓，把粮食分给群众，并将民愤极大的反动分子就地处决，因而极大地振奋了群情，当场吸收了10名青年入伍。

10月31日，梅埔游击队配合银江武工队摧毁银江乡公所，击毙团丁1名，烧毁炮楼一座，缴获长短枪10多支。

埔丰县游击队、武工队进攻银滩的党银乡公所，党银乡乡长贺××见大势已去，秘密投降，缴获步枪6支。游击队、武工队在银溪口、上坑排、河陂坑、吴山、银村等地公开号召青年参军参战，响应报名者达100多人，队伍迅速壮大。

11月，中共埔丰县委书记何勇为率游击队成功出击丰顺沙胜。

11月5日，中共埔丰县委率游击队配合中共洲瑞区委武工队及民兵摧毁了国民党洲瑞乡公所。

12月初，梅埔游击队进入梅县南福村，收缴驳壳枪、短枪各一支，没收地主财产，宣布减租减息。

12月27日，梅埔游击队出击梅县雁洋，由山区开进平原大村工作。

12月底，中共洲瑞区委迁到赤水村，开展赤水、三洲全面工作。

梅埔、埔丰游击队在两个多月的时间内在梅埔丰边纵横二百多里来去自由。在大埔，初步打开了银江、洲瑞、英雅的局面。

## 二、饶和埔丰游击根据地的开辟

### （一）百侯出击

百侯是埔东政治文化中心，是粤东地委战略出击目标之一。

1947 年 11 月中旬，粤东支队第三分队一部在副支队队长徐达率领下东渡韩江，进入饶和埔丰边，与饶和埔丰县委武装基干队会合，准备出击百侯。经过周密侦察和部署，于 11 月 27 日发起进攻。黄晞率领化装成学生的队伍 80 余人从黄沙坑出发，进入百侯圩镇后迅速冲向百侯警察所和区公所。区长、警长听到枪声后即从后门逃脱，其余所丁当了俘虏，缴获长短枪 10 多支。部队还到百侯中学收缴了学生军训用的枪支 60 多支，子弹 1000 多发。战斗结束后，部队在街上和学校开展宣传演讲，还分发宣传品等，直到黄昏才撤离圩镇。

### （二）独五大队连续出击

百侯出击震动和迷惑了敌人，鼓舞了人民的斗志。为适应形势发展需要，1948 年 1 月 27 日，黄维礼在湖寮双髻山三塘村主持召开会议，传达粤东地委决定，成立饶和埔丰诏（诏是福建诏安县）边县委，黄维礼任书记，黄大水任组织部部长，钟盈任宣传部部长。将原县武装基干队扩编为粤东支队独五大队。

1 月 30 日，独五大队袭击恭州乡公所，收缴短枪 5 支，步枪 10 多支。

2 月 4 日，独五大队兵分两路，分别出击大埔角广德乡公所及枫朗乡公所、警察所，缴长短枪 30 多支，子弹 8 箱，还破仓分粮给群众。

2月14日，独五大队一部摧毁光德澄坑乡公所。

2月15日，独五大队集中攻击桃源乡公所。

平原乡乡长见相邻乡公所被攻下，主动向独五大队交出枪支。

独五大队连续出击，有效配合了党组织开展的政治斗争，推动了埔东南根据地的开辟和建设。

### 三、永和埔游击根据地的开辟

#### （一）三个组织系统交错发展

与福建省永定县相邻的埔北地区，是中共闽粤赣边工委机关和粤东地委机关所在地，有受中共闽粤赣边工委领导的三个组织系统在交错活动和发展。一是中共闽西南地委。1947年5月，在大埔西河芦下坑又成立闽西南地委下辖的中共永和埔县委，胡伟任书记。二是由饶良新等人组成的永埔工作团，受中共闽粤赣边工委领导。三是埔北特派员区，受粤东地委领导，特派员张克昌。

永和埔县委与永埔工作团分别在大埔的青溪、长治、茶阳、西河一带的山区建立起了由点连线的据点。

埔北特派员区也在青溪、长治、茶阳、三河以及梅县松东等地山村建起了根据地雏形。

#### （二）二区合并增强战斗力

1947年8月22日，闽西地委的永和埔游击队出击保安（西河漳溪）乡，毙敌2名，缴获左轮手枪1支，子弹40发。后整编成闽西支队（40多人），蓝汉华任支队队长，郑永清任副支队队长，林映雪任政委，邱锦才任副政委。闽西支队在埔北边区进行小规模战斗，以扩大武装，锻炼部队。

9月，中共闽粤赣边工委决定将埔北特派员区与永埔工作团区合并。在青溪坪沙禾坑范屋召开合并后成立中共埔永县工委的会议，任命张克昌为中共埔永县工委书记，饶良新、巫少平任委员。埔永县工委组建起埔永游击队和武工队。武工队分成几个组，一组向汀江东岸、长治发展；一组向冉树坑、桂祝园、山方、按湖发展；一组向太宁、恋墩发展；一组向梅县松东发展；一组向梓里、良江发展。将丰溪、长治、松东、梓永、长富、保安等地据点连成一片。

10月22日，粤东支队出击大麻时，埔永工委组织武工队、民兵在大埔县城主要街道及埔中礼堂、县政府后坪、法院等处张贴和散发宣传品，迷惑敌人，鼓舞群众。

12月某日，埔永游击队在三河石门岭，收缴短枪2支。

12月22日，埔永游击队、武工队又出击县城北部的太宁乡公所，收缴长短枪63支。破了国民党大埔县府设在太宁乡公所内的田赋谷仓，分给贫苦农民200多石稻谷。另一支埔北武工队突袭长治乡公所及石田富豪家，收缴武器一批。

**第五节**

# 粉碎敌人"清剿"

在人民解放战争进入全国规模的战略进攻，闽粤赣边对敌斗争也取得"普遍小搞，准备大搞"很大胜利，为"大搞"准备了群众、武装、物质基础的总形势下，国民党广东省政府被迫实施"分区扫荡""重点进攻"的战略防御方针。粤东为重点进攻地区，国民党的"闽粤边剿匪总指挥部"于1948年1月26日成立于广州，涂思宗任总指挥，福建保三团团长陈轹任副总指挥。随后，总指挥部从广州移至梅县松口，"进剿"粤东总兵力约15000人。大埔为第三"清剿"区，由国民党军丘成清少将任大埔县县长，练惕生任"清剿"指挥。驻埔军警有蓝举初独立第一营350人，徐乃刚县警大队100人。另有福建闽保三团的一个大队进驻埔北的坪沙、青溪、长治，另一个大队进驻县城及太宁、大靖、湖寮、百侯。

中共闽粤赣边区工委针对敌人的"进剿"，发表了《粉碎敌人重点进攻》的社论，号召边区军民以灵活的内外线相结合的斗争方法击退敌人的进攻；各县游击队扩大为独立大队；敌人要恢复区、乡政权，则建立农会替代政权或建立两面政权；敌人要恢复"三征"，则领导群众起来反抗。各边县革命根据地在反"围剿"中不断发展壮大。

## 一、梅埔丰游击根据地的发展与反"清剿"斗争

梅埔丰游击根据地分属中共梅埔县委和中共埔丰县委领导。

1948年2月，中共梅埔县委在银江孤山举行扩大会议，贯彻上级会议精神，部署反"围剿"斗争，调整县委领导，由黎广可任中共梅埔县委书记，张其耀任组织部部长，黄惠容任宣传部部长。在大埔境内下设：中共英雅区委，张华京任书记兼武工队指导员，张光任组织委员兼武工队队长；中共大麻区委，罗忠任书记，杨联兴任副书记兼武工队队长。

梅埔县委在梅县三乡小都利用集中部队欢度春节之机开展整训和整编，将梅埔游击大队改编为粤东支队独立第二大队，任命张其耀为大队长，黎广可任政委。全队设三个中队，共80多人。

1948年2月，中共埔丰县委在银江南树寨召开扩大会议，贯彻上级会议精神，成立新的县委，由刘健任书记兼组织部部长，刘富文任宣传部部长。在大埔境内建立中共洲瑞区委，张铁城任书记兼武工队队长；中共银江区委，姚明任书记兼武工队队长；中共铜山区委刘全真任书记。此外，还新组建党银武工队，由黄桐任队长。

1948年春节，埔丰游击大队集中银江南树寨欢度春节与学习整训。结业时，由边工委常委兼组织部部长王维主持粤东支队独立第一大队成立大会，颁发了红星八角帽和枪支，姚丁任大队长，何勇为任政委。全队150多人，分设四个班。同年3月扩充为四个中队。

梅埔丰边各级武装密切配合，为粉碎敌人"清剿"，发起了一系列的反击战斗。

### （一）突袭三河警察所

1948年3月28日，为了牵制对埔永梅地区"清剿"的敌人，

独二大队第一中队与英雅武工队、民兵共 100 多人，在黎广可政委和副大队长刘铁珊率领下，发起了突袭三河警察所战斗。三河警察所原设在圩镇内，在游击队声威震慑下，乃迁至三河汇城外摘云秀岭山上的观音阁寺庙中，易守难攻。在经过化装侦察掌握敌情并进行周密部署后，独二大队乘夜色包围警察所，一面集中火力攻击，一面开展宣传攻势。因该所为首的巡官外出，群龙无首，20 多名警察在强大攻势面前只好举白旗投降。

**（二）摧毁丙村镇公所**

1948 年 4 月 17 日，独一大队、独二大队、独八大队配合粤东支队联合攻打梅县丙村，独一大队大队长姚丁亲率突击队冲击敌人炮楼。战斗中，大队长姚丁与中队长房刚、分队长刘国华均壮烈牺牲。此役摧毁了国民党梅县丙村镇公所，击毙敌自卫队副大队长等 40 多人，震慑了涂思宗，对梅埔反"清剿"起了重大影响。

**（三）松南南福村扇子凸山战斗**

1948 年 5 月 20 日，敌张光前部两个连进入松南的南福村，独二大队正宿营该村。清晨，哨兵发现敌情后已经来不及报告，便向敌人射击，以阻击敌人并用枪声报警。独二大队副大队长刘铁珊闻枪声，即率部抢登扇子凸山顶，居高临下，阻击敌人。敌张光前部亦抢登了对面的山头。敌自恃人多，装备精良，发起多次冲锋，均被独二大队击退。独二大队组织 10 名"神枪手"，对准敌阵地中挥手扬臂的军官一齐射击，将其击毙。此役从清晨战到下午 2 时，毙敌指挥官 2 人，俘敌 6 人，其余仓皇逃命。独二大队也牺牲战士 1 名，负伤 3 名。

**（四）活捉敌少将指挥官张光前**

1948 年 5 月 30 日，敌前沿作战少将指挥官张光前企图以宗族关系拉拢、策反独二大队队长张其耀。独二大队将计就计，在梅县小都"谈判"中活捉张光前,将其押送到大埔银江大寨村的边纵司令部。敌总指挥涂思宗第二次"扫荡"银江、三乡根据地,就以其前线指挥官张光前被俘而告终。

### (五)银江马头山激战

张光前被俘后,涂思宗又任命高参梁国材少将为前线总指挥,调集1000多兵力对银江、三乡发动第三次"进剿"。敌人主力步步迫进马头山,适逢闽粤赣边工委正在银江李子坪举行会议。

6月2日,独二大队在三乡阻击敌梁国材部保一营的进攻。独一大队夜袭进入银江坪上的敌方景韩营。

6月3日,方景韩营分两路深入军营里、李子坪,专找边纵刘永生司令的主力决战。敌发现马头山有游击队伏兵,仍凭借装备精良,向马头山发动冲击。粤东支队独一、独二、独九大队及武工队居高临下,英勇战斗,连续击退敌人6次冲锋,毙伤俘敌60多名,缴获重机枪1挺,长短枪20多支。此役粉碎了国民党军对梅埔丰游击区的第一期"十字扫荡、重点进攻"。

## 二、韩江税收队(独八大队)的成立及战斗

### (一)韩江税收队的组建

发源于陆河和紫金交界的乌突山,流经梅县、松口向南流入大埔的梅江;与发源于福建武夷山,流经上杭、永定,流入大埔县的汀江;又与发源于福建省平和县的葛竹山麓,流入大埔县的梅潭河,在三河坝汇合成韩江,向南在汕头注入南海。梅江、汀江、韩江是赣南、粤东、闽西地区物资流通的大动脉,有120多条轮船和5000多条民船穿梭其间,有丰富的税源,且在大埔境内河段两岸大多是游击区,又与边区党委驻地接近,因此,中共闽粤赣边工委决定组建税收队,解决部队给养问题。于是,1947年12月,边区工委组建起了由李健华、刘铁珊等10多人组成的税

收队，进入大埔水兴、那口、银溪、党溪等梅江、韩江口岸试行收税。

### （二）第一次收税尝试

1947 年 12 月 30 日，税收队与英雅武工队联合行动，在英雅水兴口的梅江河段进行第一次收税尝试。指战员们来到水口，紧密注视来往船只。见一条轮船进入火力圈时，两名队员即手摆红旗，口吹哨子，示意机动轮靠岸。但轮船拒不靠岸，且船头走出几个身穿黄色军服荷枪实弹的国民党护航兵。队员们鸣枪警告，并高喊"我们是中国人民解放军""缴枪投降""缴枪不杀"等口号。队员们见喊话不起作用，便开枪猛烈射击。敌兵见状不妙，只好心惊胆战地指挥轮船靠岸，并一个个举枪投降登岸。游击队第一次征税，货主、船工都没有思想和税金的准备，仅收到部分法币现金，大部分是以实物折价征收，计有大米、布匹、西药、日常用品等。

### （三）独八大队成立

1948 年 2 月 15 日，中共闽粤赣边工委便将税收队扩编为人民解放军粤东支队独立第八大队。何颖辉任大队长，李健华任政委，大队设三个班。确定从梅县松口至大埔三河的梅江两岸及从三河至丰顺留隍的韩江两岸，选择有利的隘口建立税收据点，以梅埔、埔丰已经连成一片的游击区为部队休整和物资存放的基地，并依靠地方党组织发动群众将财物运送到边区党委和边纵司令部。

3 月，独八大队扩充到 65 人，并建立起相对固定的桃花口税收站和交通运输线、情报网。

独八大队开展韩江收税以来，敌人组织起武装护航队，实施"封锁韩江经济"与军事"围剿"计划。

### （四）主要税收行动

1948 年 4 月，独八大队开进到党溪口，由党银武工队配合并负责在高山上瞭望观察来船，以摇动红旗为信号，独八大队指战员在河岸武装收税。先后对来往的 100 多艘轮船，近 700 条民船进行了收税，共收纸币、银元、黄金、实物等，计值国币 10 亿多元（折港币约 3 万元）。

1948 年 6 月，为保证在梅埔丰边反"清剿"的主力部队给养供应，独八大队大张旗鼓地开展征税。在三洲收税据点周围山头挖筑战壕工事，加强警戒；派员在高陂、潭江等地侦探敌情；夜以继日地向来往船只收税。有一天，收到密报：敌一艘轮船拖三条民船，载国民党潮州第五绥靖区军粮 600 石。独八大队做好充分准备，将敌这批军粮全部截获。三洲收税 10 多天，收获颇丰，金、银、货币折合港币约 3.8 万元，大米上千石，还有布匹、药品等物资一批。

至 1948 年 7 月，独八大队建队 5 个月来，计征收金、银、货币折合港币约 200 多万元，大米上万石，物资大批。

### 三、饶和埔丰游击根据地的发展与反"清剿"斗争

1948 年 2 月，饶和埔丰县委再度在光德漳溪召开县委扩大会议，决定将游击区调整为五个区，健全区级组织。已经组建的有：双桃潭江区，由方波任书记；漳九雷区，丘逸任书记；敬恭南坑区，廖群生任书记。在饶埔边仍有两个待建的游击区：派肖枫组建双罗平区，派刘善组建双善大产小篆区。抽调县独五大队部分骨干帮助各区组建武工队，把武装斗争推向新高潮。

#### （一）三路出击，将饶和埔丰游击区连成一片

1948 年春节后，饶和埔丰诏县委独五大队兵分三路出击，扫除地方障碍。一路由刘训常率领，配合收缴密坑的国民党将领吴奇伟家里的枪支，随后与粤东支队第三中队一起，先后出击三河汇城、湖寮双坑乡公所。一路由黄维礼、黄晞率领，挺进埔南，

先后摧毁光德、漳溪、桃源、桃花、澄坑、平原等乡保政权。一路由钟盈率领，巩固饶和埔边，先后摧毁平和县的乐南，大埔县的双和、南山、大东，饶平县的下善等乡保公所。所到之处，发动群众，组建党组织和民兵，建立农会或两面政权，开展"三反"和减租减息，从而将饶和埔丰游击区从三河西岸沿韩江南下至丰顺潭江，再向东与饶平县及福建平和县边境连成一片。在这片区域中，仅高陂、湖寮两个圩镇有国民党重兵把守。这块连片且较为巩固的游击根据地的建立，也为后来中共闽粤赣边区党委机关及边纵司令部设在这个区域创造了条件。

**（二）三支武装汇合，粉碎敌人"分区驻剿"**

1948 年 4 月，李仲先率闽南支队来到饶和埔边区，与徐达率领的粤东支队第三中队及饶和埔县委书记黄维礼率领的独五大队会合于三溪。三支武装组成联合指挥部，计有指战员 200 多人。联合部队的组成有效粉碎了敌人的"分区驻剿"。

联合部队先后摧毁饶平陈坑、石井、茂之、下善的国民政府乡公所、警察所，并与前来增援的饶平县保安团 300 余敌人激战数小时，杀伤部分敌人。

5 月，联合部队到韩江桃花口收税，击溃国民党的护航连，收获大量现金和物资。

6 月，联合部队出击湖寮双坑乡公所和自卫队，激战 2 小时，第三中队杨寿生代班长和战士郭世业英勇牺牲。此役虽攻而未克，但对敌人震动很大，不久双坑自卫队即告解散。

**四、永和埔游击根据地的发展与反"清剿"斗争**

1947 年冬，中共闽粤赣边工委为向闽西发展准备力量，将进入大埔大东、岩上、西河、茶阳一带活动的闽西永和埔县委划归粤东地委，与埔永工委合并，建立中共永和埔县委和粤东支队独立第六大队。胡伟任中共永和埔县委书记兼独六大队政委；张克昌任县委副书记兼组织部部长，分管埔北及埔梅边区；江岩任副书记，分管永和边工作。独六大队陈水锦任大队长，巫少平任副大队长；全队60人，分三个中队。独六大队担负驻埔北的中共闽粤赣边工委机关安全，摧毁国民党乡保政权，帮助地方建立武工队的任务。

1948年1—2月，独六大队在武工队配合下，先后摧毁了梅县松东乡公所、西河漳溪保安乡公所、西河鸦鹊坪维新乡公所、福建永定下洋税务所等。

1948年3月，永和埔县委成立县武装基干队，邓伟林任队长，卓立任指导员。基干队共60多人，分成6个班。基干队在后来的反"清剿"战斗中，配合主力部队作战，发挥了重要作用。

**（一）推进永和埔边区游击根据地发展**

1948年2月，中共永和埔县委在闽粤赣边工委书记魏金水指导下，在茶阳恋墩塔坑召开扩大会议。会议决定一方面加强青溪、松东为核心的游击根据地建设，另一方面迅速向周边，特别是永定、平和边境山区发展，使独立大队在敌人"围剿"时有较大的回旋余地。会议还决定组建武装工作队，分别到各地去做发动群众、建设根据地工作，先后建立起了长富武工队、东洋武工队、长教武工队、坪沙武工队、青溪武工队、松东武工队、梓良武工队、莒岩武工队、西河武工队等。

这些武工队在各地大显身手，开展了摧毁国民党乡保政权、打击敌顽、发展党组织、建立农会、培养积极分子和接头户、动员青年参军、建立"两面政权"、实行减租减息、反"三征"等工作，把游击根据地建设搞得如火如荼。

由于埔北的坪沙、青溪和梅县松东三塔一带是暴露较大的老游击根据地，独六大队打击下洋后，敌人以为攻打下洋的部队是刘永生的边纵主力，于是国民党"联剿"总指挥部集中兵力，发起了对埔北地区的"围剿"行动。敌一个大队进驻梅县松源，一个中队和大队队部进驻坪沙，一个中队进驻青溪，一个中队进驻长治的花聪，一个中队和大队队部进驻大麻，两个中队进驻英雅。

### （二）反"围剿"首战，坪沙12名民兵击退百余敌人

1948年2月29日，永和埔游击根据地反"围剿"战斗打响。当天，敌蓝举初营在徐乃刚的县大队配合下，从县城开向坪沙。敌人从茶阳西湖渡口渡过汀江，途经高陂坑时，被民兵发现，民兵刘启创赶到坪沙报告，当时武装部队不在坪沙，驻坪沙的武工队员丁汉等人一面率12名民兵赶到路口山上设伏，阻击蓝营，一面发动群众上山配合作战。丁汉等武工队员居高临下向敌人射击，敌方也以强大的火力还击，坪沙群众则在山上鸣锣、在煤油桶里放鞭炮以壮气势。敌人摸不清虚实，不敢贸然进犯，相持2小时后便撤回县城。驻在桃李窠的独立大队及松东至青溪各村民兵闻讯赶到坪沙增援时，敌人已经撤去了。

县委就此举办了联欢大会，附近农会、妇女会组织劳军，送肉送菜。中共闽粤赣边工委在给各地委、各支队信中表扬了坪沙民兵，说："我们毫无障碍地纵横驰聘于闽粤赣边，12个民兵击溃百余敌人。"

### （三）敌人再次"围剿"，坪沙等根据地被占据

1948年3月22日，敌人又分四路，从松口、三河、大埔县城、福建永定分别向埔北游击根据地的核心区坪沙、松东"进剿"。

23日，国民党大埔县自卫总队徐乃刚部200余人从县城沿汀江而上，经蕉坑进入青溪村。县委副书记张克昌一面率独立大队一部及民兵沿路阻击、牵制敌人，一面派员去告知县委书记胡伟赶快率独立大队另一部到青溪村来保卫闽粤赣边工委机关。而当

时胡伟正率部在下井阻击从梅县松口方向"进剿"的敌人,已经与敌接火。在梸树坑的武工队和民兵也在阻击三河方向的来敌。其实徐乃刚部并不知道边工委机关在何处,他们的目的是进占坪沙。于是,徐乃刚部在青溪村作个佯攻后,便渡过汀江,然后经禾坑山路抄袭坪沙。在坪沙的丁汉、丘秋等率民兵转移到大塘背,与胡伟会合。

"围剿"的敌人虽然占据了坪沙、松东一带主要村庄,但中共闽粤赣边工委机关已经安全转移到长治伯公凹、大石门,在深山密林里直接指挥反"清剿"斗争,主力部队也未受到大的损失。

敌人占据埔北游击根据地后,村村捕人,天天搜财,搞得鸡犬不宁。驻扎坪沙的是极具反共经验的福建保三团吴子高营,他们扶植起"善后委员会",恢复反动乡政权,逮捕民兵、军属、农会干部和接头户,用尽严刑,强迫"自新",一部分未跟部队转移的民兵、家属等受到严重摧残。

面对严峻形势,中共永和埔县委领导先后在盐东坪和三坑召开紧急会议,决定由胡伟带领独立大队主力跳到外线,在岩上、西河及福建永定、平和的边界地区发展;张克昌带部分武工队员留在坪沙、松东坚持斗争。

**(四)外线作战使游击区域大为扩展**

永和埔独立大队跳到外线,进入岩上大老寨后,在莒岩武工队配合下,摧毁岩上乡公所,镇压了反动乡长,收缴长枪38支;袭击南丰北坑村,镇压了特务分子。

1948年4月,永和埔县武装基干队和长富武工队,在大埔与福建永定边界三层岭截获国民党"剿总"从永定下洋运往大埔县城的军粮3万斤。4月14日,独立大队配合闽西支队摧毁福建平和县九象乡联防中队,俘乡长及乡丁20余人,破仓分谷20多石给贫苦民众。

4月20日，独立大队挥师北上，进攻福建永定下洋乡公所。后转入大埔长治桃李窠、燕坑等地镇压反动分子。

6月28日，胡伟率独立大队两个中队计100多人出击福建平和县坪回乡，开仓济贫，后撤回大埔岩上水祝。29日，福建保三团500多人尾追到水祝，两军相遇，激战数小时，毙敌副营长等20多人，独立大队也有7人壮烈牺牲，7人负伤。独立大队突围后撤到大崇背。

经过永和埔独立大队、县基干队、民兵在外线的系列战斗，并且在战斗过的地方恢复或建立起武工队、党组织、民兵、农会或两面政权，从而恢复和开辟了福建永定县的湖坑、崎岭、下洋，平和县的芦溪、象湖及大埔县的岩上、莒村、西河、维新等大片老区和新区，使这片区域与原埔北游击根据地连成一片，成为后来闽西解放战争的后方基地。

### （五）内线坚持斗争使老根据地逐步恢复和扩大

留在内线的张克昌等领导率武工队员坚持斗争，扩大武工队，逐步恢复地方党和群众组织的活动。永平、梓永武工队各扩大到20多人，青溪武工队发展到近40人，接着又将武工队扩编为汀江税收队。

1948年4月，埔北武工队在汀江虎市破敌盐仓，将10万斤盐分给埔北民众。

国民党重建乡保政权后的现任保长也纷纷找关系与武工队联系，成为两面政权。

## 第六节 各根据地的巩固和反"驻剿"斗争

1948 年 8 月，闽粤赣边区党代表会议召开后，与大埔相连的各边县革命根据地由反"围剿"的战略防御转为战略反攻的转折阶段，各边县根据地逐渐成为连片的解放区。

永和埔根据地以汀江为界，汀江以东逐渐形成永和埔靖解放区，汀江以西由于永和埔根据地逐渐向梅县东南部及永定南部发展，从永和埔根据地划出成立埔永梅根据地。饶埔丰、饶和埔两块根据地很快连成一片，成为饶和埔丰解放区。

### 一、闽粤赣边区党委和边区纵队在大埔光德成立

1948 年 6 月，全国解放战争的军事、政治和经济形势发生了更有利于人民的巨大变化。闽粤赣边区在反"清剿"斗争中粉碎了敌人的进攻，收复了初期被敌进占的大部分地区，大埔境内 29 个国民党建制乡中，已被摧毁 20 个乡政权。涂思宗"清剿"失败，由喻英奇接任"剿共"总指挥。喻为保存实力，将指挥部撤至汕头，并改"分区扫荡""重点进攻"为"分区驻剿"，大埔县境仅英雅驻有蓝举初的一个中队，埔北的青溪、花窗驻有大埔自卫队，坪沙、县城及埔东南的湖寮、百侯驻有福建的保三团。

面对形势变化，中共闽粤赣边工委在大埔银江李子坪召开扩大会议，贯彻中共香港分局决定：潮汕划归闽粤赣边工委领导，

闽粤赣边工委改为中共闽粤赣边区委员会，下设闽西、闽南、粤东（后改称梅州）、韩东、潮汕五个地委；将中共永和埔县委一分为二，成立中共埔永梅县委，归属中共粤东地委；中共永和埔县委，划归中共闽西地委；中共饶和埔丰县委归中共韩东地委，也一分为二，成立中共饶和埔县委与中共饶埔丰县委；边区解放军总队扩编为中国人民解放军闽粤赣边纵队等。会议印发了《中共闽粤赣边工委关于一年来工作的总结》《关于三个月反清剿初步总结》等材料。会议提出：乘胜前进，粉碎敌人"驻剿"，扩大根据地，向潮澄饶发展，帮助闽西南解放。

1948年8月，中共闽粤赣边区代表大会在大埔光德漳溪鸟子石启明寺召开。为确保会议顺利召开，中共饶和埔丰县委发动群众，充分做好了交通联络、护送参会人员、物资筹集、运输和贮存、会议安全保卫等各项工作。8月27日，中共闽粤赣边区代表大会在魏金水主持下召开，从粤东、潮汕、闽西、闽南前来的15名代表出席了会议。会议总结了一年来的工作，确定了今后斗争方向，提出了"粉碎敌人重点进攻，建立闽粤赣根据地"的总任务。会议宣布了边区党委组成：魏金水任书记，朱曼平任副书记，林美南任副书记兼宣传部部长，王维任组织部部长。会议组建中国人民解放军闽粤赣边纵队（简称"边纵"。报党中央、解放军总司令部后，于1948年12月21日获批准，刘永生任司令员，魏金水任政委），边纵下设直属团和粤东、潮汕、闽西、闽南、韩东支队。支队下设直属团和县独立大队。边区党委机关设在启明寺，年底转到光德富岭，次年3月转到枫朗大埔角。边区党委机关和边纵司令部设在大埔，使大埔成为闽粤赣边根据地的核心区，大埔也是广东省最早获得解放的行政县。

## 二、埔永梅根据地反"驻剿"斗争及发展

1948 年 7 月，原外线作战的永和埔独立大队分出的第一支队，由巫少平率领返回埔北老根据地。在张克昌主持下，第一支队与汀江税收队、长富基干队整编成立独立第六大队，巫少平任大队长，张克昌任政委。全队 100 多人，设两个中队及税收专业组，归粤东支队、埔永梅县委领导。

1948 年 8 月，新的埔永梅县委在青溪案湖成立，张克昌任书记，丁汉任组织部部长，张奎任宣传部部长。在县委领导下建立长富、青溪、坪沙、梓永、石上、松东六个地方工作团，接着成立长富、永平、梓永、松东、石峰区党的区委员会。

1948 年 7 月，人民解放军粤东支队第一大队一部和独立第九大队一部组成边纵直属第二团（又称星火队），在粤东地委副书记王立朝率领下开赴坪沙一带，掩护埔永梅独六大队开展了一系列的武装斗争：在韩江和汀江收税（按边工委规定：汀江税收所得三分之二归粤东地委，三分之一归闽西地委）；在三河梓里的韩江河段截击国民党军护航队；在梓里苦磜头击溃袭击独立大队驻地的国民党省保安团；在青溪石下坝米浮山打击敌人，迫敌撤出青溪；追击窜扰长治、长教之敌等，从而巩固和发展了埔永梅游击根据地。

## 三、永和埔根据地反"驻剿"斗争及发展

1948 年 6 月，新的中共永和埔县委在大埔岩上大老寨成立，胡伟任书记，江岩任副书记，饶良新任组织部部长，陈玉西任宣传部部长。县委以下设工作团及四个区委。县委致力于根据地建设，围绕进一步发动群众，扩大武装，将永和埔县建设成为闽西地委领导的第一块游击根据地。

7月，原永和埔独立大队第二、三支队（第一支队已划归埔永梅县委）经扩编，组成新的闽西支队永和埔独立大队，陈水锦任大队长，胡伟任政委。永和埔县所辖区均成立武工队。

1948年10月，根据闽西地委决定，永和埔县委扩大为永和埔靖县委，由江岩任书记，黄华任副书记兼组织部部长，卓立任宣传部部长兼统战部部长。

### （一）闽西地委在大埔组建新的闽西支队

闽西地委成立后，地委机关先后设在大埔西河富哉堂、东山下和岩上大老寨。1948年10月，中共闽西地委将闽西支队、永和埔独立大队、基干队、永和游击队等集中在大埔岩上大老寨，整编组成地委直属的新的闽西支队。地委书记范元辉主持整编，建立闽西支队司令部、政治部机构。任命蓝汉华为支队长，范元辉为支队政委，陈水锦为副支队长，丘锦才为副政委，胡伟为政治部主任。全支队由原来50多人扩大到500多人，分成两个大队，每个大队各设两个中队。整编后即开展整训学习，以提高部队的政治素质和作战能力。

闽西支队成立后，与永和埔独立大队、地方基干队等边县武装力量密切配合，除开展了在岩上水祝银湖阻击福建保三团进攻、袭击平和县大溪的国民党县长巫叔汀家并收缴枪支、在永定与大埔边界上的三层岭截获国民党从福建下洋运往大埔县城的军粮3万余斤、在西河收缴两面政权保安乡公所的枪支、解散乡自卫队等规模较小的作战行动外，还成功发起了几场较大的战斗。

### （二）永和埔基干队智取花窗自卫中队

1948年9月，永和埔基干队进行陆路收税时，在大埔县城郊外的土头岗设置警戒，不期抓获驻长治花窗的国民党自卫大队大队长谢克强的传令兵李带和通讯兵谢佃德，搜得一份总队给谢克强部补充兵员的公文。经做工作，他俩表示，只要不杀，叫他们干什么都行。基干队决定利用这个机会端掉花窗谢克强部，于是抽调了 12 名队员作为突击队，扮成补充给谢部的新兵，进入敌营后 12 人分成 4 个组行动，其余队员埋伏在敌营背后的山上接应。安排好后，即带上李带和谢佃德于当晚 10 时出发，快步奔向花窗的燕诒楼谢克强部驻地。

燕诒楼是一幢方形三层大楼，外有高墙，建筑牢固，背有山为屏，前有深坑为壕，易守难攻，且楼内驻敌一个中队及一个大队部共约百人。当突击队员来到燕诒楼大门前时，楼门口哨兵发出口令，经李带回答，哨兵信是自己人，查看公文和清点人数后便打开大门。突击队员们进入大楼后，留下一人警戒，第一组随着李带上楼，来到敌大队部房间，当李带准备将公文递上时，突击队员迅速出手，击毙房内 7 名反动头子。其余各组突击队员分别攻击各房间内的敌人，迫使敌人纷纷投降。此役俘敌 70 余人，收缴机枪一挺，步枪 80 多支。清点人数后未发现敌中队长谢洞贤，突击队员即发出政治攻势，谢洞贤听到"缴枪不杀，优待俘虏"的政策后自己出来，交出驳壳枪一支。谢洞贤原已列入镇压对象，但因其当了俘虏，按俘虏政策，与其他俘虏一起经教育后释放，发给路费。但谢洞贤夫妇苦苦哀求收留他俩，经研究，准予留下。后来谢在斗争中表现较好，提为教导大队教官。

### （三）长龙岗伏击战

1948 年 11 月 14 日，闽西支队通过统战对象了解到，敌驻湖寮自卫大队副大队长吴鸿来及卫兵等 7 人到县城参加军事会议结束后回到西河大靖鸦鹊坪，正在店里吃饭，准备吃完饭后赶回湖寮。副支队长陈水锦与第三大队政委黄华、第四区区委书记李揆等研究此情报后决定设伏抓捕。正午时分，队伍进入大黄沙长龙岗山上埋伏。不久，吴鸿来骑着大白马，在前后卫兵拥护下进入了伏击圈。这时陈水锦一声令下，枪声四起，当场毙敌 4 人，吴鸿来左臂中枪，应声落马被俘。湖寮自卫大队派往接应吴鸿来的警兵在途经高礁山林时，又被莒村民兵、武工队伏击。两处计毙敌4人，伤敌2人，俘敌9人，缴长短枪10余支，白马一匹。后来将吴鸿来押解到西岩山边纵司令部，经刘永生司令员及各级统战部门共同做转化工作，吴鸿来提供了湖寮国民党军事部署的情报，并绘制了地图，拉开了进攻湖寮重镇的序幕。

### （四）再次摧毁平和县九象乡公所

平和县九象乡地处闽西与粤东边界，该乡的敌乡公所被游击队摧毁后又重建了起来，且加固了防御工事，成为闽西支队进入闽西的路障，因此闽西支队决定再次将其摧毁。为了打好回师闽西的第一仗，部队进行了战前动员，组织了突击队。1948年11月24日凌晨，突击队员登上九象乡公所屋顶，居高临下往下射击；一个排的兵力围攻敌碉堡；其余兵力围住乡公所，准备歼灭突围之敌。战斗打响后，仅用10多分钟便将反动联防队全歼，毙敌中队长等2人，俘敌60多人，缴获长短枪50多支。

### （五）摧毁大埔广陵永兴乡公所

1948年11月27日，闽西支队副支队长陈水锦率部从麻沙湾出发，直奔广陵乡。两个突击组先行扑到乡公所屋背，用竹梯登楼，撬开房顶瓦桷，从楼内往下攻击，支队大部从正面进攻。敌负隅顽抗，激战10多分钟后，3名敌自卫队员被击毙，20多名缴械投降，被缴枪近50支、子弹1200发、电话机1架。乡长乘乱逃脱后，支队派员追到自宜埠，将其击毙。

### （六）迪昌坝伏击

广陵村离大埔县城仅10多华里，闽西支队在出击广陵的同时，制订了引县城之敌出动救援、半路伏击的计划。支队副政委丘锦才率领第三大队1个排兵力于27日天亮后即进入县城与广陵之间的迪昌坝埋伏。广陵永兴乡公所被摧毁后，即令一自卫队员向县城县警总队长徐乃刚告急求援。县警总队急派出两个中队100多人驰援，徐乃刚随队压阵。上午10时许，敌人进入了迪昌坝伏击圈，这时，丘锦才一枪号令，部队指战员以迅雷不及掩耳之势，居高临下猛烈向敌人射击。当即击毙敌副总队长郭松光、副中队长赖世雄等。徐乃刚见势不妙，率后队仓皇逃脱，其余敌兵纷纷投降。此役毙敌7人，伤敌2人，俘敌40多人，缴获机枪2挺，长短枪33支，子弹、手榴弹一大批，望远镜2架。

此役歼灭了敌县警队有生力量，大埔县城已成孤岛，永和埔、埔永梅根据地已连成一片，成为闽西巩固的大后方。

### 四、梅埔丰根据地反"驻剿"斗争及发展

1948年8月，粤东地委在大埔洲瑞的麻子坜山顶召开扩大会议，研究打击反动团防、充实各级领导问题，决定增选地委委员和撤销中共梅埔、埔丰县委，成立中共梅埔丰县委。

8月下旬，何勇为在孤山大坪顶（后因敌人"进剿"，会议转移至洲瑞赤水山上）主持召开会议，宣布地委决定，何勇为任中共梅埔丰县委书记，黎广可、张其耀任副书记，刘健任组织部部长，杨扬任宣传部部长（10月，何勇为、黎广可调地委，改为刘健任书记，张其耀、杨扬任副书记，杨扬兼组织部部长，杨林任宣传部部长，张铁城任统战部部长）。会议对区级地域划分和干部配备也作了调整，建立10个区委，其中大埔境内有洲瑞、银江、英雅（三河）、大麻4个区委。另外，银江胜坑属沙胜区委管辖。

1948年10月，原埔梅、埔丰县委所属的独一、独二大队主力编入粤东支队直属第四团。中共梅埔丰县委重建梅埔丰边武装力量，建立梅埔丰县独立大队，称为海洋大队，张其耀任大队长，刘健任政委，全队30余人（后来扩大到130多人）。海洋大队成

立后在大埔银江的大窠、南树窠整训，整训后挺进外围，发展新区，先后夜袭白宫自卫队，突袭雁洋乡公所和自卫队等，及至后来（1949 年 5 月）解放梅县丙村镇。

梅埔丰根据地是敌人重点"清剿"与"驻剿"的地区，根据地受到严重摧残。县委针对敌人在军事"进剿"的同时，进行政治"清乡"、恢复政权、特务渗透、收买策反、强迫"自新"等政策，提出：坚决执行边工委指示，坚持县干部不离县，区干部不离区，就地领导群众斗争，保护群众利益；加强干部节气教育；巩固山区基点村；开展群众性的锄奸反特行动，镇压国民党区、乡政权首恶；加强统战工作，促使国民党区、乡政权转化为"两面政权"。

各区委和武工队坚决执行上级指示，开展反"驻剿"斗争。英雅区委和武工队在敌情严重的情况下，始终和群众生产战斗在一起，白天在山寮隐蔽，晚上下山分头做群众工作，教育农会成员和民兵坚定胜利信心。区委加强统战工作，发动乡绅推荐小学教员涂炳堂出任乡长，并与涂签协议，一面应付敌人，一面为武工队提供情报，从而建立起了两面政权。敌人驻兵洲瑞后，洲瑞区委通过在洲瑞的家属，争取了国民党高陂区区长刘秀朋中立，献出驳壳枪 3 支，并以刘出面组织"洲瑞善后委员会"，以制止敌人办"团防"的企图，也使敌人在洲瑞的驻兵仅驻 10 天便撤回高陂。国民党驻银江龙市主力撤回梅县后，龙市只剩自卫中队50 多人。通过银江区委做工作，中队长贺志谋表示愿与游击队谈判。为此，县委派副书记张其耀与贺谈判。11 月 30 日，由贺带路，张其耀率部进入银江自卫队炮楼，解除了自卫队武装，缴枪38 支。自卫队人员经教育后，获得路费，各自回家。乡长余文彬见大势已去，便辞职外出。至此，国民党银江乡政府名存实亡。

## 五、饶埔丰根据地反"驻剿"斗争及发展

1948年8月，闽粤赣边党委决定建立韩东地委，以推进韩东平原与山地反"驻剿"斗争的开展。韩东地委第一次会议在平原大王坑举行，选举黄维礼任韩东地委书记，吴健民任副书记兼组织部部长，李习楷任宣传部部长。韩东地委下设潮澄饶、汕头市、潮饶丰、饶和埔、饶埔丰（将原饶和埔丰县委分成饶和埔与饶埔丰两个县委）等五个县委。韩东地委组建韩江支队（由独五大队与潮汕武装组成）为直属武装。韩东地委机关、饶埔丰县委机关与闽粤赣边区党委机关同驻光德富岭。

中共饶埔丰县委由罗克群任书记，刘富文任副书记兼组织部部长，黄光正任宣传部部长。县委下设六个区委：第一区委（潭江）；第二区委（桃花、桃源）；第三区委（高道、双坑）；第四区委（南坑、恭州、渡头）；第五区委（平原）；第六区委（漳溪、澄坑）。

为保障闽粤赣边区党委机关安全和良好运作，饶埔丰县委在领导武装斗争，做好安全保卫工作的同时，把根据地建设摆到重要位置。通过充分发动群众，组织起农会、贫农团、工会、民兵、党支部、新民主主义青年团等组织，建立起情报站、物资运输线（从韩江桃花口至光德漳溪、富岭，运送韩江税收物资）、人员往来交通线等。县委还动员陶瓷业人员献出公粮480多石，解决边区党委、韩东地委及部队粮食问题。

## 六、饶和埔根据地反"驻剿"斗争及发展

饶和埔根据地是福建省保安第三团重点"驻剿"的地区，闽保三团把团部设于枫朗，兵力部署于枫朗、百侯等地，在根据地重建国民党乡保政权，组织百侯、枫朗自卫队，强迫各村派钱、

派粮，威迫群众修筑炮楼。

1948年9月，为加强党对反"驻剿"斗争的领导，根据闽粤赣边党委"将原饶和埔丰县委分成饶埔丰和饶和埔两个县委"的决定，中共饶和埔县委在双溪的第三溪成立，钟盈任书记，黄大水任组织部部长，罗欣任宣传部部长。县委下设五个区工作团：第一区辖百侯；第二区辖枫朗、大埔角至平原五家畲；第三区辖双溪、岗头；第四区辖和村、双善；第五区辖上饶、茂芝。工作团后来扩大为区委。

1948年9月，原饶和埔丰边的独五大队划归韩东地委指挥，并在平原大王坑整编，黄晞任大队长，吴尚如任副大队长，陈群任政委，大队共180余人，编为五个分队。第一、二分队担负闽粤赣边区党委和地委机关外围警卫；第三分队在高陂至恭州沿江活动，牵制、监视高陂等地敌人；第四分队在饶和埔边活动，牵制、监视平和县、饶平县之敌。

饶和埔边区的各级党组员、工作团、独五大队第四分队、武工队密切配合，广泛发动群众，开展了一系列反"驻剿"斗争。通过严格审查，恢复了一些老党员的关系，发展了新党员，建立起党支部；发展了100多名青年参加新民主主义青年团；在31个村组织了农会和民兵组织；建立起一批两面政权；枫朗驻敌迫使群众白天建筑炮楼，武工队和民兵则在夜间将其拆除，并用两桶煤油，烧毁建炮楼的木材，使炮楼建不起来；建立起情报网点，监视和通报敌人行踪，使敌人"进剿"大东、双溪、和村、长教时扑空；武工队夜袭敌人哨所，剪敌人电话线，锯电杆。通过广泛、持续的斗争，迫使敌人"驻剿"以失败告终。

## 实施战略进攻，解放大埔县

闽粤赣边区粉碎了敌人的"清剿"，发展和巩固了以大埔为中心的纵横数百公里，人口180万的边区根据地，为转入战略进攻提供了有利条件。大埔境内的敌人，仅困守在茶阳（县城）、湖寮及韩江边的高陂、大麻、恭州、三河、银江几个据点，境内大片农村已成为人民的天下。

1948年12月21日，经人民解放军总司令部批准，闽粤赣边纵正式成立，刘永生任司令员，魏金水任政委。边纵下设五个支队和两个直属团。边纵正式成立后，即制订春季攻势，拔掉根据地的敌据点，进而实现闽粤赣边区解放。

### 一、首先攻克重镇湖寮

湖寮是大埔重镇，地方反动势力强大，除设有国民党区政府和警察所外，还驻有装备精良的三个中队的自卫大队。自卫大队在镇南面的五虎山上修有堑壕、工事和炮楼，军警在进出湖寮的五个通道和渡口上设卡盘查行人，防卫很严。

1948年12月中旬，边区党委决定首先攻克湖寮重镇。边纵司令员刘永生亲自部署侦察湖寮敌情。先是派家在湖寮街的一团政治处干事陈慰林回家侦察敌情；接着对被俘获的敌驻湖寮自卫大队副大队长吴鸿来做思想工作，使他转化并提供情况；再是经中共百侯区委做工作，取得国民党百侯巡官杨剑秋同意，派边纵警卫连连长丘文假扮成杨剑秋的外甥，随杨剑秋到湖寮与湖寮自卫大队长蓝春华商讨"联防"事宜，乘机进行侦察。最后是派边一团副政委黄克庸、参谋长徐达一行4人深入到湖寮镇南面的葵坑村，一连三天就近侦察五虎山敌人动态、工事设施，并对边纵部队集结位置、进攻五虎山及迂回湖寮街的路线进行实地勘察。

驻在枫朗岗头村的刘永生司令等人根据几次侦察所得情况，制订出了攻打湖寮的战斗部署：以边一团及独五大队部分武装为进攻湖寮部队，该部分两路，一路攻打五虎山守敌，另一路直奔街区，歼灭福地坪及湖寮街（老街）内之敌。另以韩东的独五大队、闽西支队的第三团和边纵第一支队的第二团，分别牵制三河、高陂、大埔县城茶阳和松口方向之敌。1949年1月10日发起攻击。

1949年1月8日晚，边一团在刘永生司令和朱曼平副政委的率领下，先到达湖寮进光村附近竹林里隐蔽。10日凌晨，部队到达葵坑村后便分头行动。早上4时30分左右，由边一团参谋长徐达率领的一路（警卫连及一、四连）悄悄摸向敌人的五虎山阵地。5时，突然枪声大作，警卫连冲向五虎山第一个山头，全歼守敌30多人，占领了这一主要阵地。二连也攻下了五虎山第二、三个山头和哨楼。四连从右路沿壕沟迂回攻击敌人的营房和碉堡，很快占领了敌人的机枪阵地，冲进碉堡，将敌俘获。由边一团团长廖启忠率领的另一路（二、三、五连）从左边大沙坝进至虎山公学附近后，便分头攻击福地坪和街道内的敌自卫队和警察营地。山上的枪声惊醒了山下营房里的敌人，部分敌人顾不上抵抗便狼狈逃窜。敌自卫大队队长蓝春华也丢下部队，带上随从逃之夭夭。经过半个多小时的战斗，除部分逃跑者外，其余大部分敌人被歼灭，共毙俘敌人68名，缴获迫击炮4门，轻重机枪16挺，长短枪146支，子弹20000发，收发报机2部，军马3匹，其他军用物资一大批。

攻克湖寮，意义非凡，影响极大。光德漳溪等地群众敲锣打鼓庆祝攻克湖寮的胜利。《华商报》以《大埔反动堡垒湖寮解放》为题，首先进行了报道，揭示：现在大埔除县城外，大部分地区为人民部队所控制。这一次袭击，更足以鼓舞大埔人民……也是大埔全县即将解放的先声。

1949年1月29日，在光德漳溪举办了庆祝边纵成立暨攻克湖寮军民大会。边区党委、边纵、韩东地委、饶埔丰县委领导和参加湖寮战斗的部分指战员及当地群众2000多人参加了大会。会上，边区党委书记魏金水宣读了中央军委关于边纵成立的命令，宣讲了新华社新年献词《将革命进行到底》，阐述了攻克湖寮的重大意义，号召全体军民团结起来，配合大军完成解放华南的光荣任务。

当晚还举行了军民联欢文艺晚会，文工团表演了《兄妹开荒》等精彩话剧。

## 二、策动国民党军起义

攻克湖寮极大动摇了大埔境内国民党军军心，闽粤赣边区党委发动各级抓住这个时机，策动了部分国民党军起义。

### （一）策动恭州省保安团的1个班起义

1949年1月中旬，独五大队通过恭州南坑农会主席何凤常和恭州敬里区委书记廖群星做工作，策动驻守恭州的国民党广东省保安十二团第二营的1个班起义，班长杨锡田率14人（第二天又增加2人），携机枪1挺，掷弹筒1个，手榴弹92枚脱离敌营，宣布起义。起义人员由边纵接收。

### （二）策动高陂自卫中队起义

1948年7月，高陂商会自卫中队成立，有近70人，设三个分队。自卫中队成立后，中共饶和埔县委书记黄维礼等人即秘密约见自卫中队中队长兼第三分队队长李旭腾及其他两个分队队长刘卓伟、李镜清，与他们建立联系并约法三章。1949 年 1 月下旬，边纵一团团长廖启忠约见李旭腾、刘卓伟商谈起义事宜。李、刘等人的举动引起国民党高陂驻军马汉初营长的注意，为防止不测，李旭腾即派刘卓伟与黄维礼联系，商定"先解决自卫队第一分队人枪"，2 月 8 日当晚行动，独五大队教导员陈群率部前往接应。李镜清于晚 11 时带独五大队人员顺利到达自卫队刘卓伟的第一分队驻地黄塘顶炮楼，把熟睡的 32 名队员叫醒，收缴机枪 2 挺，步枪 30 支及弹药一批。随后撤出并烧毁炮楼，队伍趁夜回到根据地。韩东地委、高陂区委在光德上漳召开欢迎自卫队起义人员会议。对自愿入伍的 10 人编入独五大队，其余发路费遣散回家。后李旭腾被任命为边纵十三团教官，李镜清、刘卓伟提拔为副连级干部。

### （三）策动湖寮自卫大队起义

1949 年 1 月 10 日，攻克湖寮后，为保存实力，边纵部队主动撤出。大埔反动势力垂死挣扎，又重组起湖寮自卫大队。委任曾在正规军当过营长的刘应基为大队长。自卫大队 200 多人，下设三个中队。在革命形势的影响下，自卫大队队长刘应基及中队队长林耀荣、蓝天菊等人在自卫大队成立前后，一直通过关系与中共永和埔、梅埔丰县委取得秘密联系，懂得共产党统战政策，并执行县委指示。

1949 年 2 月 10 日，刘应基获悉：驻湖寮的国民党军盘营欲将自卫大队编入该部，然后逃往汕头。当晚 10 时，刘应基仓促率自卫大队 100 多人（以二中队为主），借"巡逻"为名，携轻重机枪 7 挺，长短枪 109 支及弹药一批，来到镇外下坜村河滩上，宣布自卫队起义。刘应基对队员说："我们不要到汕头去为国民党盘营当炮灰，愿意投奔共产党的跟我来，愿回家的到目的地后会发给回家路费。"

起义队伍辗转来到岩上大老寨，黄维礼、胡伟、黄光正、黄大水等边县领导接见了起义人员，并召开了欢迎大会。

后来，刘应基任边纵四支队十三团副团长，林耀荣、蓝天菊返回湖寮由地方工作团分配工作。

### （四）英雅中村的谈判促成保安十二团起义

1949 年 4 月，中共香港分局先派魏鉴贤到保十二团，策动魏汉新起义。接着，边纵党委派陈明为代表，到英雅中村与保十二团魏汉新面谈起义事宜。5 月 15 日，魏汉新率团直属队和第三营进驻梅城，将国民党在梅城的武器弹药、仓库物资、银行现款收缴后于 17 日宣布起义。

### 三、饶和埔丰县战略进攻的实施

1949 年 3 月间，随着形势的发展，为便于饶和埔丰地区的党组织和政权建设开展，以及扩大武装斗争区域，闽粤赣边区党委和韩东地委决定：撤销中共饶和埔、饶埔丰两县委，成立饶和埔丰县委，罗克群任书记，刘富文、黄大水任副书记，黄大水兼任组织部部长，李向明任宣传部部长。将活动在饶和埔丰地区的独立第五大队扩编为边纵第四支队第十三团，黄晞任团长，刘应基任副团长，钟盈任政委，蓝桢干任参谋长。全团 400 余人，设一个直属排和四个步兵连。

中共饶和埔丰县委在光德成立后，调整区委建制。大埔境内建立高陂、双桃（桃花、桃源）、石云、恭州敬里、双善（大产、和村）、富岭澄坑区委。

新县委成立后进一步发动群众，开展了反"三征"斗争，健全农会及民兵组织，动员青年参军参战，确保边区机关的安全和物资供给，筹建人民政府等工作。

十三团主要担负保卫边区党委和边纵、地委及所属机关学校（共有 600 多人）的安全任务，同时也参与开辟新区、筹款筹粮等。

光德富岭是边区党委、边纵、韩江地委（原韩东地委改称）等机关驻地，距高陂约 15 公里，十三团驻富岭下村，扼守路口两侧山头阵地，警戒高陂方向之敌。

1949 年 3 月 19 日，驻高陂的国民党粤保十二团第二营星夜奔袭富岭，因边区情报人员集中开会，未能掌握此敌情。当日早，在老虎岽担任警戒的十三团一个班发现敌情，急忙开枪阻击。这时正在早操的指战员听到枪声才知道敌人打到了面前，团长黄晞急率三连、五连抢登老虎岽，副团长刘应基率一连抢登蔡岽，团值日的一连副连长李镜清也率直属排直冲老虎岽。

在老虎岽阵地上，增援兵力到达后，指战员击退了敌人几次冲锋。敌人凭借火力优势，用迫击炮和六零炮、枪榴弹及轻重机枪疯狂攻击老虎岽阵地。十三团指战员把生死置之度外，顽强阻击敌人，使老虎岽阵地坚如磐石。

抢占蔡岽的一、七连由于指挥失当，使敌人抢先占领了蔡岽。团长黄晞组织三次冲锋，力争夺回蔡岽阵地，因敌人已占领有利地形，未能奏效，形成了蔡岽与老虎岽对峙的局面。

战斗一直坚持到当天下午，毙伤敌 32 人，在确知边区党委等机关都全部安全转移，人民群众亦已安全撤离后，黄晞始下令交替掩护，边打边撤。

后来，边区党委等机关转移至枫朗大埔角，十三团继续执行警卫任务。

### 四、永和埔靖县战略进攻的实施

1949 年 1 月，在西河溪头的小调河召开永和埔县委扩大会议。会上，根据中共闽西地委指示，县委改称为中共永和埔靖县委。江岩任县委书记，黄华任副书记，廖信任组织部部长，陈鸣任宣传部部长。会议研究了新的一年挥师闽西，向南靖（树海）边发展的具体问题。

1949 年 2 月，边纵第七支队在大老寨成立。在岩上大老寨，宣布边区党委和边纵决定，闽西支队改称为边纵第七支队。原闽西支队第三大队扩编为第七支队第三团，吴尚如任团长，黄华任政委。全团 260 多人，团下设三个连。原闽西支队第一大队在梅县松源整编为第七支队第一团，团长陈菊，政委李志坚，全团 300 多人，设三个连。整编后的第七支队第三团开赴西河富哉堂待命，做好挥师闽西准备。

### 五、攻克县城，解放全大埔

#### （一）攻克大埔县城

中共闽粤赣边区党委从战略高度考虑：战略进攻应首先解放大埔全境，以控制韩江中游与汀江下游，切断潮汕及梅州敌人的水路交通，使梅州与闽西南完全连成一片。为此，边区党委把攻克大埔县城纳入了重要议事日程。

攻克湖寮后，边区党委便派中共永和埔县委委员罗芬进入埔城做统战工作。罗芬与国民党大埔县县长饶邦泰的秘书饶龙光等人取得联系后，已经联络好两个中队攻城时起义；而饶邦泰则表示："要我起义恐怕难做到，不过游击队攻城时不抵抗、不破坏是可以做到的"；国民党保安营营长邬若愚也表示："不予抵抗。"

1949 年 3 月 24 日，边区党委听取汇报后指示中共闽西地委："大埔县城的接收不可过于乐观……你们应布置攻占这个县城。"

边区党委与永和埔靖县委对攻打大埔县城作出如下部署：一是采取"既打又争取起义"的方针。因保十二团未按时起义，改 5 月 12 日攻城为 5 月 14 日。二是由韩东地委书记黄维礼任攻城总指挥。县城解放后，黄维礼任军管会主任兼县长，并且成立接管连。三是四支队十三团一部由角庵洋桃渡口渡河抢占城西仙基桥各山头，打击援敌及截敌退路；十三团另一部攻打城南金山顶炮楼；十三团安排人员在西门五里亭接收保安第三连江雪民率领的驻西竹庵、万寿宫的一个分队起义人员；七支队三团负责攻东门，解决鹤子顶山头炮楼守敌；独六大队负责攻打北门，拿下渡头岗炮楼，阻击北路援敌及防止在城敌人出逃。

14 日，天刚蒙蒙亮，攻击命令下达，各部便以密集火力，向敌人炮楼开火，敌人在梦中惊醒。

8 时许，黄维礼写信敦促县长饶邦泰投降，饶未答复。西门守敌黎世良部、刘多能部开枪顽抗，十三团以火力迫敌龟缩营房。

9 时，张克昌率独六大队进占大华路农民银行及万川路警察局。张克昌在银行与国民党大埔县政府通电话，令其投降，对方要求，"佯攻县府，才好交代"。因此，张克昌率独六大队鸣枪进入县政府。县府守军和职员大部分已逃散，县长饶邦泰也不见踪影，教育科长陈振邦向张克昌呈上县府大印，张克昌令其找回县长和职员后办理交接手续。

10 时许，南面金山顶炮楼、东面象鼻山阵地、北路渡头岗炮楼、城中天主教堂炮楼、东较场炮楼之守敌人，都在四支队十三团、七支队三团、独六大队的强大政治攻势和猛烈火力打击下放下武器，举手投降。

12 时，黄维礼、范元辉、卓禹轮等人进入县府，宣布军管会接管大埔县旧政府，发出安民《布告》及解放军的《约法八章》，从而宣告大埔县城解放，成为广东省行政县中最早获得解放的县城。

攻克大埔县城战斗，俘敌 300 多人，收缴重机枪 9 挺，其他枪支 900 多支，子弹 40000 多发。

## （二）扫清大埔境内之敌

大埔县城解放后，钟盈率十三团一个连沿汀江、韩江而下，三河、大麻的国民党政权和据点驻军慑于边纵十三团威力，主动缴械投降。

驻高陂的国民党保安队看到大势不妙，为保存实力，于 1949 年 5 月 13 日夜撤往潮汕。14 日，中共高陂区武工队进驻高陂镇。15 日，十三团一个连及饶和埔丰边县机关警卫排，开进高陂，加强防务。

边纵七支队三团、四支队十三团肃清大埔境内之敌后，分别挺进闽西和饶平。

## （三）高陂截击敌船

1949 年 5 月 16 日上午，敌航安号机动船由松口开往潮汕，至高陂望江亭水域时，十三团的连指挥员命令它靠岸检查，而该船拒不靠岸，战士们便向该船开枪射击。该船继续沿江直下，在丞相地、后街、龙江寺等地段都受到拦截射击，对该船形成了钳形攻势，赴圩的群众也助威疾呼："缴枪不杀！"敌船遂开向西岸蒲田埠，并弃船登山。十三团指挥员亦调兵西渡，抢占山头，双方在相对的山头上对峙射击。这时十三团加强政治攻势，开展喊话，讲清形势和政策，最终迫使敌人缴械投降。此役俘敌保安十二团新任团长魏大杰等 42 人，缴机枪 5 挺，其他枪支 36 支，弹药一大批。

### （四）成立县委、县人民政府

军管会接管旧政府后，随即成立大埔县人民民主政府，黄维礼任县长，黄光正、卓禹轮任副县长，接管工作顺利展开，县城举行了隆重的军民庆祝解放大会。

边区党委决定：大埔县人民政府成立后，原梅埔丰、饶和埔丰、埔永梅三个边县撤销，原属大埔县各区归还大埔县府领导，相应设立中共大埔县委。将韩江地委裁撤，所属地区分别划归梅州、潮州地委。

1949年6月，梅州地委扩大会议决定：张克昌任中共大埔县委书记，张铁城任副书记，黄大水任组织部部长，廖信任宣传部部长，罗克群任妇女部部长。大埔县人民民主政府由张铁城任县长，黄光正任副县长。县武装独立团由巫少平任团长。6月25日，县委、县政府召开第一次会议，研究区划、人事配备、工作方针任务等。决定县委下设高陂、侯云、湖寮、西河、附城、埔北、梓永、大麻八个区委。区委组织工作团下乡开展工作。全县设3个党总支，39个党支部，共有党员300多人。全县有青年团员390多人，侯云、高陂、湖寮建立团区委。

### （五）大埔解放威震闽粤边

大埔解放给予敌人沉重打击，推动了国民党军队起义进程。粤保安团蓝举初营于1949年5月14日下午率先起义，蕉岭县城解放。原国民党军驻粤东军政长官吴奇伟、魏鉴贤、曾天节、李洁之等在龙川宣布起义。17日，魏汉新部队起义，梅县宣告解放。此后，平远、兴宁、五华等县及丰顺部分地区先后解放，实现了闽粤赣边区党委从粤东先发起战略的第一步，从而威震闽西南。第二步也顺利实施。永定县长派出代表到大埔与共产党联系起义问题。5月22日，龙岩、永定、上杭、武平、连城各县县长及保四团4100多人在上杭宣布起义。

## 第八节 党组织在埔指挥抗击胡琏残部

### 一、中共华南分局、粤赣边区党委机关等转移到大埔

1949 年 7 月，国民党胡琏残部6000 多人，在南下大军的追击下，经兴梅、闽西逃往潮汕，后渡海逃台。胡琏残部南窜到梅县后，已经进梅城的中共华南分局书记方方等与闽粤赣边区党委书记魏金水等率党委机关、报社、文工团人员及梅州公学、卫生学校师生撤出梅城，分头转移。7 月 16 日，中共华南分局、粤赣边区党委机关、大众报社、华南文工团等转移到大埔青溪大塘背村等地，梅州公学一部转移到青溪案湖，边区医院、卫校转移到长治蓝田，迁来大埔的机关干部有 400 多人。另外，迁来埔北案湖及内外围保卫部队 500 多人。华南分局书记方方、闽粤赣边区党委书记魏金水、边纵司令刘永生及梅州地委、大埔县委领导等人住在青溪镇桃林大塘背村晋寿楼，一切战斗号令，一封封电报都在晋寿楼发出。中共华南分局、粤赣边区党委指示"边纵主力布防韩江两岸的丰顺与饶平之间的山村，各县独立大队、民兵配合主力作战，相机歼敌"；发布《告闽粤赣边区同胞书》，号召广大民众奋起围歼胡琏残部。

8 月 1 日，中共华南分局和粤赣边区党委在青溪镇桃林大塘背村晋寿楼门坪举行"八一"建军节纪念会，华南分局书记方方作《中共闽粤赣边区建军史略》的报告。

8月21日，边纵司令刘永生率部从高陂北上，进入青溪桃林，于23日护送中共华南分局书记方方、华南分局秘书长李嘉人、闽粤赣边区党委书记魏金水及机关干部300余人，告别大塘背，轻装北上到江西迎接解放大军。

## 二、大埔县党和人民全力保障上级机关安全及后勤供给

胡琏残部窜埔后，大埔县委、县政府也撤出县城，转移到湖寮等地。为保障上级机关安全和物资供应，接边区党委指示，大埔县委工作交黄维礼主持，县委书记张克昌率一部赶赴埔北大塘背，恢复原埔永梅边县的领导关系，组织起情报网，及时掌握情况，打击反动分子；同时指挥埔北、附城、西河、侯云区委区政府发动群众，保障来埔上级党政军人员粮食及其他物资的供给。大埔独立团一部由团长巫少平指挥，部署于汀江东岸的青溪及松东三塔一带，作外围护卫。

## 三、大埔党政军民合力打击胡琏窜敌

胡琏窜敌进埔后，驻兵英雅、三河、大麻、恭州、古野、高陂等韩江两岸乡镇，以保沿江出海逃台通道，并在三河扶立涂黼廷（英雅人）任大埔县国民政府县长。后涂随胡琏部逃离大埔。

大埔独立团一部由副政委刘全真率领，在韩江东岸的南坑口、白沙坑、代富、龙江寺设伏相机打击胡敌，掩护湖寮的地、县委机关。

胡琏残部三次窜扰茶阳县城，均不敢驻守县城，而在城地痞饶××企图勾结胡琏残部，自充大埔县县长。附城区武工队夜间进入县城，镇压了自封县长的饶××，并张贴布告，稳定群众情绪。

梓良乡（三河梓里、良江）是华南分局驻地大塘背的南大

门。1949 年 8 月 8 日，胡琏一部 20 多人在梓里村抢粮时，进入川头上和长寮尾山村。梓永区副区长兼武工队副队长曾祥麟接报后，率队员化装赶赴长寮尾，隐蔽于一座房屋中，乘敌不备快速冲向大门口，对将要进屋的敌人大喝缴枪。敌人企图反抗，曾祥麟手疾眼快，向敌人连发数枪，毙敌一人，其余敌人惊慌逃亡。缴获冲锋枪 1 支，子弹 138 发，手榴弹 2 颗。

1949 年 8 月底，胡琏一部从驻地三河进入湖寮河腰，黄维礼（韩东地委书记，大埔县委书记张克昌调埔北保卫华南分局后，他在湖寮主持大埔县委工作）接报后，派遣湖寮武工队及民兵在水口先甲塔伏击，击退来犯之敌。

9 月 8 日，胡琏部再次偷袭湖寮区政府，值班员发现敌人后，即开枪阻击。留守的区干部急向县委报告，黄维礼接报后镇静地指挥警卫连阻击敌人，部署机关人员转移。在阻击战斗和撤退中，肖小兆、廖雪等壮烈牺牲。后来，县委、县政府转移到西河富哉堂，并派出代表在湖寮福地坪为壮烈牺牲的肖小兆、廖雪、刘庆、何刚等 9 人举行追悼大会，近 3000 名干部、群众参加公祭。

9 月 12 至 27 日，胡琏残部分批撤往汕头逃至台湾。该部在大埔期间，抓丁拉夫计 1525 人押解台湾。

9 月 26 日，县委、县政府派员进入茶阳，为机关正常办公作准备。

10 月 6 日，县党政机关由长治迁回茶阳县城。

# 大埔——闽粤赣边核心革命根据地

大埔，这片红土地，背负着光荣和梦想，承载着赤诚的历史担当和巨大的付出和牺牲。大埔是解放战争时期闽粤赣边核心革命根据地。

## 一、大埔成为边区各级党组织和军队的诞生地与驻地

### （一）中共闽粤赣中心县委及边县委诞生地和驻地

1946年2月，中共闽粤赣中心县委在大埔银江胜坑沙窝里成立。同时期，中共饶和埔丰县委、中共梅埔丰县委及埔北特派员也主要驻在大埔。

### （二）闽粤赣边工委、党委和边纵部队诞生地和驻地

1946年冬，中共闽粤边工委领导魏金水、朱曼平、刘永生等开始逐步从永定县进入大埔的丰村、凹背、鹞子石等地隐蔽。

1947年5月，中共闽粤赣边工委扩大会议在埔北七里溪召开，会上提出"先粤东后闽西南"的方针，会议决定：闽粤边工委改称闽粤赣边工委。会后，魏金水等闽粤赣边工委领导和机关从永定县河坳头贵人崇迁入大埔，先后在埔北的丰村、七里溪、甜竹斋堂下的山寮里指挥革命斗争。1948年3月，福建保安团"进剿"埔北后，边工委机关又辗转迁往党坪磨坊下、英雅汶子里、青溪大塘背、银江大寨里，6月转到光德漳溪鸟子石启明寺。边工委机关在埔北期间，接头户温盛祥不幸落入敌手，他坚贞不

屈，为维护边工委机关安全献出了生命。

1948年8月7日，在启明寺召开中共闽粤赣边区代表大会，成立中共闽粤赣边区委员会。1949年3月，驻高陂之敌袭击富岭，粤赣边区党委机关转移到枫朗大埔角保安村。直到1949年6月梅州地区解放，边区党委机关才迁到梅县县城。

1949年7月，因国民党胡琏兵团南窜，边区党委又随中共香港分局从梅县转移到大埔青溪的大塘背。

1947年5月，粤东支队在埔北坪沙豪猪窟成立，刘永生任支队长。1947年6月，以粤东支队作为边工委的主力部队，并命名为"闽粤赣边人民解放军总队"。由魏金水任总队政委，刘永生任总队长。党中央、解放军总司令部于1948年12月21日正式批准"边纵"成立。1949年1月29日，在光德上漳小学背后山坡上举行军民大会，宣布"边纵"成立命令。边纵机关随边工委（边区党委）机关转战大埔各地。

**（三）中共梅埔（粤东）地委、粤东支队在大埔**

1947年初，中共梅埔地委从梅县三乡转到埔北坪沙的罗坑、茶阳郑石寮，后又转到大麻汶子里等地。

1948年8月，根据边区代表会决定："粤东向梅蕉杭武边推进"，地委机关转入梅县，埔北设立分委。同年底，地委迁回埔北的大塘背。1949年6月，梅县城解放后，地委迁入梅城，建立中共梅州地委。

1948年10月，在大埔洲瑞大坪重新建立粤东支队（后称梅州支队）。

**（四）中共闽西地委、闽西支队转战大埔**

1948年8月，遵照边区党委决定，永和埔县委划归闽西地委领导。闽西地委先后在西河富哉堂、东山下和岩上大老寨设立机关。同年10月、12月，闽西支队两次在大老寨整编、整训。大埔成为解放闽西的后方基地。

**（五）中共韩东地委在大埔成立**

1948年8月，中共韩东地委（后改称韩江地委。领导潮安、澄海、饶平、南澳、汕头市及丰顺、大埔、南靖、平和的部分地区）在大埔平原大王坑成立。饶埔丰边独五大队为韩东支队独五大队。

韩东地委随边区党委和饶和埔丰县委先后驻在光德富岭、枫朗大埔角。1949年6月，韩江地委撤销。

## 二、各类干校在大埔创办，培养大量人才

**（一）韩江军政干部学校在大埔创办**

根据中共闽粤赣边第一次代表会议决议，为培养根据地建设的军事、行政人才，韩东地委在光德富岭（后迁到枫朗大埔角，大埔县城解放后迁入县城茶阳）开办"韩江军政干部学校"。韩江干校向社会招收学员，韩东地委书记黄维礼兼任校长，开设课程包括政治理论、形势任务、群众路线、组织纪律、工作方法等方面内容及军事训练。韩江干校于1949年2月开学，在大埔角办三期，学员1000多人（女学员约100人）。第一、三期学员主要分配到兴梅地区，第二期学员主要分配到闽西南。这些学员都成为各级党政部门的主要骨干。

**（二）卫生学校和医院在大埔创办**

1948年，粤东支队就在银江坑头、学老窠、园子湖先后设立后方医院。

永和埔县委在矮栋背福庆堂、复兴堂、大石背的清善寺、大水坑的德庆学校均设立伤员医疗点。

埔永梅县委在长治石田克昌楼办起医院。

1948年冬，边区党委在枫朗大埔角甲背村创办边区医院和卫

生学校。医院和卫生学校由蔡伯诚任院长，李惠任政委。从中小学中招收 60 名学员，学习人体解剖学、急救学、护理学、药物学及战地救护等。

### （三）财贸干部学校在大埔创办

1949 年 2 月，边区党委派陈明负责，在枫朗大埔角新围下创办财经干部训练班，第一期由梅州、韩东地委选送学员 60 人，分银行班、税务班、贸易班、会计班。学员学习 2 个月后提前结业，在梅州、闽西接管工作。6 月，第二期在梅县水白中学续办，招生 300 人。后因国民党胡琏兵团窜入梅县，7 月 8 日，财贸干校学员随边区党委机关转移到大埔长治蓝田、党坪及双溪等地继续学习，9 月中旬，在党坪结业后分配工作。

### （四）梅州公学转到大埔续办

1949 年 6 月，中共梅州地委借用梅县东山中学部分校舍开办梅州公学，廖伟任书记兼校长，梅州公学招生 1200 人。胡琏南窜后，全校转移，实行分散办校。分别转移到大埔三溪及上、下木，青溪案湖，岩上大老寨；一部分原定转向闽西，途中遭遇敌情，几经辗转，又来到大老寨，两个部分会合。学员在大埔除继续学习政治、军事外，还参加反胡琏残部窜扰斗争，开展形式多样的文艺宣传活动，演出《兄妹开荒》《送郎参军》等剧目。

## 三、大埔为各边区武装提供整训基地

### （一）独一、独二大队在黄草嶂整训

1947 年 7 月下旬，梅埔人民游击队与埔丰人民武装会合并开进银江黄草嶂整训半个月。在山上搭山寮，平整山嶂，开辟军事训练场地。除学习政治课程外，还学习游击战术、夜间袭击、瞄准射击等。

1948 年 2 月，梅埔、埔丰游击队又进入黄草嶂整训并整编成

粤东支队独一、独二大队。

### （二）独八大队在枫朗西岩山与洲瑞岸洋整训

1948 年 12 月，独八大队（税收大队）集中于边纵司令部驻地大埔枫朗西岩山岗头村整训，开展政治学习和军事训练。边纵司令刘永生亲自为独八大队指战员作革命形势报告。

1949 年 1 月，独八大队再次在洲瑞岸洋学习整训。

### （三）边纵第二团与独六大队在青溪联合冬训

1948 年 10 月，边纵一支队第二团与独六大队利用汀江收税间隙，进入大埔青溪案湖联合进行冬训，总结战斗经验，开展思想政治教育，学习军事技能。

## 四、大埔成为解放兴梅、闽西南的后方基地

永定县长派出代表到大埔与党联系起义问题。1949 年 5 月 22 日，龙岩、永定、上杭、武平、连城各县县长及保四团 4100 多人在上杭宣布起义。

为接管闽西南，闽粤赣边区党委抽调军政干校、财经干校、独八大队，及地方干部 370 多人组成接管团，在大埔县城集结。

1949 年 6 月 13 日，接管团及边纵四支队十三团、七支队十五团、十七团共 2000 人集中于茶阳太宁召开接管闽西南誓师大会。会上，第七支队政治部主任胡伟作了解放闽西南的动员报告。会后从太宁北上，17 日抵达永定县城，协助接管永定县城等。

大埔共抽调了 800 多名干部参与闽西、兴梅及广州等地的接管和后来的建设工作。

# 第六章

## 新中国成立后的探索发展（1949—1978）

新中国成立以前，大埔工业基础十分薄弱，农业生产处于衰落境地，交通运输落后，人民生活极其艰苦。

新中国成立后，大埔人民在中国共产党的领导下，跨入了除旧革新、探索发展、建设家园、改善生活之路。

## 第一节 巩固新政权，建立新体制

### 一、巩固新政权

新中国成立初期，残留的土匪、恶霸、特务、反动党团骨干、反动会道门头目、反动军政警宪人员和现行反革命分子活动猖獗，革命队伍内部也出现了贪污、浪费、腐化变质及内外勾结危害新生政权等现象。为此，大埔也和全国各地一样，开展了捍卫新生政权的一系列斗争。如在城乡进行清匪反霸，镇压反革命斗争；在机关开展了"三反"（反贪污、反浪费、反官僚主义）运动；在资本主义工商业中开展了"五反"（反行贿、反偷税漏税、反盗骗国家财产、反偷工减料、反盗窃国家经济情报）运动。这些斗争及政治运动，对于巩固新生政权，完成社会主义改造和社会主义建设是必要的。

### 二、开展土地改革

据大埔县土改资料，土改前占人口 7.54% 的地主、富农，占有土地的 11.94%；而占全县土地 49.87% 的公尝田，绝大部分也为地主阶级所占有；占人口 25.57% 的中农占有土地 15.67%；占人口 57.97% 的贫雇农，只占有土地的 17.53%；另有 5.06% 的土地，为占人口 9.54% 的小土地出租者、小土地经营者及其他劳动者所占有。

1951 年 5 月，大埔成立土地改革委员会。5 月 14 日，召开土改干部大会，总结试点经验。21 日，组成 724 人的土改工作队，全面开展土地改革。全县 11 个区 145 个乡分三批进行，至 1953 年 7 月土改结束。通过土改，没收和征收地主、富农及公尝田 13.61 万亩（其中公尝田 11.23 万亩），分配给无地或少地的贫雇农和其他阶层群众共 5.16 万户 17.48 万人。本着"给出路"的政策，也给地主及其家属分配一份同等土地，促其通过劳动成为自食其力的劳动者。土改后，贫雇农占有耕地比土改前增加 40.83%，中农及其他阶层占有耕地比土改前增加 27.61%，地主及其他剥削阶层占有耕地比土改前减少 55.22%，机动耕地占 2.38%。此外，贫雇农和其他阶层还分到没收、征收的山林土地 4189.2 亩。

土地改革废除了封建的土地所有制，农民有了自耕田，除向国家交纳公粮外，收获全归自己，因而生产积极性大大提高，促进了农业生产的发展。1953 年全县粮食总产量 4.68 万吨，比 1952 年增长 12%。

### 三、向社会主义经济体制过渡

大埔农业、手工业和资本主义工商业的社会主义改造，从 1954 年开始，到 1956 年基本完成，标志着大埔县社会主义经济体制的建立。

**农业社会主义改造**

土地改革后，农业生产很快得到发展，大多数贫苦农民生活水平上升。但是，一部分农民因身单力薄，生产工具和资金不足，生产搞不好，难以摆脱困境。大埔县委遵照中共中央《关于农业生产互助合作的决议（草案）》精神，引导农民走集体化道路，按照自愿互利的原则，开展多种形式的互助合作。经历了从"互助组"到"初级农业生产合作社"再到"高级农业生产合作社"的发展过程。

早在 1951 年春，县委、县人民政府就在附城区群丰村和小湖口分别组织示范互助组。1952 年底，全县已有常年和临时互助组 1446 个，帮工队 882 个，耕地面积 4.23 万亩。后来贯彻"稳步前进"方针，整顿互助组，并逐步组建常年性互助组。至 1954 年，多种形式的互助组发展到 3593 个，2.77 万户，占总农户的 45.5%。

1954 年 1 月，县委贯彻中共中央《关于发展农业生产合作社的决议》，通过试点，推广成立初级农业生产合作社。初级农业生产合作社实行土地入股，耕牛农具折价入社，统一经营，共同劳动，分组作业。其收益分配，在纯收入中提取 5% 左右的公积金、公益金、管理费后，按比例分成（土地占 30%，劳动工分、家肥占 70%）；粮食除上交国家公粮、余粮和留足种子、饲料粮后，按人按等定量分配。

至 1956 年春，全县共建立 456 个初级农业生产合作社，入社 5.81 万户，占总农户的 94.3%。

1955 年秋收后，大埔贯彻中共中央《关于农业合作化问题的决议》，全县掀起农业合作化高潮，至年底，办起了以初级社为基础的金星（大靖）、龙岗（湖寮）、前锋（青溪）、胜利（古野）、群丰（茶阳）5 个高级农业生产合作社（简称"高级社"）。

高级社取消土地分红，收益除提取 3%～5% 公益金、公积金和管理费外，实行按劳分配；社内以生产队或组实行"四固定"（土地、劳力、耕牛、农具固定）和"三包一奖"（包产量、工分、成本，超产奖励）的责任制，由社员代表大会选举正、副社主任，履行管理职能。

1956 年 8 月，高级社发展到 241 个，入社的 4.62 万户；初级社 227 个，入社的 1.32 万户，共占总农户的 95.1%。

9 月，贯彻中共广东省委在秋收前完成农业社升级、并社指示，县委在西河漳溪乡办升级、并社试点。接着，全县掀起升级并社高潮，470 个初、高级社一举合并为 344 个高级社，入社户数占总农户的 96.76%。至此，全县已基本完成对个体农业的社会主义改造，实现了生产资料集体所有制。

在农业合作化过程中，由于升级并社发展过快，规模过大，工作过粗，而又缺乏经验，管理工作跟不上，致使一部分合作社办得不好，社员要求退社、拆社。

1957 年 5 月，县委贯彻中共中央《关于整顿和巩固农业生产合作社的通知》，开展社会主义思想教育，健全经营管理制度，调整合作社规模。至 1958 年 2 月，高级社由 344 个调整为 403 个，入社农户占总农户 98.1%；仍存单干农户 1381 户，占总农户 1.9%。

**手工业社会主义改造**

1949 年，全县手工业有 37 个行业，1756 户，从业人数 6580 人。主要行业有陶瓷、皮革、制鞋、铁木、竹器、铸造、砖瓦、石灰、五金修理、食品加工、日用杂品制作等。

1954 年 9 月，根据中共中央提出的"积极领导，稳步前进"的方针，引导成立手工业生产合作社。

1955 年冬至 1956 年春，贯彻中共中央《关于农业合作化问题的决议》，在反"右倾"形势的推动下，对手工业实行全行业改造，不到 1 个月时间，就基本实现手工业的社会主义改造。此后，参照农业合作化的做法，手工业合作社（组）向高级合作社发展。

1956 年 7 月，大埔县手工业联社和陶瓷专业联社分别成立。至年底，全县有手工业生产合作社 87 个，入社者 7004 人，生产组 10 个，入组者 57 人，共占从业人数的 96.4%。其中 49 个陶瓷生产合作社升级合并为 18 个高级陶瓷工艺社，入社窑户 3716 户，6071 人，分别占窑户和从业人员的 98.5% 和 98%。

1957 年，对全县手工业社（组）进行整顿，重新登记发证的有 68 个生产合作社，7263 人，固定资产 17.48 万元。22 个生产组，118 人，固定资产 1.15 万元；个体户 249 户，304 人。

此外，对运输业亦实行归口改造，全县木帆船 448 艘，除半船半农划回农业外，仍有木帆船 275 艘，船工、船民 718 人，共组成运输社 6 个，合作小组 3 个。

### 工商业社会主义改造

1949 年，大埔有私营商业 1576 户，从业人员 3832 人，私营工业 21 户，从业人员 108 人。

土地改革后，对资本主义工商业实行"利用、限制、改造"的方针。1953 年起，国家实行粮食、棉布统购统销，凡私营粮商、棉布商，改为代销、经销，部分转业或歇业，其他商业逐步实行经销、代销。私营工业则采取委托加工、统购统销办法。农村圩镇的商业、饮食服务业、小商贩，委托县供销合作社统一管理。

至 1955 年底，全县私营工商业纳入社会主义改造的有 171 户，其中合营 5 户，合作小组 80 户，代销、经销 86 户。

1956 年 1 月，县成立对私改造领导小组，加强对私营工商业的社会主义改造，实行全行业公私合营。全县纳入改造的有 1233 户，占工商业总户数的 87.95%；自营户仅 169 户，占总户数的 12.05%。

按照中共中央关于和平过渡方针和赎买政策，对工商业私方人员的股金 32.28 万元，不论企业盈亏，发给年 5 厘定息；对在职私方人员，按量才使用和必要照顾的原则，任命经理、副经理

89 人，厂长 5 人，门店主任、车间主任 141 人。但由于急于求成，工作中存在对小商贩的改造也搬用对资本主义工商业进行合营改造的方式，合作面过大；以及把所有参加合营的私方人员都看成资本家等错误。有些错误在改革开放后才得以纠正。

## 四、人民公社体制的建立

1958 年 9 月，《人民日报》发表题为《先把人民公社的架子搭起来》的社论。中共广东省委作出了《关于在农村建立人民公社的决定》。

9 月 12 日，大埔成立第一个人民公社——湖寮人民公社。至 10 月，全县撤销 15 个乡（镇）建制，建立 9 个人民公社，实现人民公社化。

人民公社成立初期，按"一大二公"要求，实行"政社合一"，工、农、商、学、兵五位一体，以公社为统一核算单位，实行工资制与供给制相结合的分配制度。

1959 年 5 月，中共大埔县委作出《关于人民公社管理体制问题几项具体规定》，将权力下放，实行以大队为基础的公社、大队、生产队三级管理，三级核算。

1961 年 10 月，贯彻《关于改变农村人民公社基本核算单位问题的指示》和进一步贯彻《农村人民公社工作条例（草案）》（简称"农业六十条"），确立以生产队为基本核算单位，在生产队内实行定额管理，评工记分，基本口粮（按人分等定量）、劳动粮、肥料粮"三结合"的分配制度，较好地克服了生产队之间的平均主义。此外，还划分自留地给社员，允许社员开垦少量荒地和饲养少量禽畜，调动了社员积极性，农业生产逐步恢复和发展。

1973—1979 年，连续开展 6 批党的"基本路线教育"运动，社员的正当家庭副业被当作"资本主义尾巴"而加以限制；把善经营、收入多的农民划为"暴发户"，关闭农贸市场，社员外出做工、搞副业也受到限制。同时，提出"大埔人民不吃商品粮"的口号，片面强调"以粮为纲"，大搞毁林开荒，甚至砍掉大批果树，严重地影响了农业生产的发展。

1983 年 11 月，撤销全县 28 个人民公社建制，建立 20 个区和 3 个镇。

# 国民经济的曲折发展

## 一、工业较快发展

新中国成立前，以简陋的生产工具和小作坊的生产方式进行生产的大埔工业，基础相当薄弱。主要有陶瓷、烟丝、土纸、砖瓦等产品及食品、印刷、缝纫、编织等门类。1949 年，全县工业产值仅 749.83 万元。

新中国成立后，大埔工业逐步发展。至 1957 年，兴建赤山瓷厂、印刷厂、松香厂、农机修造厂、彩瓷厂、陶瓷原料厂、酒厂等一批地方国营工业。全县有工业企业 419 家，产值 1922.27 万元，占工农业总产值的 29.12%，年平均递增 21.6%。1958 年的"大跃进"，全县工业以"大炼钢铁"为中心，掀起一股不切实际的办工业热潮，原有的县集体工业，或过渡为国营企业，或下放人民公社管理，并兴办一些新企业。到年底，全县有工业企业 86 家，产值 2083.75 万元，占工农业总产值的 31.09%。1961 年后，根据中央提出的"调整、巩固、充实、提高"的八字方针，一部分不具备生产条件的企业先后关、转、停，被不恰当地升级过渡或下放农村人民公社管理的手工业生产合作组织重新恢复县集体企业建制，人民公社所办企业实行县社双重领导的体制。这次的经济调整取得了很大成绩。1964 年，全县 182 家工业企业，产值 2363.74 万元，占工农业总产值的 39.72%。"文化大革命"中，个体工业被当作"资本主义尾巴"割掉，一定程度上影响全县工业的生产发展。但是，国营、县集体、社队企业却排除干扰，仍有所发展。1978年，全县有工业企业171家，产值5423万元，占工农业总产值的49.23%，年平均递增29.84%。

## 二、农业艰难前行

新中国成立前，大埔农业生产条件差，每年所产粮食只够全县3个月之需，人民生活困苦，离乡别井逃往江西、福建和南洋一带谋生者多。

新中国成立后，大埔变革了生产关系，大力兴修农田水利，推广农业新技术，生产条件不断改善，生产水平逐步提高。但几经波折：1958年的"大跃进"和"共产风"，严重地破坏了生产力，导致1959年至1961年的农业生产大倒退。"文化大革命"期间，片面强调粮食生产，农业生产内部各业比例失调，生产发展缓慢，农民的温饱问题得不到解决。1978年，全县农业总产值仅为5592万元。

## 三、综合经济实力逐步增强

综合经济发展大体分为四个时期：

第一个时期是1949—1957年，即三年经济恢复和第一个五年计划时期。这个时期，经济发展较快。前三年，许多工农业产品达到或超过抗日战争前的历史最高水平，胜利完成经济恢复时期的任务。后五年，完成土地改革，进行对农业、手工业和资本主义工商业的社会主义改造，着重发展农业、林业和轻工业，这八年，农业连年增产，工业开始起步，出现经济全面繁荣的局面。

1957年，全县工农业总产值5879.81万元，比1949年增长54.55%，平均每年递增5.6%。这是大埔社会经济发展的第一个

"黄金时期"。

第二个时期是1958—1962年第二个五年计划时期。这个时期，经济发展遇到严重挫折。在1958年开始的"大跃进"和人民公社化运动中，虽然兴建了一批工厂，但由于忽视客观经济规律，各行各业都犯了高指标、"共产风"、浮夸风等"左"的错误，加上三年严重困难，粮食大幅度减产，1961年农业总产值下降至3078万元，这是新中国成立后产值最低的一年。工业产值下降。仅1962年全县精简职工、压缩城镇人口，共压缩吃商品粮的5491人回农村参加农业生产。这一时期，粮食匮乏，商品奇缺，物价猛涨，国民经济和人民生活都出现严重困难。

1962年，工农业总产值5200.69万元，比1957年下降11.55%，平均每年递减2.43%。

第三个时期是1963—1965年三年调整时期。这一时期，贯彻执行中共中央"调整、巩固、充实、提高"的八字方针，大力压缩基本建设投资，对一部分不具备生产条件的工业企业实行关、停、并、转，一部分已转为国营的企业恢复为集体所有制；并实行以生产队为基本核算单位，减少粮食征购，进一步开放农村集市贸易，各行各业支援农业，使遭受破坏的经济得到迅速恢复和发展。

第四个时期是1966—1976年"文化大革命"的动荡时期。这一时期，政治运动不断，在农村搞所谓"割资本主义尾巴"，限制社员的多种经营和家庭副业，在分配上实行政治评分等等，严重影响农民的积极性，农业生产发展缓慢。在工业方面，生产仍有所发展。

1976年，工农业总产值1.02亿元，比1965年增长49.76%，平均每年递增3.7%。

# 7

## 第七章

### 改革开放　加快发展（1979—2012）

　　1978 年党的十一届三中全会后，中共大埔县委领导全县人民拨乱反正，推行改革开放，坚持四项基本原则，把工作重点转移到经济建设上来，全县城乡逐步推行经济体制改革，建立多种形式的经济责任制模式；实行多种经济成分并举的所有制构成；推动创新，加快特色经济发展步伐等各项工作都取得显著成绩。

## 第一节 深化经济体制改革

### 一、农业生产责任制的全面落实

1980 年秋，大埔全面贯彻中共中央《关于进一步加强和完善农业生产责任制的几个问题》，推广多种形式的家庭联产承包责任制。至 1982 年，全县 4022 个生产队中，实行承包责任制的有 3967 个队，占总数的 98.63%。1984 年将土地承包期延长为 15 年，把原生产队的种子、肥料、耕牛、农具等生产资料折价到户，造册登记，由生产队与承包户签订承包合同，并颁发"承包土地证"，进一步稳定和完善家庭联产承包责任制。

1981 年，大埔县进行山林"三定"（定山林权、定自留山、定生产责任制）。1984 年冬，又进一步放宽林业政策，把自留山、责任山合并为自营山，规定经营使用权 30 年不变。1986 年末，全县落实自营山的有 6.86 万户，自营山 230.34 万亩，占山地总面积的 62.25%；承包到组的有 24.98 万亩，占自营山的 10.84%。84 个社队林场的 9.99 万亩山林，也实行分、包、标等形式的生产管理责任制。其后，农民在自营山、责任山造林种果，大办"小五园"（杉园、竹园、果园、茶园、药园），农业经济结构严重失调的状况得以逐步改善。

农村实行家庭联产承包责任制后，在抓紧粮食生产的同时，鼓励农民开展多种经营，因地制宜地建立烤烟、芦笋、蜜柚、茶叶等生产基地，农村商品经济得到了发展。

随着种植业、畜牧业、渔业、农副加工业承包责任制的落实，各种专业户、经济联合体不断涌现，农村剩余劳动力逐步转移到第二、第三产业。

1988 年，从事第二、第三产业的劳力，占农村劳动力的30.2%，比 1980 年上升 21.25 个百分点；专业户、联合体 823户，4695 人，分别占农户、农劳的 0.93% 和 3.7%；有经济联合社 245 个，经济合作社 4030 个，农经服务公司、服务站 265 个，还有一批从事工农产品推销的推销员。这些组织和个人，都为农业发展提供产前产后服务。

1988 年，全县农业总产值 9098 万元，比 1978 年增长62.7%。其中商品产值 3873.79 万元，占农业产值的 42.5%。

农业生产的全面发展，使农民生活逐步改善，温饱问题得以基本解决，少数人开始富裕起来。

## 二、工商企业经营承包责任制的实行

1981 年以后，大埔逐步扩大工商企业自主权，主管部门下放权力给企业，减少行政干预，改指令性计划为指导性计划。

1983—1984 年，对 107 户国营工商企业试行利改税，把原来企业向国家交纳利润改为征收所得税。1985 年，实行厂长（经理）负责制，确立了厂长（经理）在企业内部的中心地位。

1987 年，县政府成立大埔县经济体制改革领导小组，发出《关于增强国营工业企业活力若干问题的暂行规定》，在全县工商企业中由内到外推行经营承包责任制。当年，与县财政部门签订经营承包合同的有：国营工业 16 家，占企业总数 88.9%；商业、供销社、粮食企业 45 家，占企业总数 75.59%。企业将承包的经济指标，层层承包到车间、公司、班组、门店。

1988 年，进一步完善厂长（经理）负责制和任期目标责任制，颁发任命书。至年底，全县实行经营承包责任制的有预算内国营工业 17 家、车间 25 个，分别占总数的 94.44% 和 54.88%；二轻企业 9 家，占总数 69.23%。商业系统 9 个公司和下属 134 个门店；供销系统 23 个公司、基层供销合作社和 554 个门店；粮食系统 6 个公司、厂和 20 个基层粮食管理所，均全部实行了经济承包、租赁经营。承包后，企业有了经营自主权，职工工资分配与企业经济效益挂钩，从而调动了职工的生产积极性，促进了生产、经营的发展和经济效益的提高。

商业、粮食、外经等企业的产值和经济效益也均有较大的增长。

此外，财政、税务、金融部门，积极配合经济体制改革，帮助企业制订改革方案，按照"三兼顾"（国家、集体、个人兼顾）的要求，做好让利、减税、贷款等协调服务工作，为推行经营承包责任制、增强企业活力提供了有利条件。

### 三、国企转制及多种经济成分并举局面的形成

20 世纪 90 年代后，大埔狠抓国有企业的改革转制，按照"产权清晰、权责明确、政企分开、管理科学"的现代企业制度方向，采取组建企业集团公司、兼并、合资合作、承包租赁、股份合作制、破产等形式，对国有企业进行改造转制。同时，采取"积极扶持，合理规划，正确引导，加强管理"的措施。

1992 年，邓小平视察南方谈话发表后，计划经济加速向市场经济过渡，大埔出台了一系列鼓励民营经济发展的措施，个体、私营经济如雨后春笋蓬勃发展，出现一个多层次（镇、村、联户、户）、多渠道（工业、建筑、运输、服务）、多形式（横向联合、中外合资、"三来一补"）办实业的局面。

第三产业在全县生产总值中所占的比重迅速提高，至 2000 年，第三产业生产总值 4.52 亿元，占全县生产总值 16.27 亿元的 27.78%，比 1978 年上升了 9.18 个百分点。

1980 年，全县有证个体工商户 1110 户。至 2000 年，全县有证个体工商户发展至 4019 户，注册资本 8925 万元；私营企业 86 家，注册资本 5538 万元。

大埔县是"华侨之乡"，旅居海外的华侨和港、澳、台同胞众多。大埔通过改善投资环境，吸引了不少华侨和港、澳商人前来办厂。1992 年，"三资"企业发展到 60 家。1995 年"三资"企业发展到 126 家。至 2000 年，海外侨胞和港澳台同胞投资兴办农、工、商实业 1480 家。

2004 年，进一步推进国企改革，完成了县特陶厂、印刷厂、水轮机厂、汽修厂和 19 个国有粮食企业的改革转制工作；县赤山瓷厂改革工作正有序进行；食品饮料总厂、松香厂、建陶厂、黄塘瓷厂、原料厂和华侨瓷厂等企业开展了改革转制的前期工作。至 2009 年原经委及陶瓷系统国企转制基本完成。

2004 年，全县新发展民营企业 150 家，增资扩产 58 家。民营企业税收 6502 万元，比上年增长 17.6%。年税收 50 万元以上的民营、外资、股份制企业 31 家。

中共大埔县委、大埔县人民政府落实鼓励扶持民营、外资、股份制企业发展的政策措施，尤其是对年纳税 50 万元以上的民营、外资、股份制企业，给予一年两次的表彰奖励，有力地促进了民营、外资、股份制企业的发展。2014 年，全县民营企业实现产值 24.8 亿元、税收 6502 万元，分别增长 7.3% 和 17.6%。2014 年，对年纳税 500 万元以上的 3 家国有企业和年纳税 50 万元以上的 31 家民营、外资、股份制企业进行表彰奖励。

# 第二节 创新经济发展思路和模式

## 一、夯实基础，改善发展环境

1992年邓小平视察南方后，大埔掀起了以交通、通信、城镇开发为主的基础设施建设热潮，不断优化投资环境，多方引进技术、资金，全方位开展经济建设。

### （一）公路领先发展

大埔地处广东东北部的边远地区，县境山川多，中华人民共和国成立前公路交通几乎没有，出门要步行，十分闭塞。中华人民共和国成立后，交通运输逐步发展，1956年开通第一条埔城至福建永定峰市的公路。至1978年，全县有低等级公路417.23公里，公路密度为16.91公里/百平方公里。

1990年后，"大路大富、小路小富、无路不富"的理念已成为全县人民的共识。大埔县通过争取上级拨款补助、动员华侨和港澳台胞及干部群众捐资、向银行贷款等渠道筹资，大兴公路建设。

1993年至1997年五年间，全县新建、改造公路1000公里（含省道、县道、村道）；新建长10米以上桥梁151座，其中跨韩江、汀江、梅潭河的高陂田家炳大桥、茶阳狮子口大桥、县城宝安大桥、县城大兴大桥、县城晋昊大桥、县城河头大桥、双溪清泉溪大桥、大东大蝉大桥相继建成，三河朱德大桥顺利施工。

1997 年新开公路 13 条，76 公里。全县公路密度达 52 公里／百平方公里。

2000 年，埔梅线公路改造完成。至 2000 年底，全县通车公路 165 条，总长 1450.14 公里。其中，省道 6 条，总长 231.95 公里；县道 10 条，总长 260.17 公里；乡（镇）道路 149 条，总长 958.02 公里。全县基本形成了以省道为主干、县道为支干、乡（镇）村公路四通八达的交通网络。公路密度达 58.78 公里/百平方公里，县通 20 个镇的公路全部实现路面硬底化，全县共铺筑水泥路 313.85 公里，铺筑沥青路 51.63 公里，公路等级不断提高。

2003 年至 2006 年，先后完成了 350 公里的省、县道公路改造和 80 条（段）510 公里的镇通村公路硬底化建设，全县有 218 个村实现了镇通村公路水泥硬底化。

2007 年全县 244 个行政村全部实现了公路水泥硬底化。

2001 年至 2011 年，全县共完成 700 公里省、县道和 132 条（段）1040 公里乡村公路硬底化改造，新建大桥 8 座，改造危桥 26 座，新建农村客运候车亭 202 个，全县 244 个行政村实现通水泥公路，公路通车里程达到 2416.6 公里，公路密度由 2006 年的 59 公里/百平方公里提高至 97.88 公里/百平方公里；梅龙（梅州—大埔—龙岩）高速公路建设顺利推进。

（二）铁路从无到有

梅坎铁路（梅州至福建坎市）于 1998 年动工兴建，2000 年 9 月通车。全长 143 公里，大埔境内长 48.6 公里，大埔县级站设于三河。梅坎铁路在梅州与广梅汕铁路接轨，在福建与鹰厦铁路相连，成为大埔与外界人员沟通、货物往来的又一便捷、强大的交通大动脉。

（三）水路通航能力提升

水路有梅江、汀江和韩江流经县境，航道总长 104 公里。新中国成立前，大埔虽有水路运输，但也极其落后，机动船舶仅占船舶总数的5%，运输能力甚低。

新中国成立后，经逐年整治，大埔通航条件不断改善，丰水期，100吨的船舶畅通无阻；枯水期，50吨船舶可通航。

至2012年，大埔形成了水路、公路（含高速）、铁路并举，内外畅通和四通八达的综合交通体系。

**（四）通信跨越式发展**

新中国成立前，大埔县有邮路14条，单程总长450公里；邮件大部分为步班挑运，交私商承办；电话有交换机12部、160门，单铁线电话线路3条，杆残线锈，通话困难。

新中国成立后，邮电事业迅速发展，邮件大部分由机动车、自行车运送，全部行政村实现通邮；电话已发展为双线回路和多路载波。

20世纪80年代后期，大埔通信事业得到了快速发展。1979年，全县仅有电话用户1197户。1986年县城开通自动电话。1992年实现农村管理区通电话。1993年有7个镇开通自动电话。1995年全县21个镇场都开通了程控电话。至2000年底，全县248个村实现村村通邮、村村通自动电话；移动电话共有26个基站，覆盖全县各镇（场）。市、农电话交换机总量达7.17万门；固定电话用户累计达5.13万户；电话普及率达10.1部/百人；有电话的自然村1257个；有磁卡电话263部，遍布县城主要街道及各乡镇街道；有校园卡电话227部；有移动电话用户1.56万户、BP机（寻呼机）用户2200户。

2000年至2012年大埔县进一步完善移动、宽带和综合信息网络，推进城乡信息化建设。

至2012年，通信事业实现跨越式发展。

电信方面：开展"全光县城"建设，实现宽带大提速。县城大部分商业街和住宅小区实现了光纤到户，"光网城市"建设成效明显，建成 4G 和 WiFi 无缝覆盖的无线宽带网络。配合政府的"平安大埔"建设，大埔县社会治安高清视频及治安卡口项目 150 个监控点完成建设并交付使用，基本实现县城全覆盖和国道、省道等主要道路的视频监控。

加快政务信息网络建设，完成行政服务中心网上办事大厅和各单位网络接入建设，并延伸到全县所有行政村，助力推进政府行政服务管理电子化。加大"政务 OA""工商 e 通""阳光厨房""数字医院""智慧家园"等先进的行业信息应用的推广使用，使先进的互联网信息技术在各领域得到广泛应用。

农村宽带实现大提速，广大农民可以高速畅游互联网，还可以通过宽带数字电视收看高清电视。

移动通信方面：加快网络建设，推动 4G 网络的广度和深度覆盖，巩固 4G 网络优势。完成 LTE 三期、三期增补、4A 期等全部站点和 98 个 4G 站点的建设开通，是大埔区域 4G 网络覆盖的飞跃性发展。至 2015 年底，移动 4G 客户数累计突破 5 万户，让山区老百姓使用移动互联网，感受世界无距离。湖寮县城实现 95% 家庭住户的预覆盖，各乡镇街道中心实现 90% 的家庭住户的预覆盖。

联合通信方面：广东联通与梅州市人民政府在广东联通大厦正式举行《推进"互联网＋"战略合作框架协议》签署仪式。广东联通率先成为首家与梅州市政府签署"互联网＋"合作协议的基础电信运营商，双方共同把握"互联网＋"发展大势，深化合作、实现共赢。大数据时代下，梅州联通依托联通光纤和 WCD-MA 优势网络，参与信息化建设，迅速集聚品牌和标杆示范效应，加速升级"智慧梅州"建设，其中智慧水利、智慧农业平台成功投入运营，完成本地化云平台的搭建，至 2015 年底，梅州联通有能力为智慧城市各领域提供云存储、云计算、主机托管、虚拟主机等智能化信息服务；同时，依托云平台强大的支撑及应用能力，建设宽带、泛在、融合、安全的新型信息网络。

## 二、转变发展方式，壮大特色产业

### （一）农业向特色经济和产业化方向发展

1986 年省第一次山区工作会议后，重点组织发动群众治山治水、消灭荒山、造林绿化，调整农业结构，大办小杉园、竹园、果园、茶园，增加农民收入。

1992 年邓小平视察南方后，大埔县充分利用山区资源优势，扩大农业科技推广，大兴"三高"（高产、高质、高效）农业，努力培育农业龙头企业，大力发展小庄园经济，致力发展颇具地方特色的茶、果、烟产业，壮大经济实力。

1993 年县委、县政府举办"首届蜜柚节""蜜柚一条街""蜜柚节广场文艺晚会"活动，推介大埔拳头产品——蜜柚。

1996 年起，大埔确定了"东茶、西果、南瓷、北烟、中菜"的农村经济发展格局，全面推进全县农村经济的发展。

1997 年，蜜柚总产量达 3.65 万吨。

2001 年，31 家农业龙头企业销售收入达 1.85 亿元，带动了9836 户农户发展种养，户平每年增收 800 元。

2003 年，县委提出深入实施"农业稳县"的发展思路。2004年，全县 38 家农业龙头企业带动 2.3 万户农户发展生产，户平增收 2200 元。

至 2006 年，全县实现农业总产值 10.51 亿元，农民人均纯收入 4060 元。

2007 年，全县新培育市级农业龙头企业 4 家，农民专业合作组织 4 家。

2011 年，生猪年饲养量 45.5 万头，年饲养生猪万头以上猪场 4 家，千头以上猪场 19 家；2011 年，烟叶种植面积达到 1.786 万亩；南药种植面积达到 0.59 万亩；油茶种植面积达到 0.96 万亩。

大埔被授予"2011 年度全国重点产茶县"称号，西岩茶叶集团、顺兴种养公司进入"全省现代农业企业 100 强"。

2011 年，全县农业总产值 21 亿元，农民人均纯收入 6520 元。

2012 年，农业龙头企业和农民专业合作组织不断发展壮大。农业龙头企业由 2006 年的 18 家增加到 2012 年的省、市、县级共 74 家，带动农户 3.66 万户，户均增收 2400 元；农民专业合作社 201 家，带动农户 38660 户，户均增收 2126 元；国家级名牌农产品 1 个、省级名牌产品 13 个。

2012 年大埔县被评为"中国蜜柚之乡""中国名茶之乡""中国绿色生态蜜柚示范县"。大埔乌龙茶获国家农产品地理标志登记保护。

### （二）林业从消灭荒山到建设生态公益林和商品林基地

大埔的林业资源由于遭受 1958 年的刮"共产风"、长达十年的"文化大革命"和 1979 年的实行"产销挂钩"三次无计划过度砍伐的严重破坏，林木资源锐减，植被受损严重。

1981 年，林业生产实行稳定山林权属、划定自留山、确定林业生产责任制。

1982 年，开展大规模的封山育林行动，坚持以营林为基础，以封山为主。

1984 年，实行"二山"（责任山、自留山）并"一山"（自留山），把大部分的集体山林划为自留山。

1986 年起，全县掀起"封、管、造、节、治"的综合措施造林绿化，消灭荒山行动。

1990 年，大埔获得全国森林防火先进单位称号。

至 1993 年，全县依期消灭了 121 万亩荒山，改造了 30 万亩疏林地，提前实现绿化达标，建立了用材林、薪炭林、竹林、松脂生产和经济林基地。

1994 年，大埔县造林绿化达标，获得广东省政府授予"金杯"奖。

1994 年后，以保护和改善生态环境为重点，加快生态公益林和商品林基地建设，掀起林业第二次创业高潮。1979—2000 年，全县人工造林总面积为 8.46 万公顷。

至 2000 年，全县有林地面积 18.37 万公顷，活立木总蓄积量 338.2 万立方米，森林覆盖率从 1984 年的 43% 提高到 76.3%。

2011 年，全县森林覆盖率提高到 75.1%，成功创建省级林业生态县。

### （三）工业以电力、陶瓷为主导产业

1978 年后，国营工业坚持开放、改革，层层落实承包经营责任制，生产发展，效益提高；县集体和乡镇工业采取灵活的经营方针，根据市场需要发展生产；联户、个体和"三资"工业脱颖而出；通过改善投资环境，吸引了一些港澳商人前来合作办厂。1987 年，全县工业产值首次突破亿元大关。1988 年，全县有2885 家工业企业，固定资产原值 9635 万元，产值 1.43 亿元，占工农业总产值的 61.15%，比 1978 年工业产值增长 1.64 倍，年平均递增 10.2%。工业门类有陶瓷、水电、机械五金、食品饮料、化工、服装塑料、印刷装潢、建材、工艺美术、电子、采掘、粮（油）及林产品加工等 12 个，工业产品有日用陶瓷、工艺美术瓷、仿古瓷、水轮机、发电机（组）、电动机、罐头食品、酒、饮料、氮肥、松香、农用机械、水泥、服装、塑料制品、金漆木雕、蚊香、蜂鸣器（片）、自行车配件等共 1000 多个品种。

2003 年，中共大埔县委根据全县实际，提出了"瓷工富县"发展思路。同年县政府筹资 2000 多万元规划建设了高陂、三河、茶阳三个工业生产基地。

2004 年，县政府切实加强了国企改革的领导，落实了责任，加大了改革力度，完成了 6 间国有工业企业的改革转制工作。

至 2006 年，全县实现工业总产值 22.6 亿元，年均增长 12.36%。陶瓷实现税收 4350 万元，电力实现税收 5451 万元。陶瓷、电力两大支柱产业税收占全县税收总额的 41.6%。

2007 年，县委又提出了"瓷电增实力"发展思路，坚持主抓电力、陶瓷两大主导产业，推进工业经济转型升级，从而使电力工业和陶瓷工业逐步发展成为大埔县的支柱产业。

2007—2011 年工业快速发展。至 2011 年工业总产值 45.2 亿元，五年平均递增 18%。工业发展有三个特点：

一是电力工业不断做强做大。大埔境内大小河流纵横密布，素有"万川"之称，具有发展水力发电的良好条件。1957 年 10 月，建成东山 20 千瓦和长教 1.8 千瓦水电站。1962 年掀起办电热潮，联队集资、社队合资、部门（工业、陶瓷）筹资、国家投资建设的电站越来越多，小水电建设由小至大，逐年发展。1977 年 1 月，县电力网形成，1978 年 10 月联入大电网，年底小水电装机容量达到 1.51 万千瓦，年发电量 4330.1 万千瓦时。

改革开放后，国有、集体所有、民营、"三资"经营、合作经营等各种所有制兴办的水电企业更是蓬勃发展。1983 年 12 月，大埔被列为全国 100 个农村电气化试点县之一，并被评为全国小水电管理先进单位。1988 年，大埔通过农村电气化试点县的验收，进入全国首批实现初级电气化县的行列。

至 1988 年 10 年共装机容量 1.64 万千瓦，超过前 20 多年的总和，年发电量增长近 2 倍。到 1988 年底，全县共有小水电站

238 座，装机容量 3.14 万千瓦，年发电 1.29 亿千瓦时；全部乡镇、村均已通电，95.1% 的住户用上了电，其他农村电气化各项指标达到和超过国家农村电气化初级阶段标准。

1991 年至 1995 年，五年新建水电站 27 座，装机容量 9031 千瓦。至 1995 年，全县水电装机容量 41958 千瓦，比 1990 年增长 27.4%。

自 2003 年开始实施"瓷工富县""瓷电增实力"发展思路以后，水电发展更是走上了快车道。

2004 年全县动工兴建、改建水电企业 28 家，装机总容量 4.6 万千瓦。百侯水电厂改建工程进展顺利，茶阳水电厂已于 2003 年 12 月 28 日正式动工。陶瓷、电力两大支柱工业有较大发展，实施"瓷工富县"的成效进一步显现。

2006 年至 2011 年，全县投资 5.2 亿元，新建水电站 30 座，总装机容量达 33.5 万千瓦。

2011 年，围绕把大埔打造成为广东省能源基地的目标，积极实施水火电并举战略，力促凯达电站、埔城电站尽快发电，力争大埔电厂（火电）上半年动工，韩江（高陂）水利枢纽工程年底动工，做好三河镇舟角院电站建设前期工作，促进小水电技改扩容和国有小水电转型升级。

改革开放以来建成的规模较大的水电企业有：梅潭河上的三河电站，1988 年建成投产，装机容量 5000 千瓦；汀江河上的青溪水电厂，1994 年 5 月建成投产，4 台机组装机容量共 14.4 万千瓦；梅潭河上的双溪电站，1998 年 1 月建成投产，3 台机组装机容量共 3.6 万千瓦；梅潭河上的梅潭电站，1999 年 8 月建成投产，2 台机组装机容量共 1.0 万千瓦；梅江河上的蓬辣滩电站，2003 年 5 月建成投产，4 台机组装机容量共 4.4 万千瓦；汀江河上的茶阳电站，2011 年 8 月建成投产，4 台机组装机容量共 3.0 万千瓦。

二是陶瓷成为大埔又一主导产业。大埔的陶瓷生产历史悠久，源远流长。陶器生产始于商周，瓷器生产奠于宋末、兴于元初、盛于明清，距今已有 800 多年历史。

新中国成立前，陶瓷生产一直是家庭作坊式的手工业，技术、设备落后，生产发展缓慢。1949 年，全县陶瓷产量仅有 2823.7 万件，产值 57.75 万元。

新中国成立后，县政府拨给救济款并发放贷款，组织窑户和瓷工全面发展瓷业生产。陶瓷业社会主义改造完成后，国营和社、队陶瓷厂逐步发展。至 1979 年，全县有陶瓷企业 102 家，日用陶瓷总产量 6923.85 万件，总产值 2651.78 万元。1980 年后，国营、集体、联户、个体陶瓷"四轮"齐转，全县各公社都有陶瓷生产厂家，其中以高陂、光德、桃源、平原、洲瑞 5 个公社为主产区。1992 年，在光德镇开展窑炉技改试验，侨光瓷厂建成隧道窑 1 座。1993 年，全县投入窑炉改造资金 2156 万元，建成隧道窑和梭式窑 51 座。2000 年，全县有陶瓷企业 805 家，其中国有 8 家、县集体 1 家、镇办 34 家、村办 92 家、个体私营 644 家、"三资" 26 家，从业人员 3 万多人，总产量 3 亿件（其中日用陶瓷产量 1.75 亿件），总产值 6.27 亿元，缴税 2375 万元，出口创汇 2500 万美元。陶瓷工业收入占全县国民经济总收入的 38.5%，陶瓷成为大埔的支柱产业之一。

2003 年，全县新办陶瓷企业 25 家，有 27 家陶瓷企业实现增资扩产。2003 年，全县陶瓷销售收入 3.5 亿元，比上年增长 70.2%，税收 2169 万元，比上年增长 68.2%。2003 年是该县近 10 年来陶瓷销售、纳税增幅最大的一年。

2004 年，陶瓷工业新办企业 21 家，增资扩产企业 32 家；销售收入 5.16 亿元、税收 3135 万元，分别增长 47.4% 和 51.5%。

其中年纳税 50 万元以上的有 22 家，比上年增加 5 家。

2008 年成立陶瓷产业管理办公室，采取有效激励措施，扶持陶瓷企业克服困难稳步发展，陶瓷产业呈现恢复性增长态势。全年陶瓷销售收入 5.15 亿元，纳税达 3000 万元。

2009 年，全县 8 家国有陶瓷企业完成转制，组建了 2 家陶瓷股份制企业。全县陶瓷销售收入 7.45 亿元，纳税 4691 万元，均创历史新高。

2010 年大埔县被评定为"中国青花瓷之乡"。

2011 年，强化瓷土资源管理，科学开发瓷土，推进陶瓷原料加工的专业化、标准化生产，提高资源综合利用率。支持鼓励宝丰陶瓷科技发展股份有限公司和特陶科技有限公司等企业技术改造，加快转型升级，扩大生产规模。在巩固国外市场的同时，引导企业在北京、上海等大城市设立展销门市，拓宽销售渠道。重点抓好县彩瓷花纸有限公司等 3 间国有企业改革转制，拓展发展空间。同年，全县陶瓷销售收入 11.6 亿元，纳税 6477 万元，分别比上年增长 6.1% 和 31.4%。

三是建设工业园区，发挥聚集效应。2003 年至 2006 年，为了改变工业生产"处处点火、村村冒烟"的状况，县委、县政府规划建设了首期 3300 亩的高陂、三河、茶阳三个工业生产基地，填补了大埔县在工业园区建设上的空白，形成了工业发展的聚集效应。此后，光德、桃源、洲瑞等镇陶瓷工业小区陆续兴建，形成"两基地三小区"的陶瓷工业发展格局。

2011 年后，又规划建设高陂陶瓷生产基地二期工程。

通过抓好工业基地建设、落实招商等综合措施，2004 年，3 个工业生产基地共引进项目 58 个，投资额 24.66 亿元，其中已建成投产项目 17 个。全县招商引资总额达 69.5 亿元，比 2003 年的 28.8 亿元翻了一番多。其中在建项目 125 个，已建成投产的项目

145 个；千万元以上的项目有 51 个，亿元以上的项目 6 个。

### （四）旅游业成为新兴产业

大埔山清水秀，名胜古迹和人文景观颇多，旅游资源丰富。但因交通的制约和发展旅游事业意识淡薄，旅游业发展缓慢。1979 年后，县内旅游资源逐渐被开发利用。1999 年设立县旅游局。2000 年，全面整合县内 14 个重点景区的旅游资源，开辟了东、西、南、北四条旅游线路，全县全年接待游客 4.26 万人。

2004 年，县委、县政府作出了《关于认真实施"人文兴县"发展思路的决定》，投入资金 6000 多万元，兴建或修复了三河镇的三河中山纪念堂和中山公园、韩江源标志建筑；县城的西湖公园、泰安楼、美食街；西河镇的张弼士故居；大东镇的花萼楼等 10 多处人文景观。这些旅游项目的成功开发，促进了旅游的发展。2004 年，全县接待游客 13.8 万人次，旅游收入 6900 万元。

2005 年，大埔维修三河古城墙、城楼，建成"八一"起义军三河坝战役纪念园"，对湖寮"泰安楼"、西河张弼士故居进一步维修及布展。

至 2006 年底，大埔先后开发了中山纪念堂、"八一"起义军三河坝战役纪念园、西湖公园、客家民俗文化村等 10 多处旅游景点，开辟了 2 条市级特色旅游线路。以红色旅游、人文旅游、生态旅游为主的旅游市场初步形成。2006 年全县接待游客 17 万人次，旅游收入 9000 万元。

2009 年，制定了《关于进一步加快我县旅游产业发展的若干意见》《关于加强特色民居保护工作的意见》等文件，邀请深圳榜样旅游规划有限公司对全县旅游产业发展进行总体规划，把大埔县的文化、生态、平安优势与旅游业发展有机结合，丰富了旅游内涵，提升了生态文化旅游品牌，完善了三河坝景区等一批文化旅游景点。西岩茶乡度假村被评为国家 3A 级景区，大东坪山梯田被评为省乡村旅游示范基地，高陂富大陶瓷厂被评为省科技旅游示范基地。全县接待境内外游客 40.2 万人次，旅游总收入 2.15 亿元，分别比上年增长 17% 和 41%。

2006 年至 2011 年，大埔县扎实推进"旅游强县"创建工作，西岩茶乡度假村被评为国家 3A 级景区和"省农业旅游示范基地""省森林生态旅游示范基地"，坪山梯田、三河坝旅游区、丰溪森林度假区、富大陶瓷厂分别被评为"省乡村旅游示范基地""省红色旅游示范基地""省森林生态旅游示范基地""省工业旅游示范基地"，大埔被评为"中国小吃名县""中国特色旅游休闲度假胜地"。

2011 年，"八一"起义军三河坝战役纪念园被评为第二批全国红色旅游经典景区，瑞锦酒店被评为四星级酒店。

2011 年，全县接待游客 81.6 万人次，旅游经济总收入 4.2 亿元，分别是 2006 年的 3.96 倍和 3.75 倍，年均分别增长 31.7% 和 30.3%。

2012 年，大埔县打造客家文化之旅、生态休闲之旅、红色之旅、美丽乡村之旅四个品牌，开辟名人名居游、名镇名村游、生态养生游、红色热土游、陶瓷文化游五条精品旅游路线。

第
三
节

## 抓机遇，推进革命老区振兴发展

大埔县有革命老区村庄 1291 个，老区人口占全县总人口八成左右，2009 年 1 月，大埔县被中共中央党史研究室认定为原中央苏区县。

大埔县历届党委、政府一贯不遗余力地推进革命老区的建设。

为了更好地做好促进老区建设工作，专门成立县老区建设办公室，负责协调全县老区建设工作。1991 年 2 月 18 日，成立了"大埔县革命老区建设促进会"，成为促进革命老区建设的一个重要力量。在县委、县政府的直接领导下，大埔各级党委、政府和各有关部门都大力扶持老区，坚持情系老区，关注老区，除自身千方百计施策扶持外，还积极向上级及社会各届反映老区的难点、热点问题，争取到上级和社会各方的扶持，为老区办实事、好事，有效地推动了老区的发展。

### 一、争取省、市下拨扶持老区开发性生产有偿资金

1980 年至 1988 年，争取到省拨用于老区开发性生产有偿资金 331 万元，扶持老区群众种植水果 536 公顷、茶 813 公顷、毛竹 351 公顷、药材 213 公顷、油桐 387 公顷；养牛 957 头、养蜂 160 箱、长毛兔 1280 只等。1980 年至 1989 年，省拨扶持老区发展村办企业有偿投资款 540 万元，兴办小水电 21 座，装机 4410 千瓦；兴建小制茶厂 13 家，粮食加工厂 50 家，竹木制品厂 7 家；

兴建瓷厂、石灰厂等共 14 家。1989 年至 2000 年，省、市拨扶持老区发展生产有偿资金 314 万元，扶持种植烤烟、茶及购买制茶设备，办瓷厂、办养殖场等。

## 二、争取省、市下拨无偿扶持老区公益事业建设资金

1980 年至 2000 年，争取到省、市拨无偿扶持老区公益事业建设资金 1000 多万元，主要用于老区村的交通、教育、卫生、供电、供水等方面的基础设施建设，缓解老区的"五难"问题。其中资助教育方面的学校"改薄"工程资金 750 万元，共完成 25 间小学改薄。2000 年至 2012 年，省、市政府加大了对老区建设的扶持，计拨款 9000 多万元，除用于继续解决饮水、照明、医疗、交通、上学等"五难"问题外，还突出解决"两不具备"（不具备生产、生活条件）的边远山区老区农户整村搬迁问题，至 2012 年，从"两不具备"村搬迁出来的村民达 900 多户。

至 2007 年底，大埔县 194 个有老区的行政村全部实现了公路硬底化。

从 1994 年至 2015 年，大埔县老促会发放烈士后裔助学金 60 多万元，受资助的学生 450 多人，其中高学历的硕士研究生 4 人，本科生 181 人。

## 三、抓好国家和省扶持原中央苏区振兴发展政策落实

大埔县被认定为原中央苏区县后，在省的努力下，争取到国家把广东省的原中央苏区纳入赣闽粤原中央苏区振兴发展政策扶持范围。

大埔县编制了《大埔县贯彻落实〈赣闽粤原中央苏区振兴发展规划〉实施方案》，建立了包含 219 个项目、投资概算达 1602.34 亿元的苏区振兴发展重大项目库，积极争取国家和省在

资金、项目、政策等方面的大力扶持，有效地推进了县域老区的振兴发展。

2009年来，大埔县作为广东省的原中央苏区县，除每年得到省财政1000万元转移支付资金支持外，还得到国家和省的各种扶持，主要项目有：粤电大埔电厂纳入了《赣闽粤原中央苏区振兴发展规划》重大项目，得到国家能源局核准同意建设，首期装机容量60万千瓦的1号机组已于2015年建成投产，装机容量60万千瓦的2号机组也于2016年上半年投产。首期项目年发电量可达60多亿千瓦时，产值可达33亿元，年税收可达4亿多元，粤电项目的建设和投产，有效带动大埔经济社会加快发展。

韩江高陂水利枢纽工程位于韩江干流的大埔县高陂镇上游约5公里处，正常高水位38米，最大库容4.01亿立方米，年发电量达5.85亿千瓦时。作为新中国成立以来广东省单项投资最大的水利工程，也是第一批引进社会资本参与重大水利工程建设运营的试点项目之一。高陂水利枢纽工程投资来源为中央资金、省级资金及社会资金三部分。该工程总投资约61.5亿元，按原中央苏区扶持政策，中央预算内投资补贴301450亿元，占比约五成。中央大力投入该枢纽工程建设，是源于国务院将其列入全国172项节水供水重大水利工程中2015年开工建设的27项工程之一，以及贯彻落实《国务院关于支持赣南等原中央苏区振兴发展的若干意见》的重点建设项目。

2009年以来大埔县争取到国家和省各种扶持的主要项目还有：大潮（含大漳支线）高速公路、高陂"广州海珠（大埔）产业园区"、县人民医院改造扩建、旅游景点建设、山区中小河流治理工程等等。

2017年大埔县争取到的扶持项目主要有：

大埔县中医医院迁建工程（一期）项目。该项目建设资金

6256 万元，已享受中央苏区政策补助 5000 万元。

大埔县 2016 年镇级污水处理设施建设项目。该项目经优化后采用 PPP 模式，PPP 中标价为 26344 万元，已到位资金 3204.41 万元，其中中央预算内投资 900 万元。该项目正处于实施阶段。

彩票公益金扶持项目。规划在大埔县茶阳镇和青溪镇共 14 个革命老区村实施农田水利及机耕路建设等。项目实施共需投入资金 2095.72 万元，其中中央彩票公益金支持 2000 万元，2017 年底完工。

# 综合经济实力逐步增强

## 一、改革开放头十年经济发展进入"黄金时期"

改革开放头十年（1978—1988），大埔经济发展进入了"黄金时期"。至1988年工农业总产值3.76亿元，与1978年相比增长1.1倍，平均每年递增7.8%；全县生产总值3.27亿元，增长2.86倍（总产值及生产总值的总量用当年价，增长速度用不变价计算，下同）；农村人均纯收入599元，比1979年的43元，增长13倍。

## 二、改革开放第二个十年经济实现两位数增长

改革开放第二个十年（1988—1998），大埔经济进入两位数高速增长期。至1998年，全县生产总值达14.76亿元，十年平均递增18.56%；农业总产值72412万元，十年平均递增17.49%；工业总产值137090万元，十年平均递增22.68%；县财政收入4618万元，比1988年的1737万元，增长1.66倍，十年平均递增10.27%；社会消费品零售总额68495万元，比1988年的20399万元，增长2.36倍，十年平均递增12.88%；农村人均纯收入2571元，比1988年的599元，增长3.3倍，十年平均递增15.68%。

### 三、第八、九、十届县委任期推进经济快速持续增长

在第八届县委任期（1998—2002），大埔经济进入增长方式及经济体制转变期。县委立足"三区"实际，发挥"四乡"优势，坚持把发展作为第一要务，大力推进经济增长方式和经济体制改革两个根本性转变，正确处理改革、发展、稳定的关系，促进了全县经济和社会各项事业健康协调发展，为全面实现脱贫和建设小康社会打下了基础。2002年，全县生产总值实现18.27亿元，五年平均递增6.2%；工业总产值14.23亿元，年均递增2.8%；农业总产值8.12亿元，年均递增4.7%；农村居民年人均纯收入3283元，年均递增6.8%；银行各项存款余额20.9亿元，年均递增15.8%；全社会消费品零售总额9.1亿元，年均递增6.7%。一、二、三产业比例由1997年的33.6：41.0：25.4调整为2002年的29.3：39.3：31.4。

第九届县委在任期（2003—2006）内围绕"五年打基础，十年翻两番，2020年全面达康"的奋斗目标和贯彻落实"四个梅州"发展战略，紧密结合大埔实际，提出并实施了"开放旺县、瓷工富县、农业稳县、人文兴县"的发展思路以及县域经济发展、人文开发等一系列工作思路，为完成各项目标奠实了思想基础。全县经济快速发展、改革不断深入、环境日益优化、社会和谐稳定。至2006年底，全县生产总值达到25.31亿元，四年平均递增8.4%；工业总产值20.97亿元，农业总产值10.516亿元，四年平均递增分别为10.3%和3.4%。三次产业比例由2002年的30：37.7：32.3调整为2006年的26.6：37.4：36，比例更趋合理。财政一般预算收入达到11860万元，比2002年翻了一番多，并突破了亿元大关，四年平均递增20.8%。陶瓷、电力两大特色工业税收分别达到4350万元和5451万元，两大工业税收占全县

税收总额的比例由 2002 年的 39.7% 提高到 2006 年的 41.6%。除经济快速发展外，还实现了基础设施明显夯实、城乡面貌明显变化、人民生活明显改善、发展后劲明显增强、各项事业明显进步的局面。

第十届县委任期（2007—2011）的五年，县委团结带领全县人民认真实施"创新增活力、瓷电增实力、生态增引力、人文增动力"的发展思路，坚持深化体制改革，大力发展民营经济，特色经济促进了经济社会又好又快发展，实现了综合实力持续增强、特色经济持续壮大、发展环境持续改善、城乡品位持续提升、社会建设持续进步、党的建设持续加强。至 2011 年，全县生产总值 54.02 亿元，五年平均递增 11.99%；人均 GDP1.43 万元，年均递增 11.1%。工业总产值 41.42 亿元，农业总产值 22.64 亿元，年均递增分别为 18% 和 6.1%。财政一般预算收入 3.52 亿元，年均递增 20.84%。社会固定资产投资 20.75 亿元，年均递增 20%；社会消费品零售总额 30.78 亿元，年均递增 16.3%；农民人均纯收入 6520 元，年均递增 10.99%。

# 第五节 社会事业全面提质

大埔县在实施改革开放，推进经济建设进程中，致力发展各项社会事业。

## 一、科技推动发展能力增强

大埔县千方百计克服困难，增加科研投入，巩固和发展原有的科研机构，创造条件建立新的科研机构，不断壮大科技队伍，加强项目研究和科技的推广应用。

1979—2000 年，全县共实施科技计划项目 63 项，其中实施省科技计划项目 29 项。科技成果方面，全县获县级以上科技进步奖共 176 项，其中获市级奖 32 项、省级奖 2 项、国家部级奖 2 项。

2003—2006 年，科技综合实力和自主创新能力不断增强，获国家授权专利 210 件，省、市科技进步奖 22 项。

2009 年，大埔县推动科技自主创新，获市级科技进步三等奖的科技成果有 4 项，申报国家知识产权局专利 28 项，获授权 15 项。科技推动经济发展能力显著增强。

## 二、教育基础逐步筑牢

大埔县各级政府重视发展教育事业，在财政比较困难的情况下，仍逐年增加对教育的投入，加强青少年的科学文化教育，积极推行素质教育。1994 年，全县实现了高标准扫除青壮年文盲。

1979—2000 年，全县中小学共进行了五大项系统工程建设：一是"一无二有"（校校无危房，学生人人有教室、有课桌凳）；二是中小学校危房校舍改造；三是改善普及九年制义务教育办学条件；四是实施教师安居工程；五是实施"改薄建规"（改造薄弱学校、建设规范化学校）工程。

1995 年，全县通过"普九"验收，儿童入学率达 99.6%。

1996 年提前实现了普及九年制义务教育目标。教育基础设施建设不断加强。

至 2000 年，全县有省广播电视大学分校和中共大埔县委党校各 1 所，中等专业技术教育学校 5 所，职业中学 2 所，高级中学 1 所，普通中学 35 所（其中初中 28 所、完全中学 7 所），小学 259 所，幼儿园（含小学附设学前班）301 所。全县各类学校共有学生 9.54 万人，教师 5768 人。

2004 年，小学和初中阶段入学率 99.98% 和 97.86%；高中在校生比上年增加 1347 人，增长 20.7%；普通高考入省第三批 A 线 724 人，入围率 52.16%，居全市第三名。大埔县田家炳高级职业学校被国家教育部评为国家级重点中等职业学校。

2003—2006 年，大埔县投入教育基础设施建设资金 3.45 亿元，新建、改建校舍 9.3 万平方米，大埔张云栽实验小学投入使用。

2006 年，各类教育同步发展，虎山中学正向国家级示范性高中目标迈进，家炳职校顺利通过了"国家重点职中"考核验收。

2008 年，虎山中学通过了国家级示范性高中终期督导验收，实验中学、家炳一中分别通过省、市一级学校的督导验收，田家炳高级职业学校通过国家级重点职业学校的复评。

2011 年，全县高中阶段毛入学率从 2006 年的 61% 提高到

90%。创建教育强县、教育强镇工作稳步推进，百侯、湖寮、桃源、大麻、西河、茶阳等6个镇实现"创强"目标；职业技术教育不断发展，家炳职校通过国家级重点职业学校的复评。

2011年，大埔县坚持教育优先发展，较好地解决了教师评而未聘问题，完成大麻、西河、青溪中心幼儿园规范化建设；新建县城实验小学，较好地解决县城小学大班额问题；青溪、洲瑞镇通过创建教育强镇督导验收。

2012年，大埔县成功创建省教育强县，银江镇被授予"广东省教育强镇"称号。全县投入7200多万元，全面完成校安工程建设。升级改造15所村级幼儿园，义务教育规范化学校达91.2%，高中阶段教育毛入学率91.5%。解决了教师职称评而未聘问题。县教育局被评为"全省艺术教育先进单位"。

### 三、文化事业发展迅速

#### （一）文物保护深入开展

大埔县博物馆成立于1958年。县博物馆开设了文物调查、文物研究、文物收藏、文物保护、文物宣传等业务。

20世纪80—90年代，由于场地局限，博物馆便精选馆藏文物，到基层单位去办展览。1989年举办的"大埔县革命文物巡回展"便深入到了5个镇、15个单位展出。

2009年，新馆落成之后，在馆内一、二楼展览区设置了"千年古邑""人文秀区""红色土地""民居大观""客风奇葩""粤东瓷都""华侨之乡""绿色崛起"八个展厅，通过珍贵的实物、精美的图片、生动的文字描述以及讲解员流畅的宣讲，综合展示了大埔县历史、文化、风情、侨情、政治、经济等各方面深厚底蕴、丰富内涵及鲜明的客家特色。

2010年，又开设了介绍罗明、李光耀、田家炳、张弼士四位大埔名人事迹的名人展室及陶瓷专题展室。

2012 年，县博物馆顺利通过了上级的考核、验收，被评为国家三级馆。

文物保护是大埔县博物馆的主要业务之一。

1982 年至 1984 年，大埔县开展了第二次全国文物普查。这次文物普查除发现新石器时代以后的历史遗址多处和珍贵文物多件外，基本掌握了全县文物古迹分布情况：全县有各类古文化遗址、名胜古迹、古建筑、革命旧址等共 212 处。根据第二次全国文物普查资料，1995 年，摄制了《大埔文物》录像带。1996 年，整理出版了大埔县首部《大埔县文物志》。

2004 年至 2006 年，开展全县"民居调查"。在调查的基础上，对 183 座重点民居，建立起了照片和文字描述资料，并出版了《大埔民居》一书。

2007 年至 2012 年，开展了"第三次全国文物普查"。这次普查最终录入不可移动文物 283 处。其中，古遗址 9 处、古墓葬 20 处、古建筑 141 处、石窟寺及石刻 20 处、近现代重要史迹及代表性建筑 92 处、其他 1 处。

申报文物保护单位，是擦亮文物品牌、做好保护工作的重要举措。早在 1979 年，大埔县便将"'八一'起义军三河坝战役烈士纪念碑""天成商号——南方局党委机关所在地旧址""丝纶世美"石牌坊等 3 处文物，申报为第一批县级文物保护单位，并且得到了大埔县革命委员会的批准，由县革委发文公布。30 多年来，申报工作分批、逐级，持续进行；文保单位数量、等级，越多越高。至 2011 年，全县有省级文保单位 12 处、县级 59 处，列入保护的特色民居 187 座。2013 年，大埔县的"父子进士"牌坊（原称"丝纶世美"石牌坊），又从省级晋升为国家级，成为大埔县首个国家级重点文保单位。

此外，获得认定的还有市级客家古民居 10 处。

**（二）文化事业蓬勃发展**

大埔县文化馆于 1951 年成立。60 多年来，特别是改革开放以来，县文化馆在组织文艺创作、组织和辅导群众文化活动、传承非物质文化遗产、承担节庆大型文艺创作和演出活动、送戏下乡宣传活动、办好《大埔文艺》刊物等方面取得了骄人的成果，成为繁荣大埔县群众文化的骨干和中坚力量。

大埔县历史上文风盛行，民间文艺种类繁多，文化底蕴深厚。县文化馆十分重视抓好民间艺术的挖掘、整理、保护、传承工作。

1953 年，县文化馆发掘整理的民间舞蹈"鲤鱼灯"，被选拔为赴京演出的节目，并于 1955 年参加了北京举行的全国民间艺术汇演。

20 世纪 60 年代，多次举办客家山歌培训班，培养了一批又一批山歌创作、演唱人才。

20 世纪 80 年代，大埔开展了民间歌谣、民间故事、民间谚语征集工作，县文化馆将征集的资料编辑成"三集成"：《广东省大埔县民间歌谣集成》《广东省大埔县民间故事集成》《广东省大埔县民间谚语集成》。

1993 年，挖掘整理民间舞蹈《仔狮灯》《花环龙》《鲤跳龙门》等，并收入《中国民间艺术·广东卷》。《鲤跳龙门》参加了中央电视台举办的"1994'神州百姓闹元宵"演出。

2000 年，茶阳镇被国家文化部授予"中国民间艺术之乡——花环龙之乡"称号。

2004 年大埔县被广东省文化厅命名为"广东汉乐之乡"。

2006 年，广东汉乐被国务院列为首批非物质文化遗产——国家级代表作名录。

2011 年，县文化馆被国家文化部定为"国家一级文化馆"。

2012 年，"茶阳花环龙""青溪黑蛟灯"分别获得广东省
"龙舞盛世"——2012 年广东龙舞网上汇演活动"金龙奖"和
"银龙奖"。11 月 22 日，"茶阳花环龙"被指定参加"首届客家
文化艺术节"主题晚会"梦里客家"的演出，接着又应邀参加丰
顺县"温泉文化艺术节"表演。

2012 年，大埔县非物质文化遗产保护中心与文化馆合署办
公，从而使大埔县民间艺术的传承和保护工作进入了一个新阶段。

2006 年至 2008 年，大埔县开展了非物质文化遗产普查，基
本查清了全县非物质文化遗产的蕴藏、分布、传承及濒危等现状，
形成了全县涵盖 14 大项共 80 个项目的非物质文化遗产普查详细
资料。2006 年"广东汉乐"就被国务院列为首批国家级非物质文
化遗产保护名录；2007 年"茶阳花环龙""百侯鲤鱼灯"被广东
省列入第二批非物质文化遗产保护名录；2013 年"青溪黑蛟灯"
获批列入广东省非物质文化遗产保护名录。从 2006 年至 2013 年，
大埔县成功报批国家级、省级、市级、县级非物质文化遗产保护
项目共 36 项，其中国家级 1 项、省级 7 项、市级 2、县级 26 项。

2008 年，山歌大师余耀南被国务院公布为中国首批非物质文
化遗产保护项目（梅州客家山歌）代表性传承人。2008 年，汉
剧、汉乐演奏名家罗邦龙被国务院公布为中国首批非物质文化遗
产保护项目（广东汉乐）代表性传承人。饶武昌被广东省人民政
府公布为省级非物质文化遗产保护项目（茶阳花环龙）代表性传
承人。2009 年，何国美、涂叠登、沈万忠分别被梅州市人民政府
公布为市级非物质文化遗产保护项目（大埔广东汉剧、青溪仔狮
灯、光德陶瓷手工技艺）代表性传承人。从 2008—2013 年，大埔
县共成功申报非物质文化遗产保护项目代表性传承人国家级 2 人、
省级 2 人、市级 9 人、县级 22 人。

### （三）大埔汉剧得以传承

广东汉剧是广东四大剧种之一，汉剧艺术是珍贵的文化瑰宝，有"南国牡丹"之美誉。

大埔汉剧团是新中国成立初期的湖寮民声汉剧社演变、发展而成的。大埔汉剧团坚持抓编创，促演出，求发展，从1959年至2012年，共上演移植、整理、改编的古装汉剧65台，传统汉剧节目19台，现代戏37台。每年演出85场以上。主要剧目有《十五贯》《广东案》《梁四珍与赵玉粦》等。

送戏下乡、节庆演出是汉剧团的一项重要任务，每年都要配合党和政府的中心工作，编排一批节目下乡或参加节庆演出。每年送戏下乡30至50场不等，参加节日、庆典演出10场以上。

1998年10月，大埔县组织文艺庆贺团赴新加坡参加茶阳（大埔）会馆成立140周年庆典活动，汉剧团带去的《四郎探母》《打花鼓》等汉剧在新加坡连演三场，受到好评。

2002年国庆节，汉剧团献演大型汉剧《三月三》。

20世纪80年代以来，特别是进入新世纪以后，由于受到新兴文化娱乐业的冲击，戏剧界逐渐走下坡路，大埔汉剧团亦举步维艰。幸得县委、县政府的重视以及华侨、港澳同胞和内地汉剧热心人士的大力支持，大埔汉剧团得以摆脱困境，巩固下来。

2010年以后，新投排汉剧《三拜花堂》《巧断奇缘》现代歌舞和戏剧小品等综合性节目。主要任务是节庆活动演出、配合中心工作演出和送戏上山下乡，其次才是商业演出。

在2012年5月的文艺院团体制改革中，大埔汉剧团改制为事业一类正股级单位，更名为大埔县广东汉剧传承保护中心，使广东汉剧的保护和传承得到加强。

### （四）建成国家二级图书馆

1958年，始设大埔县图书馆，当时藏书只有8000余册。

1989 年大埔县图书馆新馆建成以后，丰富了馆藏书报、改善了阅读环境。

2005 年，省立中山图书馆在县图书馆设立"广东流动图书馆大埔分馆"，使广大读者能及时阅读到最新最好的书籍。

2009 年，与新加坡大埔（茶阳）会馆共建"新加坡图书馆资料屋"，藏书 800 册。当年还依托省图书馆软件系统开通外借室自动化系统，开发了网上借阅、信息查询等业务，实现了一卡多用功能。

2011 年，"广东省文化信息资源共享工程县级支中心"建成投入使用。读者可在"中心"上网查询和阅读，共享省文化信息资源。当年，县图书馆被省委宣传部评为广东省基层宣传文化先进单位。

至 2012 年，县图书馆有藏书近 13 万册，年订报纸杂志 200 多种，有阅览座位 300 多个，2012 年，接待读者 25 万人次，电脑查询、上网共享文化信息资源 16530 人次。

### （五）民间文艺组织兴起

改革开放以后，民间文艺重新焕发生机，各类民间文艺活动和组织先后兴起。大埔县文学艺术界联合会成立于 1989 年 5 月。县文联下属有 9 个县级文艺界协会（社），即县书法家协会、县美术家协会、县摄影家协会、县音乐家协会、县舞蹈协会、县作家协会、大埔诗社、县广东汉乐研究会、县硬笔书法协会，共有会员 1163 人。这些文艺社团，成为大埔县文艺活动蓬勃开展的主力军。

2001 年至 2012 年，大埔县成功举办"八一"起义军三河坝战役 80 周年纪念活动、庆祝大埔解放 60 周年暨被确认为中央苏区县系列活动、首届大埔国际广东汉乐周和全国、全省摄影比赛等重点文化活动，编辑出版《大埔县历史文化丛书》《美丽大埔》

《印象大埔》《行走大埔》《大埔民居》等书籍，进一步提升大埔影响力和知名度。大埔被国家文化部命名为"广东汉乐之乡"，获得"中国最具文化品位的小城""中国十大文化休闲基地""广东省文化先进县"等称号，百侯镇、茶阳镇、三河镇先后被评为国家级历史文化名镇，湖寮镇古城村、百侯镇侯南村被评为广东省古村落。

2012 年，百侯、茶阳、高陂、青溪镇文化站被评定为省特级站。

**四、广播电视事业跨越式发展**

大埔县广播电视事业迅速发展。经历了从无到有，从最初的简易收音到有线广播，从有线广播到无线广播，从广播到电视，从无线电视到有线电视，从模拟电视到数字电视，从借用电话线路传输到微波传输、光纤传输，从纯广播、电视转播到广播、电视转播与自办台并举等一个又一个跨越式发展过程。如今，大埔县广播电视的设施设备和运行管理都已经跨进了先进行列，实现了调频广播、中波转播、数字电视、微波传输、光纤传输、卫星接收并存，县境内广播、电视覆盖率达到 100% 的良好局面。2000 年，全县实现"村村通"广播电视。2012 年，全县有线电视用户约 4 万户，其中城区用户约 2 万户，乡镇用户约 2 万户。县城有线数字电视整体转换用户 2 万户，乡镇有线数字电视整体转换用户 1.2 万户。有线网络完整转播中央和省、市必转节目，其中有线网络模拟频道播出 35 套节目，有线电视网络数字频道播出 114 套节目。

**五、卫生事业全面提升**

1979—2000 年，大埔县多方筹资，加大投入，建立了县、镇、村三级医疗预防保健网，使全县卫生事业迅速发展，较好地适应了人民群众的医疗、保健需要。至 2000 年，全县拥有 10 所县直医疗卫生单位、20 所镇卫生院、352 个村卫生站（店），卫生技术人员由 1979 年的 1065 人增至 1162 人。

2003—2006 年，大埔县加快发展卫生事业，累计投入 7600 多万元完善医疗卫生设施，县疾控中心、妇幼保健院建成投入使用，新建、扩建乡镇卫生院 20 间次。

2008 年，广泛开展疾病控制、医疗保健和群众体育活动，提高整体医疗救治和应对突发公共卫生事件的能力。

2009 年，城乡医疗服务水平进一步提高，全面实施免费婚检、产检和定额补偿新生儿疾病筛查，高陂、大麻、青溪等镇卫生院基础设施建设不断完善，无偿献血工作继续走在全市各县（市、区）前列，县疾控中心被评为"梅州市疾控工作先进单位"。

### 六、体育设施陆续兴建

大埔县各级政府重视和支持体育事业，鼓励社会办体育，抓好体育场馆建设。1994 年冬，建成了占地 6 万平方米、可容纳 1 万多人的田家炳体育中心。积极实施全民健身计划，群众性体育活动日趋活跃。2000 年，高陂镇和百侯镇被命名为"广东省体育先进镇"。

至 2011 年，县城全民健身广场等一批重点文体设施投入使用，基层文体设施不断完善，7 个镇建成了文体广场，湖寮镇被评为"全国亿万农民健身活动先进镇"。

# 第六节 城乡建设加快步伐

民国时期，除茶阳、高陂外，较大的集镇尚有湖寮、大麻、三河、漳溪（西河）、百侯、枫朗、大塘头（大东）、龙颈凹（银江）等。新中国成立后，随着生产和交通事业的发展，特别是1978年以后，实行改革开放带来了市场繁荣，加速了集市建设。全县20个乡镇所在地均已建成或大或小的集镇。大埔的茶阳，地处闽粤两省水路交通咽喉，明嘉靖五年（1526）后一直为县治所在地，高陂则是陶瓷集散中心，因而两地遂成为县境南北端城市建设发展较快的集镇。

## 一、县城规划和建设

1961年县城迁入湖寮后，增设湖寮镇。

20世纪70年代前，大埔城乡建设缺乏总体规划。1983年，进行县城城镇规划，扩大城区建设规模。1986年，调整街道布局。1990年，对县城进行第一次总体规划修编。1992年，经省建设委员会、同济大学、市规划设计院评议，《大埔县城总体规划》顺利通过鉴定。

改革开放以来，城建部门抓好县城旧城改造和重点项目建设，完善交通、通讯、卫生、防洪排涝基础设施，城区面貌发生了很大的变化。

1979年，县城有同仁路、工农路、虎山路、文化路、文明路、文化中路、府前路、人民路、虎中路、万川路、环城路 11 条街道。1986 年调整街道布局，拆除县汽车运输站和国营示范农场部分建筑，延伸虎山路、万川路，与西环路连接。至 1988 年底，城区共有街道 14 条，总长 7.2 公里。1992 年，城区向城东、城西和城北方向发展，建设了人民东路、新城路、新中路、沿河东路、青梅路、城北路、义招路、虎城路、虎源路、康庄路等 10 条街道。1995 年，建设了财政路、环城大道，在黎家坪建成新黎路、侨中路、坝岗街 3 条街道。

1993 年至 1997 年，县城建成长 7000 米、宽 14 米的环城大道及日产 3 万吨水的虎山水厂，县城建成面积增加近 1 平方公里。

1999 年，县城文化广场建成，总面积 2.1 万平方米，成为标志性建筑。

至 2000 年底，县城共有街道 29 条，总长 33.1 公里，总面积 77.38 万平方米，均为混凝土路面。最长、最宽的是环城大道，全长 6308 米、宽 40 米；最短的是府前路，长 87 米；最古老、最窄的是同仁路，宽仅 7 米，始建于清朝初年，已有 300 多年历史，人们均称其为"老街"。2000 年，大埔县城区面积为 3.88 平方公里，县城人口 4.84 万人。大埔县城被国家建设部评为"第三次全国城市环境综合治理先进县城（镇）"。

2000 年 7 月，委托市城市规划设计院对县城总体规划进行第二次修编，规划期限为 2001—2020 年，规划区控制范围为：东至凹背、青坑大桥；西至河腰梅潭电站；南至葵坑水库；北至莒村枫林磜、坑尾潭。规划控制面积为 43.26 平方公里，比原来的 16.49 平方公里扩大了 1.6 倍，规划常住人口为 12 万人。发展目标定为：梅州市东部中心镇，大埔县政治、经济、文化、交通中心，发展以食品、电子、陶瓷为主的工业和旅游等第三产业，建成"绿中城、城中水"的现代化山水小城市。

2001—2006 年，大埔县按照"高标准、高档次、高品位、高质量、高速度"的要求，把市政建设和实施"人文兴县"发展思路与人文景区开发有机结合，重点抓县城防洪堤、大埔大道、美食街、西湖公园、双髻山森林公园、仁和大桥建设及完善西环路和延伸文明路。同时，创新机制，提高管理效能，推进了县城"亮化""净化""绿化"工程。县城建成区面积由 2002 年的 3.3 平方公里提高到 2006 年的 6 平方公里。

2009 年重点抓好龙山新区、城西文化区、丽水湾新区的规划建设和城北路等一批残旧街道的改造，完成了滨江公园、湿地公园、文化中心、北环大道、内环西路、城北市场等一批重点市政工程建设，整合和加强了县城卫生管理，县城架构进一步拉大，县城品位和档次进一步提升。当年，大埔荣获"中国最美的小城""全国最具文化品位的小城"称号。

大埔县城是一座具有山水特色的城市。自 1985 年建成虎山公园后，至 2012 年又先后建成滨江公园、西湖公园、西岭中国书法公园、梅河公园、双髻山蜜柚公园、湿地公园。2011 年，县城公共绿化覆盖面积 243 公顷，绿化覆盖率 38.9%，比 2006 年增长 60%。

梅潭河穿县城而过，改革开放前，县城一河两岸仅有一座公路桥——杨梅田大桥。1985 年旅港田家炳先生捐建的湖寮大桥落成，把县城主城区与黎家坪村连接起来。此后，宝安大桥、大兴大桥、晋昊大桥、河头大桥、白云大桥、仁和大桥等大小十座桥梁先后落成，既方便交通，也为扩大城区面积打下了基础。

至 2011 年，县城污水处理厂建成运营。全县饮用水源水质达标率 100%，空气质量保持优良。大埔被确定为"全国中小城市生态环境建设实验区"，荣获"中国绿色名县""中国最美的小城""广东省文明县城""广东省卫生城镇"称号，湖寮镇被评为"广东省生态示范镇"。

### 二、镇村规划和建设

1979 年后，全县大小圩镇加快集市建设步伐，对老街道、老店铺等建筑进行维修、改造。

2000 年，县建设局组织有关职能部门对全县 20 个建制镇进行圩场规划修编，面积 37.07 平方公里。

随着商品经济的发展，农村生活水平提高，乡村的建设进入了一个新的发展阶段。住宅由传统的多户聚居逐步向单家独院转变；建筑结构由土砖瓦平房向砖混结构、钢筋混凝土结构的小楼房转变。至 2000 年底，全县兴建农村规划小区 34 个，完成小城镇规划面积 6.42 平方公里，大麻、英雅、银江、百侯、茶阳等镇共建小康房 877 户，建筑面积 11.47 万平方米。富裕起来的农户，新建的楼房贴上了瓷砖，镶上了铝合金门窗。全县行政村已实现村村通公路和程控电话，村村可收看 20 多个频道的电视节目，各村都有卫生医疗站，全部村委会新建了办公楼房。抓好农村危房改造和农村生活垃圾收集处理试点村建设，推进农村生活垃圾处理，改善人居环境，乡村变得越来越美丽。

2002 年开始，推进了三河"次中心城市"，茶阳、高陂中心镇的规划和建设，全县城镇化水平由 2002 年的 32% 提高到 2006 年的 37%。

2008 年，大麻镇小麻村开展"洁净家园·绿满梅州"活动，搞好绿化、净化、美化建设，农村面貌焕然一新，被省里确定为"广东省宜居村庄创建指导点"。

2010 年，西河镇被评为"全国新农村建设示范镇"。

2011 年，完成 15 个镇（场）垃圾处理场专项规划。

至 2012 年，各镇（场）开展绿化、净化、亮化工程活动，提高了文明村镇建设水平。同时，还认真落实市委提出的"生态梅州"发展战略，全县范围内掀起了"绿满梅州"大行动，提高了绿化覆盖率，改善了村镇面貌。

## 民生保障持续改善

1990 年 3 月，成立县社会福利服务中心，定为股级事业单位，归县民政局领导。1996 年，为监护抚养弃婴，创办县福利院。1999 年建成"三院合一"（颐年院、孤儿院、光荣院）的县综合福利院，建筑面积 3700 平方米。建设资金由华侨捐资 150 万元、省社会福利有奖募捐委员会拨款 60 万元、其他社会热心人士捐资 70 万元，共投入 280 万元。

1992—1998 年，围绕脱贫攻坚目标，坚持采取"领导挂点、单位挂钩、千干扶千户"措施，狠抓"项目、资金、措施、责任"四落实，并取得了较大成效。绝对贫困户占全县人口比例由 1992 年的 13%，下降到 1997 年的 0.08%，被评为"广东省的扶贫攻坚优胜等级县"。

2002—2006 年的五年里，全县财政用于民生领域的支出 32 亿元，占一般预算支出的 70.8%。

2004 年，以农村贫困户危房改造为重点的 63 个"十项民心工程"项目顺利实施。全县投入 2198.5 万元，扶持贫困户改造危房 1091 户，其中完成 962 户，在建 129 户，基本完成年度改造计划。各级挂扶单位共投入帮扶资金 802.97 万元，新上集体经济项目 36 个，新增集体经济年收入 3 万元以上的村 11 个，新建和完善村址 24 个，基本实现了行政村办公楼房化。

至 2006 年，扶贫开发"双到"工作扎实推进，共落实帮扶资金 2.43 亿元，有效改善了贫困村的村容村貌和贫困户的生产生活条件，全县扶贫开发"双到"工作得到省考核组和交叉检查组的好评，被评为优秀等次。当年，因洪灾房屋倒塌的 1679 户住房重建全部完成，还完成了 2027 户农村贫困户危房改造。

2006 年农村人均收入低于 1000 元的 7709 户 1.76 万人纳入低保。

2007 年完成农村 2535 户贫困户危房改造、建设，实现了农村安居工程目标。

2008 年，农村人均收入 1500 元以下的贫困户 2413 户，5493 人全部纳入低保；农村 34.8 万人参加农村合作医疗，实现了农村常住人口全覆盖。

2009 年，全县 34.8 万名农村居民参加了农村合作医疗，基本实现农村常住人口全覆盖；3.87 万名城镇居民加入了城镇居民医保，4595 名困难企业退休人员职工医疗保险全部解决；年人均纯收入 1500 元以下的 2413 户 5493 名困难群众全部纳入低保。以劳动力转移为重点的"双转移"工作扎实推进，全年培训农村劳动力 5102 人，转移就业 8110 人；提高了全县村干部工作报酬，启动了村干部养老保险工作；认真落实农房统保政策，政府出资为全县 9.9 万农户购买了房屋保险；重视解决城镇低收入家庭住房困难问题，全县新建廉租房和经济适用住房共 120 套。

至 2011 年底，农村社会养老保险参保农民达到 13.87 万人；全面实行城镇居民基本医疗保障制度，新型农村合作医疗实现常住人口全覆盖；城乡低保保障面不断扩大，保障标准逐步提高，符合低保条件的城乡困难群众实现应保尽保。认真解决城镇困难群众住房难问题，投入近 7000 万元建设保障性住房 781 套。

2011 年，全年全县财政用于民生领域的支出 9.8 亿元，占一般预算支出的 70.7%。扶贫开发"双到"工作扎实有效，落实扶持资金 3.3 亿多元，九成以上的贫困村集体经济收入达到 3 万元以上，有劳动力的贫困户基本实现脱贫目标。完成 2500 户农村低收入困难户住房改造，着力解决农村饮用水安全问题。社会保障体系进一步完善，城乡居民社会养老保险、基本医疗保险制度实现全覆盖，"新农保"工作被省政府评为全覆盖达标单位。企业未参保人员、失地农民养老保险和困难国有企业欠缴社保费等历史遗留问题有效解决。扎实抓好"双转移"工作，全年免费培训农村劳动力 6050 人。

# 第八章

## 创新理念　绿色发展（2013—2017）

　　党的十八大以来，以习近平同志为核心的党中央提出了"创新、协调、绿色、开放、共享"的五大发展理念，绿色发展是以效率、和谐、持续为目标的经济增长和社会发展方式。在党的十八大精神指引下，中共大埔县委、县人民政府围绕"全力加快绿色的经济崛起、建设富庶美丽幸福大埔"的核心任务，全面落实《闽粤赣原中央苏区振兴发展规划》和《省委、省政府进一步促进粤东西北地区振兴发展》"两大政策"，立足"建设广东低碳经济发展实验区、创建中国客家文化生态保护示范区、打造国际乡村休闲旅游目的地"三个定位，深入实施"低碳经济县、宜居宜业县、人文魅力县、幸福和谐县"发展思路，紧跟时代步伐，抢抓发展机遇，把发展绿色产业作为推动经济结构调整的重要举措，突出绿色的理念和内涵，加快发展绿色产业、推进绿色宜居城镇建设、实施园区循环发展引领行动、开展绿色发展示范、倡导绿色生活方式和消费模式，走生态优先、绿色发展新路，不断提升经济发展的"含绿量"，从而使主要指标实现两位数增长。2017年，全县生产总值达90亿元，自2012年以来年均递增10%；人均生产总值20599元，年均递增11%；固定资产投资59.60亿元，是2012年的4.15倍，年均递增32.97%；县级一般公共财政预算收入9.41亿元，是2012年的2.67倍，年均递增21.66%；社会消费品零售总额50.13亿元，是2012年的1.63倍，年均递增11%；外贸进出口总额2.8亿美元，是2012年的2.17倍，年均递增16.77%；农村居民人均可支配收入11267元。三次产业结构不断优化，由2012年的27∶41∶32调整为2017年的26.7∶29.7∶43.6。

# 加强产业培育，壮大实体经济

## 一、做大做强电力产业

积极实施水火风光核并举战略，加快打造百亿元电力产业。至 2016 年新建、改造水电站 11 间，装机容量共 120 万千瓦的粤电大埔电厂（火电）于 2014 年开工建设，2016 年投入商业运行。2016 年电力工业税收 1.44 亿元，五年来年均增长为 24.56%。至 2017 年，全县水、火电装机总容量达到 168.2 万千瓦。

2017 年 6 月，广州市海珠区卫计局出资建设的高陂镇尧溪村 55 千瓦光伏发电扶贫项目落成，并网发电。这是大埔县第一家并网发电的村级光伏发电站。6 月 30 日，由广东省旅游控股集团援建的 650 千瓦光伏电站在大埔县枫朗镇落成，并网发电。

内河核电及风电项目也在积极跟进。

## 二、做优做精陶瓷产业

2012 年以来，大埔县围绕"推进陶瓷产业转型升级，加快打造百亿元陶瓷产业"工作部署，以"调结构、转方式、促升级"为着力点，以"品种、品质、品牌"为主抓手，依靠科技创新，坚定不移地走新型工业化之路，先后制定《大埔县加快陶瓷产业发展优惠办法》《关于促进中小企业平稳健康发展的实施办法》《关于进一步加快实体经济发展的实施办法》等政策与措施，不断提升全县陶瓷产业绿色发展水平，致力促进全县陶瓷产业快速发展。

2012 年至 2016 年，推动陶瓷企业"上规、上亿、上市"，取得较好的成效，全县有"规模以上"陶瓷企业 39 家，全县陶瓷销售收入 20.3 亿元，产值达 36 亿元，税收 1.3 亿元。

2016 年 7 月，广东欣红陶瓷股份有限公司出资 250 万美元、控股 50% 的乐陶商贸（美国）有限公司在美国纽约正式开业，建立起海外营销网络和渠道，开创大埔县对外投资的先例，为大埔县青花瓷搭起更广阔的贸易平台。

**（一）擦亮"青花瓷"品牌**

大埔是瓷中之王——青花瓷的主产地。青花瓷以其品质高雅、素净中透出奢华、朴质里显露经典、极富中国水墨画的艺术魅力等特点而成为瓷中瑰宝，饮誉古今中外。大埔被誉为"中国青花瓷之乡"。为擦亮"青花瓷"品牌，大埔县于 2014 年启动大埔青花瓷地理标志证明商标注册和"青花瓷地理标志保护"申报工作。2015 年 11 月，国家工商行政管理总局商标局核发"大埔青花瓷"地理标志证明商标注册证书。2016 年 8 月，"大埔青花瓷"又获得国家质监总局专家组的"地理标志产品保护"认定。此后，由大埔陶瓷行业协会牵头制定了《大埔青花瓷地理标志证明商标使用管理办法》《大埔青花瓷技术规范》《大埔青花瓷质量要求》等三项县级地方标准，并严格筛选出 31 家企业为第一批报备使用"大埔青花瓷"地理标志证明商标的企业。通过实施品牌战略，青花瓷产品平均价格从以前的每件 5 至 8 元，提升到每件 10 至 15 元，增长了近 1 倍。在 2017 年第 121 届广交会上，大埔青花瓷深受海外采购商欢迎，参展企业共签约成交 9007 万美元；在 2017 法兰克福（春季）消费品博览会上，大埔青花瓷签下 483 万美元订单，谱写了 21 世纪海上丝绸之路的大埔青花瓷新篇章。

实践证明，通过这一系列的"品牌建设"，不但大大提升了大埔青花瓷知名度，提高了标志使用企业的经济效益和社会效益，也使大埔青花瓷形成了完备的创新体系，为大埔陶瓷产业转型升级发挥了强力助推作用。

### （二）抓好园区建设

地处高陂的广州海珠（大埔）产业园区成功享受省级产业转移政策，在2015年度全市集聚地考核中排名第一，园区总规和详规编制全面完成，至2016年底，首期500亩起步区征地拆迁基本完成，"一纵两横"路网、道路排水、供电线路迁改工程扎实推进，进园区共有企业20家，其中已投产18家、在建2家。桃源陶瓷工业小区建设扎实推进。高陂、桃源、光德三个省级陶瓷技术创新专业镇的优势得到更好的发挥。

### （三）扶持企业做大做强

一是培育龙头企业。培育规模以上企业增产增效、技术创新，或进行股改，从而做大做强，达到产值超亿元，成为全县陶瓷产业集群龙头企业。新马陶瓷、吉玉陶瓷2家企业在全国股权转让系统"新三板"挂牌交易。该2家企业分别与中信建投证券、东莞证券签订了赴"新三板"上市辅导协议，标志着县内培育企业上市工作取得新突破。截至2015年底，大埔县陶瓷产业有5家企业产值超亿元（宝丰、新马、吉玉、怡丰园、峰联）。二是扶持小微企业成长。重点将炜炜陶瓷、宏达陶瓷、伟业陶瓷、梅兴陶瓷等4家具有发展潜力、成长性好的中小微企业由"规模以下企业"培养成为规模企业。截至2015年底，全县陶瓷产业规模企业由31家发展到35家。

### （四）推进科技创新

坚持完善以企业为主体的产业技术创新机制，开展技术、产品、创意"三大创新"专项活动。新增国家级高新技术企业 2 家（昌隆公司、吉玉公司）；新增市级工程技术研究开发中心 1 家（裕丰公司）；申请专利 181 件，获得国家授权专利 239 件；有 3 项科研成果获得 2015 年度梅州市科学技术奖；有 5 项科技成果通过县级科技成果鉴定。昌隆陶瓷"全釉薄胎陶瓷技术的研究与应用"项目获省科学技术奖二等奖。至 2017 年的五年间，全县高新技术产品产值达 3.65 亿元，利税 4020 万元。

### （五）扩展电子商务

2015 年，引领三和、吉玉、富大、林海、峰联等 20 家企业与大型超市或"君尚""沃尔玛"等营销强势企业联合，建立"网络"营销拓展平台。2015 年 7 月，县陶瓷行业协会与梅州锦绣国际签订战略合作协议，双方携手打造"世界客都·陶瓷城"。该陶瓷城设立陶瓷设计、展览、销售、电商四大平台。

### 三、做旺文化旅游产业

2012 年以来，中共大埔县委、县人民政府牢固树立全域旅游和"抓文化旅游是抓实体经济"的理念，以建设中国客家文化生态保护示范区为切入点，以实施"135"（一名城三名镇五名村）工程为重点，以建设 A 级景区和星级酒店为载体，以打造国际乡村旅游休闲目的地为目标，促进文化、生态、农业、工业、体育与旅游深度融合。

大埔县主动对接梅江韩江绿色健康文化旅游产业带建设，以推进韩江（大埔）客家文化旅游特色带建设为主线，以红色文化、客家文化、农耕文化为主题，促进文化和旅游深度融合。大埔县继续获评中国最美丽县；大埔县入选省首批全域旅游示范区创建名单；百侯镇旅游区获评首批"广东省文化旅游融合发展示范区"；三河镇获评省休闲农业与乡村旅游示范镇；北塘乡村旅游区获评省级新农村示范区，并成功获评国家 3A 级景区。

2012 年以来，大埔成功创建全国文化先进县、全国休闲农业与乡村旅游示范县和广东省旅游强县；荣获首批"广东省戏剧之乡"称号；被文化部授予"2014—2016 年度中国民间文化艺术之乡（广东汉乐）"称号。

百侯镇于 2010 年，三河镇、茶阳镇于 2014 年被国家住房和城乡建设部和国家文物局认定为"中国历史文化名镇"。

"绿水青山就是金山银山"。大埔立足"生态立县、实业富县、文旅兴县"三个定位，做好"红色、绿色、古色"三篇文章。

2012 年至 2016 年间，推进了 24 项总投资 65.2 亿元的文化旅游项目建设。一是做旺做强红色旅游。打造以"八一"起义军三河坝战役纪念园为龙头，青溪中央红色交通线、枫朗南方工委旧址与罗明故居为配套的红色景区。"八一"起义军三河坝战役纪念园提升改造工程完成游客服务中心、中央苏区展馆的布展；青溪中央红色交通线完成棣萼楼、纪念园、邹日祥故居、交通中站展馆等改造建设；南方工委旧址完成红色宣誓广场、红色长廊、闽粤赣边区革命陈列室及相关配套设施建设。二是激活客家文化旅游。抓好百侯镇旅游区、泰安楼客家文化旅游产业园和张弼士故居旅游区的提升改造。抓好李光耀祖居景区、瑞山生态休闲度假区等建设。百侯镇旅游区完成门楼建设和肇庆堂西洋楼、海源楼、笙曹筱筑、通议大夫第、企南轩及游客中心尚德公祠等内部改造工程；泰安楼客家文化旅游产业园的小吃文化城正式运营开放、演艺中心推出"周六有戏"文艺节目。三河汇城古村落保护开发、万福寺宗教旅游区建设和花萼楼景区建设等有序推进。三是提档升级乡村旅游。坪山梯田旅游区完成景区土特产商店、农耕文化展示区、观光车充电站、农副产品加工建设和梯田田埂美化、180 亩鹰嘴桃种植。西岩茶乡度假村新建茶餐厅，装修博物馆、会议室，并升级改造别墅区。四是坚持工旅联动发展。深化"旅游+""＋旅游"的理念，利用厚重悠久的陶瓷文化和传统技艺，打造高陂富大陶瓷工业旅游区，主要建设原料加工、陶瓷生产、产品和名家作品展示、陶艺体验、古陶瓷展示、古龙窑等功能区。该旅游区已建成集陶瓷生产、体验、展示、观赏于一体的工业旅游区。

泰安楼客家文化旅游产业园和百侯名镇旅游区被评为国家 4A 级旅游景区。

至 2016 年，全县建成了 2 个国家 4A 级景区、7 个国家 3A 级景区和 1 家四星级酒店、4 家三星级酒店。2016 年全县接待游客 567.6 万人次，旅游经济总收入 33.7 亿元。五年年均增长分别为 43.96% 和 47.06%。

## 四、做活生态健康产业

大埔县坚持错位发展生态健康产业，着力培育形成"食品养生""康复养生""生态养生"等特色品牌。兴建了大埔小吃文化城，把大埔小吃做成富民产业。把农业打造成为基地化、标准化、品牌化、市场化的健康产业，至 2016 年全县蜜柚种植面积 21.21 万亩，茶叶种植面积 10.5 万亩。大埔县先后荣获"中国蜜柚之乡""中国名茶之乡"称号，被评为"中国绿色生态蜜柚示范县""2014 年度全国重点产茶县""中国茶业十大转型升级示范县"，西岩乌龙茶和大埔蜜柚被认定为国家地理标志保护产品。全县有省、市、县级农业（扶贫）龙头企业 126 家。广东顺兴种养股份有限公司 2016 年 8 月在"新三板"挂牌上市。抓好县人民医院、中医院、妇幼保健院和龙运老年公寓建设，提高医疗卫生服务和康复养生水平，保障人民群众身体健康。

## 强化基础设施建设，优化发展环境

### 一、加快构建现代交通网

党的十八大以来，大埔围绕"打造对接海西区的重要门户和潮汕平原北上开拓腹地的枢纽"的目标，加快推进交通基础设施建设，2012—2016 年的五年间，累计投入 61.82 亿元，重点抓好高速公路和韩江航道等"二高一江"的规划建设。高标准完成 S333 线三河至县城一级公路改建工程和沥青路面铺筑；完成高陂至桃源二级公路改建；完成 66.3 公里县道沙土路改造、175.2 公里路面大修工程及 437.1 公里乡村公路硬底化改造；新建大桥 22 座、改造危桥 30 座。梅龙高速公路全线建成通车；大潮（含大漳支线）高速公路已动工建设；县城过境公路，大丰华高速前期工作扎实推进。完成韩江三河坝至汕头大埔段航道整治。

至 2016 年，全县公路通车里程 2735 公里，公路密度达到每百平方公里 110.9 公里，比 2011 增长 13.3%。

### 二、抓好民生水利工程建设

总投资 61 亿元的高陂水利枢纽工程于 2015 年 10 月开工建设。至 2018 年 7 月，韩江高陂水利枢纽工程一期船闸、重力坝、泄水闸等主体项目拔地而起。一期围堰已于 10 月结束，同时启动二期围堰。

2011年至2015年的"十二五"期间，投入8.13亿元，新建、加固提升县城防洪堤18.88公里，将县城防洪堤提高到50年一遇防洪标准；对茶阳等13条，长32.71公里重点堤围按20年一遇设防进行除险加固；完成百侯侯南侯北堤、西河漳溪护岸加固工程等8宗中小河流治理项目建设；实施农村饮水安全工程项目74宗，解决9.5万人饮水安全问题。实施大埔县中央财政小型农田水利重点县项目建设，完成渠道改造169.25公里，新建维修陂头70座，完成灌区改造工程15宗，改善灌溉面积1.8万亩。全面完成4宗中小河流域综合治理工程，完成5宗山区中小河流治理主体工程。

## 推进扩容提质，建设美丽城乡

2012 年至 2017 年，大埔县在重点抓好县城和高陂、大麻、茶阳三个具有县城功能的中心镇建设的同时，着力抓好美丽乡村建设，把县城建设成为"城在山中、楼在林中、山水相融"的美丽山城，把全县建成美丽大公园，以进一步彰显生态优势。城镇化率由 2011 年的 43.39% 提升到 2016 年的 46%。

### 一、县城建设更有品位

2012 年以来，完成《大埔县城市总体规划》编制，万川新城、黎家坪新区控制性详规编制有序推进。完成侨中路、古城一街、内环二路、财政路等 15 条道路改造；建成万川翰林一期、中华广场、小吃文化城等一批城市综合体以及西湖公园、虎山公园等美化亮化工程；完成县城生活垃圾填埋场改造提升、黎家坪排水渠道建设工程；投入 9800 多万元完成县城自来水公司回购，着力改善县城供水条件；推进地下管廊建设，完成县城 500 公里地下管线普查工作。

县城绿化覆盖面积 275.5 公顷，绿化覆盖率 45.9%，比"十一五"末增长 13.4%，人均公园绿地面积增至 21.31 平方米。城区生活垃圾无害化处理率达 100%。县城建成区面积由 6.8 平方公里拓展至 7.5 平方公里。

## 二、镇、村建设加快步伐

2012 年以来，完成 14 个建制镇总体规划和 184 个行政村的规划编制。

高陂、大麻、茶阳 3 个中心镇及 100 个美丽乡村示范点建设工作扎实推进。西河镇省级新农村连片示范点、百侯镇和大麻镇幸福村居示范片创建工作初见成效。

每个镇（场）2 个以上美丽乡村示范点建设也扎实推进。大麻六村联动美丽乡村、西河省级新农村示范片建设示范作用逐步发挥。

镇村建房更加规范；农村生活垃圾处理实现"一镇一站、一村一点"，无害化处理率达 73%；水环境质量达标率、饮用水源水质达标率、城区环境空气质量优良率保持 100%。

## 三、全县生态优势更加彰显

2011—2016 年的五年间，共完成造林 25 万亩、生态景观林带建设 80 公里，新增省级生态公益林 77 万亩、省级森林公园 2 个、县镇级森林公园 11 个、湿地公园 1 个，森林覆盖率由 2011 年的 76.34% 提高至 2016 年的 79.86%。自然保护区面积占全县土地面积比例达 10.33%；投入 1900 多万元完成梅潭河及汀江河青溪库区生态环境综合治理，梅潭河、汀江河水质明显改善。新建县城污水处理厂二期和高陂、茶阳中心镇污水处理厂。全县水环境质量、饮用水源水质、城区环境空气质量全面达标，单位 GDP 能耗、主要污染物减排通过省、市考核。大埔被纳入国家重点生态功能区，先后荣获"全国绿化模范县""全国文明县城""中国最美的小城""2014 年、2015 年、2016 年中国深呼吸小城 100 佳""2014 年、2015 年中国最美丽县"和"广东省卫生城镇"等称号。

# 繁荣社会事业，共享发展成果

　　大埔县统筹抓好事关可持续发展的文化教育、民生改善、信访维稳、人口计生、生态环境、卫生科技、体育事业和民主法制建设。

　　2012 年成功创建全国义务教育发展基本均衡县和广东省教育强县；2014 年全县 14 个镇全部完成省教育强镇建设，实现省教育强镇全覆盖，义务教育标准化学校覆盖率达 100%，山区和农村边远地区义务教育学校教师岗位津贴全面落实。九年义务教育巩固率从 2011 年的 94.5% 提高到 2016 年的 97.2%；高中阶段毛入学率由 2011 年的 90.5% 增长到 2016 年的 95.45%。高考成绩逐年提升，本科以上入围率从 2011 年的 36.97% 提高到 2016 年的 44.34%。

　　县人民医院、妇幼保健院二期改扩建工程进展顺利，县出生缺陷综合干预中心建成投入使用，县人民医院改扩建工程、县中医院迁建工程有序推进，全县镇卫生院和村卫生站标准化建设稳步推进。医技资源增速明显，平均每千人口拥有医生数由 2010 年的 0.54 人增长到 2016 年的 1.88 人。

　　体育事业有新进展，完成全县 15 个镇（场）省级乡镇农民体育健身工程建设。实现镇级农民体育健身工程全覆盖。

　　2016 年城乡居民人均可支配收入 15177 元，是 2011 年的 1.8 倍，年均增长 12.5%。社会保障水平不断提高，享受各项社保待遇 15 万多人次、发放社保各项待遇 8.95 亿元，分别是 2011 年的 2.14 倍和 3.02 倍，年均分别增长 16.5% 和 24.8%，实现 60 周岁以上城乡居民养老保险全覆盖。城乡一体化基本医疗保险和城乡居民大病保险制度全面实施。城乡低保救助水平、农村五保供养标准和孤儿最低生活养育标准不断提高，城乡低保实现应保尽保。为全县常住人口统一投保自然灾害公众责任险。两轮扶贫开发"双到"任务全面完成，投入 12.52 亿元，全县 178 个贫困村基本改变落后面貌，1.43 万户 4.92 万个贫困人口如期实现脱贫目标，省、市考核名列前茅；完成"两不具备"贫困村庄搬迁 3300 户。新一轮精准扶贫精准脱贫工作扎实推进，完成精准识别工作，全县确认相对贫困户 5514 户 12262 人。2011 年至 2016 年共投入 1.25 亿元，新建 304 套经济适用房、515 套公共租赁住房，发放住房租赁补贴 310 户。完成 10241 户农村低收入住房困难户住房改造任务和 600 户棚户区改造任务。城镇职工基本养老保险参保率 98%，城镇基本医疗保险参保率和新型农村合作医疗覆盖率均达 100%。就业形势保持稳定，培训各类劳动力 4.12 万人，新增城镇就业 1.39 万人、转移就业 6.57 万人，城镇登记失业率 2.4%。老龄工作有新突破，大埔县被命名为"中国长寿之乡"。社会养老服务事业加快发展，新增养老机构 3 间、养老床位 1165 张。实现 80 岁以上高龄老人补（津）贴全覆盖，为 80 岁以上老人、60 周岁以上困难群体购买意外伤害保险。残疾人工作成效显著，建成残疾人综合服务中心，2011 年大埔县被评为全国残疾人工作先进单位。干部职工福利待遇逐年提高。

建成启用县公共服务中心，28 个单位进驻、设立 66 个办事窗口；网上办事大厅建成运行，41 个部门、368 项办理事项进驻。全力推进镇公共服务中心和村（社区）公共服务站建设。推行"一门式、一网式"政务服务模式，群众办事难、办证难等问题得到有效解决。

全面推进"平安大埔"建设，抓好"三打两建""3＋2"等专项行动，打击各类违法犯罪活动，2013年再次荣获"全国平安建设先进县"称号。

落实"党政同责、一岗双责、失职追责"的安全生产责任制，建立县政府常务会每月研究安全生产工作制度，安全生产形势持续稳定。党管武装工作有新的加强，双拥共建和国防后备力量建设有新的成效。国防教育、人民防空、民兵预备役建设扎实推进，优抚安置政策全面落实，成功创建省双拥模范县。

## 第五节 压实主体责任，从严管党治党

党的十八大以来，中共大埔县委在党中央和省、市委正确领导下，切实压实主体责任，从严管党治党，从而使各级党组织的领导能力和执政水平不断提高。

### 一、加强纪律作风建设

切实履行管党治党责任，扎实开展党的群众路线教育活动、"三严三实"专题教育活动、"两学一做"专题学习教育等，教育引导广大干部做到忠诚、干净、担当；大抓基层建设，统筹推进基层治理，认真开展镇（场）党委书记述职述廉述党建和镇（场）领导干部驻点普遍直接联系群众工作，整顿转化软弱涣散村党组织，促进了基层组织更好地履职尽责。

### 二、树立正确用人导向

坚持党管人才，按照"二十字"好干部标准，选优配强领导班子和干部队伍。严格选人用人程序，充分征求各方面意见，在民主公开中提升干部选任公信力；坚持德才兼备、以德为先的用人原则和新时期好干部的用人标准，注重在发展实体经济、基础设施建设、征地拆迁和重点民生改善以及基层一线发现、培养和选用好干部。县管干部任免，均通过县委常委会集体研究、无记名投票表决通过。至 2016 年的五年来，县委常委会讨论县管干部

职务任免 31 批 1438 人（次），其中提拔（重用）536 人，同级转任 604 人，免职 298 人；消化超职数配备干部 141 人。

### 三、深化党风廉政建设

坚决落实党风廉政建设党委主体责任和纪委监督责任，推进纪律检查体制机制改革，建立谈话提醒、领导干部个人重大事项报告、述责述廉述德常态化机制，强化对权力运行的监督制约；认真落实党风廉政建设责任制和中央八项规定，切实抓好省委第十一巡视组巡视反馈意见的整改落实；加强党员领导干部"八小时以外"活动监督管理，引导干部严守政治纪律和政治规矩，干部作风持续改进；狠抓责任落实、教育防范、监督管理，从严考核，惩治腐败。持之以恒纠正"四风"问题，节庆、庆典、论坛、展会等活动大幅减少，全县"三公"经费持续降低。建立县级网上效能电子监察系统，强化重点领域审计监督。

至 2016 年的五年来，全县纪检监察组织共立案 278 件，结案 258 件，给予党纪政纪处分 258 人（其中科级干部 39 人）。

# 第九章

## 同心筑梦　决胜小康

　　党的十九大后，中共大埔县委、县人民政府认真组织全县各级、各部门及社会各界群众学习贯彻十九大精神，深刻领会习近平新时代中国特色社会主义思想的重大意义、科学体系、丰富内涵、精神实质、实践要求。县委、县政府坚持以习近平新时代中国特色社会主义思想为指引，紧扣十九大提出的新目标、新任务，围绕影响和制约大埔发展不平衡不充分的问题，统筹谋划第"十三五"规划，脚踏实地找寻破解途径和方法，以更加解放的思想、更加扎实的作风，推动大埔加快振兴发展。

# 第一节 以习近平新时代中国特色社会主义思想为大埔发展的根本遵循

中共大埔县委提出：中国特色社会主义进入新时代，要站在新的历史起点上，做好大埔工作，必须融入国家战略，全省、全市大局，谋实干好事关大埔发展的大事，确保沿着正确的方向坚定前行。

大埔经济发展不平衡不充分是最基本的县情、最突出的短板，必须以习近平新时代中国特色社会主义思想为根本遵循，深刻领会核心要义，并始终做到"七个坚持"。要坚持加强党对经济工作的集中统一领导，不折不扣贯彻落实中央和省委、市委的决策部署，不断完善党委领导经济工作的体制机制，提高发展经济的专业化本领。要坚持以人民为中心的发展思想，坚定践行全心全意为人民服务的根本宗旨，经济工作要集中体现人民对美好生活的向往。要坚持适应把握引领经济发展新常态，坚定贯彻新发展理念，努力实现更高质量、更有效率、更加公平、更可持续的发展。要坚持使市场在资源配置中起决定性作用、更好发挥政府作用，坚决扫除经济发展的体制机制障碍，推进营商环境综合改革。要坚持适应我国经济发展主要矛盾变化，完善宏观调控，深入推进供给侧结构性改革，以更好的供给满足人民群众升级变化的需求。要坚持问题导向部署经济发展新战略，进一步深化对县情的认识，积极破解发展不平衡不充分的突出问题。要坚持稳中求进，保持战略定力，强化底线思维，把雷厉风行和久久为功结合起来，一步一个脚印向前迈进。

结合大埔实际，要重点把握好几个重大关系。一要正确处理稳和进的关系。稳是主基调，是大局，要保持发展耐心，着力守住风险、民生、环保等底线。在稳的前提下，要奋发有为，敢为人先，在改革创新、结构调整、动力转换等关键领域积极进取。二要正确处理市场作用和政府作用的关系，既要"有效"的市场，也要"有为"的政府。要推进"放管服"改革，厘清政府和市场的边界。三要正确处理促发展和防风险的关系，凡事从坏处准备，努力争取最好结果。要时刻绷紧风险防控这根弦，勇于担当，对风险隐患点要逐一清除，及时化解。

大埔县作为山区农业县，农村发展不平衡不充分是最大的县情、最突出的短板。要把实施乡村振兴战略放在突出位置，尽快补齐"三农"短板，让农业成为有奔头的产业，让农民成为有吸引力的职业，让农村成为安居乐业的美丽家园。实施乡村振兴战略，既是持久战，又是攻坚战。既要有打持久战的前瞻和定力，进行战略思路、系统谋划，又要把长远战略分解为一个个阶段性安排，一年接着一年干，确保年年都有新气象、年年都有新变化。

## 第二节 "十三五"发展定位和目标

在 2016 年 10 月 18 日召开的中国共产党大埔县第十二次代表大会上确定了"十三五"发展定位。

在 2016 年 11 月 15 日召开的大埔县第十五届人民代表大会第一次会议上提出了 1917—2021 年大埔发展的总体要求和目标任务。具体是：

高举中国特色社会主义伟大旗帜，坚持以邓小平理论、"三个代表"重要思想和科学发展观为指导，全面贯彻党的十八大及习近平总书记系列重要讲话精神，紧扣"五位一体"总体布局和"四个全面"战略布局，以"创新、协调、绿色、开放、共享"五大发展理念为引领，按照市委、市政府和县委的决策部署，围绕全面建成小康社会的目标，落实两大振兴政策，推进"一带两区"产业布局和项目带动发展战略，着力补齐县域经济、扶贫开发、社会民生三个短板，认真实施"生态立县、产业富县、文旅旺县、和谐兴县"发展思路，全力推动红色大埔实现绿色崛起。

今后五年的奋斗目标是：力争至 2021 年，全县生产总值达到 132 亿元，年均增长 10%；人均生产总值达到 33716 元，年均增长 10%；本级一般公共财政预算收入 19 亿元，年均增长 15%；固定资产投资 214 亿元，年均增长 20%；社会消费品零售总额 83 亿元，年均增长 10.5%；外贸进出口总额 3.93 亿美元，年均增长 7%；三次产业结构调整为 17：38：45。

第三节

## "十三五"主要任务和措施

**一、以创新发展引领产业转型升级，在增强综合实力上实现新突破**

### （一）推动工业转型升级

大力发展电力、陶瓷两大主导产业。实施水火风光核并举发展电力工业战略。抓好广东省高陂水利枢纽工程电站建设，推进三河舟角院电站规划建设，跟进桃源风电场、光伏发电和韩江内河核电项目。加强服务，帮助大埔电厂实现达产目标，规划建设大埔电厂二期工程，加快打造百亿元电力产业。设立陶瓷产业发展基金，进一步扶优扶强陶瓷企业，引进大型上市公司兼并或参股大埔陶瓷企业。与中国网库集团合作共建中国陶瓷产业电商基地，借助其资金、大数据平台优势，促进大埔陶瓷做大做强，进一步打响"大埔青花瓷"品牌，扩大国内市场份额。鼓励有实力的陶瓷企业到国（境）外设立办事处、寻找区域代理商或建立分公司，建立海外营销网络。力争到2021年，全县陶瓷产业总产值达60亿元以上。围绕推动企业"上规、上亿、上市"的目标，加大企改资金扶持力度，实行以奖代补政策，鼓励和引导企业加大资金投入和技改创新，力争每年培育2家以上年产值超亿元的企业，到2021年新增"规模以上"企业25家、"新三板"挂牌企业3家、主板上市企业1家以上。争取广州市海珠区更大的支持，合作共建广州海珠（大埔）产业园区，完成海珠（大埔）产业创新中心建设。推进三河电力能源工业园区扩能增效，力争至2021年园区总产值和增加值分别达到62亿元和25亿元；进一步完善县城科技工业小区、桃源陶瓷工业小区、茶阳食品工业小区和枫朗矿业建材小区配套基础设施建设；每年争取引进5个以上的项目入园，力争至2021年全县园区工业增加值比重达到50%以上。

**（二）做优做精现代农业**

大力发展特色农业、科技农业和精致高效农业。巩固发展蜜柚、茶叶、烤烟、生猪、南药、油茶等六大基地，做强做大蜜柚和茶叶两大农业支柱产业，培育发展富硒等特色农业。至2021年，全县蜜柚、茶叶种植面积分别达到26万亩和12.5万亩，新种植南药1万亩，建立富硒农产品基地20个；新增省市县级农业龙头企业65家、农民专业合作社100家以上。加快建设广东（大埔）乌龙茶博览馆，规划建设现代农业加工贸易物流园区和农产品会展中心。推进顺兴、衍衍、通美等柚果精深加工厂建设。推进"互联网＋现代农业"行动，探索开展智慧农业建设，开展农业物联网试点。制定大埔长寿食品产品标准，打响大埔富硒长寿食品品牌。创新金融支农方式，拓宽完善农业融资渠道，建立新型农业经营主体信用档案，争取设立省级政策性农业信贷担保分支机构。扩大农业保险覆盖面，提升农业抗风险能力。

**（三）做特做旺文化旅游产业**

以建设国家级客家文化生态保护示范区和韩江（大埔）客家文化旅游特色带为抓手，创建全国全域旅游示范县。完成大埔县全域旅游发展规划编制。制订广东省高陂水利枢纽工程库区旅游发展规划，打造韩江（大埔）客家文化旅游特色带新亮点。打造红色旅游经典线路。推进百侯名镇旅游区、"八一"起义军三河坝战役纪念园、瑞山生态旅游休闲度假区、万福寺宗教文化旅游区、中央红色交通线纪念园、大东坪山梯田旅游区、甜竹红色生态旅游区、北塘乡村旅游区等景区景点建设，力争打造 1 个国家 5A 级景区、5 个国家 4A 级景区和 10 个国家 3A 级景区，扎实推进 18 个休闲农业与乡村旅游示范点建设。引进有实力的企业参与旅游开发，进一步擦亮"客家香格里拉·文化大埔"品牌。抓好自然村落历史人文普查工作，进一步盘活旅游资源。推动"旅游＋"和"＋旅游"，促进旅游与文化、农业、工业、林业、体育等融合发展。培育旅游特色商品，做大做旺小食产业。大力发展特色民宿，每个重点景区景点和乡村旅游示范点发展 2～5 家民宿；力争每年新建 5 家以上星级农家乐。加强景区景点公厕、停车场等配套设施建设。力争至 2021 年，新发展国家五星级旅游饭店 2 家、四星级 3 家，全县旅游人数达 1000 万人次、旅游总收入 50 亿元，年均分别增长 20% 以上。

**（四）着力提升创新能力**

实施创新驱动发展战略，推动大众创业、万众创新。加强以企业为主体的科技创新体系建设，鼓励企业自主创新、自主研发新技术、新产品，提升产品质量和品牌效益。深化与高等院校和科研院所的合作，加快科技成果产业化。鼓励龙头企业申报国家、省级科技项目。提升专利申请量、授权量。鼓励发展众创、众包、众扶、众筹空间。力争至 2021 年，全县研发经费投入占全县 GDP 的比重达到 1.2%，高新技术企业增加值占工业增加值比重达到 12% 以上；新增省级工程技术研究开发中心 3 家、市级 3 家，省级专业镇 2 家、市级 2 家；国家级高新技术企业达到 10 家；每百万人口发明专利授权量 11 件以上。

## 二、以协调发展引领基础设施建设，在统筹城乡发展上实现新突破

### （一）加快推进交通、水利等基础设施建设

围绕把大埔打造成"对接汕潮揭、融入海西区桥头堡"的目标，推进 65 项总投资 312.3 亿元的重大交通项目建设，力争至 2021 年全县公路通车里程达 2890 公里，公路密度每百平方公里 117 公里。争取大潮高速（含大漳支线）建成通车，积极推进大丰华、平蕉大等高速公路前期工作，配合做好双龙高铁规划建设。完成县城过境公路陈衙陂至坜背、陈衙陂至河腰和枫朗至湖寮等 3 条一级公路建设，完成国道 G235 线茶阳过境公路、三河至大麻等 13 项国省道升级改造，抓好高陂赤山至留田过境公路等 38 条县乡公路和 6 座站场码头建设，完成 350 公里新农村公路建设。全力抓好广东省高陂水利枢纽工程征地拆迁和移民安置工作，确保无障碍施工。推进投资 47 亿元的 190 多宗水利基础设施建设。推进山丰水库建设；完成高陂城区防洪堤围等 7 宗 18.8 公里的堤围工程、5 宗山区中小河流治理工程建设；实施山塘除险加固和中小型灌区改造工程；抓好高陂镇陂村陂寨排涝站等 13 宗农村机电灌溉泵站建设；力争到 2018 年完成村村通自来水工程。大力推进茶阳、岭下、桃源输变电工程等项目建设。加强 WiFi 热点和超高速无线局域网等信息基础设施建设，实施"互联网＋"行动计划和大数据战略，提高智慧城市建设水平。

### （二）加快新型城镇化进程

推进县城和高陂、大麻、茶阳等中心镇"一主三附"规划建设。认真实施《大埔县城市总体规划》，加快万川新城、黎家坪新区控制性详规的落实。完成剩余 61 个行政村村庄规划编制。到

2021 年县城核心规划区面积扩大到 43 平方公里，建成区面积达到 12 平方公里，县城常住人口达到 13 万人；全县城镇人口达到 21 万人，城镇化率达到 53%。加快推进县城龙湾国际等 10 多个亿元以上的城市综合体建设。加快推进地下综合管廊规划建设。加快县城自来水改造及管网工程建设，2018 年前彻底解决县城管网老化、供水不足难题。每年打通 1～2 条市政"断头路"、完成 1 条以上县城主要干道柏油路铺设。鼓励社会资本建设公共停车场，借鉴智能智慧立体车库建设模式，重点推进人民路小广场地下公共停车场规划建设，促进房地产健康发展。深入推进幸福村居创建活动，加快西河镇省级新农村连片示范点和大麻镇六村联动美丽乡村建设，每个镇每年新建 1～2 个美丽乡村示范点。

**（三）强力推进城乡环境综合整治**

深入推进城市执法体制改革，成立城市管理和综合执法部门。实行城市管理数字化、网格化、精细化管理。扩大政府购买公共服务范围，加强城区绿化系统管护，推行县城环卫市场化运营。落实部门责任，强化协调联动，强力推进城区"六乱"行为、城乡结合部"三清""四治""五重点"和七大市场专项整治。2017 年前完成农副产品（含"三鸟"）批发市场建设。推进建筑弃土场建设。加强病媒生物防治工作。推进生活垃圾综合处理，建立分类收集系统。建立完善农村生活垃圾处理灵活管理模式，全面推行"户收集、村集中、镇转运、县处理"，推进全县生活垃圾资源化、减量化和无害化，力争到 2018 年城乡垃圾无害化处理全面达标。制订实施村庄环境卫生整治三年行动计划，力争到 2018 年完成 90% 的自然村村庄环境整治。严厉打击"两违三抢"行为，加大闲置土地清理力度。实施最严格的城乡环境综合整治督查考核制度，推动整治从治标向治本转变。力争 2018 年成功创建全国卫生县城。

## （四）着力推进生态建设

力争到 2021 年建成 30 个省、市、县、镇森林公园，着力建设广东阴那山国家森林公园，森林覆盖率保持在 79.8% 左右。推广"林果茶竹药游"等林下种植、林下养殖、林下旅游发展模式，大力发展金线莲、石斛等林下经济，发展林产品深加工、森林旅游等新兴产业，提高林业附加值。以大埔县被纳入国家重点生态功能区为契机，力争成功创建国家生态文明建设示范县。建立完善城市园林绿化体系，新增公园绿地 60.5 公顷，实现建成区公园绿地 500 米服务范围的覆盖比例达 90%。至 2021 年，城市人均公园绿地达 22 平方米，建成区绿地率达 38%、绿化覆盖率达到 45%。

## （五）积极推进生态治理

积极实施"南粤水更清"行动计划，严格落实"河长制"，巩固梅潭河生态环境整治成效。加强江河水质和重点饮用水源地保护，确保江河断面水质和集中饮用水水源水质全面达标。加快建设和完善城镇生活污水处理厂及配套管网，2018 年实现镇级污水处理设施全覆盖，全县城镇生活污水集中处理率达到 95% 以上，80% 以上的农村生活污水得到有效处理。加快推进污水收集管网和集中式污水处理设施建设，在城镇新区和新开发住宅小区等全面实施雨污分流。推进牲畜屠宰、医疗卫生等重点行业的废水深度处理。推广应用节水、节能、减排型水产养殖技术和模式，控制和规范畜禽养殖业，减少农业面源污染。

## （六）推动工业绿色发展

加强重点工业行业污染源控制，积极推进陶瓷窑炉技改综合利用等重点节能项目，禁止污染型工业企业进驻工业园区。依法关闭落后生产能力的企业，坚决淘汰落后生产工艺、设备。积极发展节水型产业，推进节水技术改造。大力推广清洁生产，提高能源利用效率。严格执行排污许可证制度，完善环境监控系统，建立环境应急监测和处理处置机制，全面实现重点污染源在线监控。

## 三、以开放发展引领内外合作联动，在全面深化改革上实现新突破

### （一）以开放的理念推进工作

切实转变政府投融资理念，抢抓机遇，以城投实业有限公司、产业集聚区投资开发有限公司、客风文化旅游开发投资有限公司和水电发展有限责任公司为平台载体，参与基础设施、工业、旅游等项目建设。摒弃"财政有多少钱办多少事"的保守思维，加强重点领域的项目策划包装，进一步争取国家相关银行政策性贷款，探索PPP等模式，破解融资难题。

### （二）全面深化各项改革

推进供给侧结构性改革。深化行政审批制度改革，全面实施权力清单制度。深化商事制度改革，推进"五证合一"。抓好财税金融制度改革，改进预算管理制度。深化投融资体系改革，支持成立民营、村镇和社区银行。积极推进事业单位分类改革和机关事业单位养老保险制度、工资制度改革。加快农村产权制度改革，全面完成农村土地承包经营权登记颁证工作，搭建产权交易流转平台，推进农村土地经营性流转。

### （三）吸纳发展要素集聚

加强与"一带一路"特别是21世纪海上丝绸之路东南亚沿线国家合作，争取境内外大型企业来埔投资。创新招商方式，拓展招商领域，优化招商服务，围绕"四大产业"抓招商，力争5年内引进项目120个以上。大力实施"招才引智"工程，采取合作研究、高薪聘请、技术参与等多种形式，引进一批科技创新型

人才、企业经营管理人才、现代服务业人才。

### 四、以共享发展引领民生保障工作，在增进人民福祉上实现新突破

#### （一）打好精准脱贫攻坚战

探索多渠道、多元化的精准扶贫新路径。围绕"两不愁三保障一相当"目标任务，严格落实县镇村脱贫攻坚"一把手"和挂镇挂村领导责任制，把脱贫措施精准落实到村、到户、到人，将脱贫效果纳入年终考核。积极争取广州海珠区的支持，合作共建梅州大埔（海珠）商城；强化行业部门脱贫攻坚责任，增强贫困村自身"造血"能力，大力实施脱贫攻坚"十项工程"，构建专项扶贫、行业扶贫、社会扶贫互为补充的大扶贫格局，2016 年确保 2018 年实现 57 个相对贫困村全部摘帽出列、5514 户 12262 个贫困人口全部脱贫。

#### （二）提升社会保障水平

全面建立城乡一体的社会保障体系。抓好社会保险扩面征缴工作，完善社会养老保险和失地农民社会保障制度。探索建立重特大疾病医疗救助机制。健全低保标准自然增长机制，逐年提高农村五保供养水平。完善住房保障政策体系，力争至 2021 年城镇住房保障覆盖率达 20% 以上。多渠道增加城乡居民收入。建立健全困难弱势群体生活补贴制度。加强养老服务体系建设，力争至 2021 年全县养老床位达到 3200 张。大力发展福利慈善事业，健全农村留守儿童、妇女、老年人关爱服务体系。推动残疾人服务事业发展，稳步提高残疾人社会保障水平。支持全民创业，促进以创业带动就业，力争至 2021 年城镇新增就业 1.35 万人、失业再就业 1 万人次，城镇登记失业率控制在 3.5% 以内。

#### （三）推进教育、文化、卫生等基本公共服务均等化

坚持教育优先发展战略，力争 2018 年成功创建广东省教育现

代化先进县。全面普及学前三年教育，九年义务教育巩固率达到98%以上，高中阶段毛入学率达96%以上，建成梅州市重要的职业教育基地。大力实施"名校长""名教师"培养工程，强化教师队伍建设。加快完善县镇村三级公共文化设施网络，新建一批文化设施，至2021年全县每万人拥有公共文化设施面积达到1350平方米、人均拥有1.3册以上公共藏书，建成150个村（社区）文化俱乐部。加快实施广播电视"户户通"和无线覆盖工程。至2021年，国家级文物保护单位达到5处、省级30处、市级50处以上。加强非物质文化遗产保护。大力发展文化产业，建成5个大型文化产业基地。推进健康大埔建设，力争2018年成功创建省卫生强县。完成县人民医院改扩建工程和县中医医院迁建工程，2018年前完成镇卫生院和村卫生站标准化建设。

**（四）统筹推进其他各项社会事业**

推进"平安大埔"建设，抓好信息化中心大楼建设，力争建成全市首个集应急、消防、打私和公安为一体的信息化平台，打造"信息公安、数据大埔"。推进基层综治信访维稳"中心＋网格化＋信息化"建设，建立完善村（社区）治安防控网络。推进社区矫正工作，健全基层调解网络，畅通群众信访渠道。严格落实安全生产"党政同责、一岗双责、失职追责"和挂牌督办制度。深入开展"一村（社区）一法律顾问"工作。培育社会组织，发展志愿事业。推进食用农产品快检工作，强化镇级食品药品监管机构建设，保障食品药品安全。深入开展拥军优属活动。全面实施"两孩"政策，创建计生基层群众自治示范县。推进妇女、儿童事业发展。加强体育场馆和社区体育设施建设，广泛开展群众性体育活动。重视做好老龄事业、国防建设、人防、气象、宗教等各项工作。

## 五、以务实高效引领自身建设，在提升党和政府形象上实现新突破

### （一）坚持依法行政，建设法治政府

坚持法定职责必须为、法无授权不可为，依法规范行政行为。完善决策机制，坚持依法决策、科学决策、民主决策，完善重大问题集体决策、专家咨询、社会公示和听证制度。开展"七五"普法工作。探索综合执法体制，规范执法行为。推行政务公开，完善行政审批电子监察系统，增强政府工作透明度。推进社会信用体系建设，建立健全各类社会主体自律机制。

### （二）坚持务实高效，建设服务政府

每年实施十件民生实事，解决一批重点民生问题。自觉接受人大及其常委会的法律监督、工作监督和政协民主监督，主动接受公众和媒体监督，广泛听取工商联和无党派人士的意见建议。认真办好人大议案、代表建议和政协提案。加快政府职能转变，完善县镇两级网上办事大厅和行政审批信息管理平台建设。进一步精简会议、严肃会风、转变文风。改进和创新公共服务提供方式，推广政府购买服务。加大行政问责、审计问效力度，坚决惩处失职、渎职，全面提升政府执行力。

### （三）坚持阳光透明，建设廉洁政府

严格落实党风廉政建设责任制，严格执行"两个准则三个条例"，始终把纪律和规矩挺在前面。坚决贯彻落实中央"八项规定"，持之以恒纠治"四风"问题，强化"三公"经费管理，规范公务接待。深入开展各领域突出问题专项治理工作，加强行政监察和审计监督，对公共资金、国有资产、国有资源和领导干部经济责任实行审计全覆盖，严防腐败现象的发生。

附　录

# 附录一 大事记（1921 年 8 月—1949 年 10 月 1 日）

## 1921 年

1921 年 8 月，中共"一大"后，中共广东支部成立，大埔青年张善铭为广东支部成员之一。

1921 年起，张善铭、邹师贞、蓝裕业、郭瘦真、赖玉润等先后在广州加入中国共产党或社会主义青年团，他们陆续返大埔，传播革命思想并帮助组建党、团组织。

## 1924 年

1924 年，大埔中学、大麻中学先后成立广东新学生社大埔分社、大麻分社，进行农民运动宣传。

## 1925 年

大埔县第一个党支部——中共仰文学校党支部成立。

## 1926 年

大埔县第一个农民协会——太宁农会成立。

8 月 1 日，成立百侯缝业工会。随后成立岭东缝业总工会百侯分会。

9 月，建立中共湖寮支部。

11 月，中共大埔县部委成立。

## 1927 年

2 月，成立太宁农民自卫军和中共太宁支部。

6 月，中共大埔县部委发动"同仁（湖寮）暴动""茶阳暴动"。

9 月 11 日，发动高陂暴动。16 日，大埔农军占据县城——茶阳。南昌起义军进驻茶阳，成立"大埔县工农革命政府"，建立了附城、高陂、百侯区工农革命政府。

9 月 18 日，将农军扩编为独立第一团。

10 月 1 日，著名的"三河坝战役"打响。

11 月，中共大埔县部委改为中共大埔县委，大埔农军奉命扩编为工农革命军（东路）第十五团。

## 1928 年

1 月 1 日，再次举行"高陂暴动"。此后发动了银江、昆仑、澄坑、漳溪、百侯、英雅、木教等一系列暴动。

7—12 月，大埔各地先后成立埔西区苏维埃政府、英雅乡苏维埃政府、中共大麻三河区委、"五县联合委员会"、中共埔北区委、中共闽粤边临时工作委员会、饶和埔独立支队。

## 1929 年

春，红四军入闽。中共大埔县委加强了埔北、高陂、三河、大麻四个区的领导，建立了 22 个党支部，党员达 349 人。

3 月，中共大埔县委召开代表大会，改造县委。

4 月，成立高陂区苏维埃政府。

是月，中共大埔县委领导第十五团第二营在埔西创建了铜山根据地。

6月，中共东江特委决定，把五华、丰顺、兴宁、梅县、大埔的工农革命军合编为东江红军第四十六团（主力是大埔的原第十五团），团长李明光、政委丘宗海。

9月，中共饶和埔军联委组建东江红军第四十八团，后来编入中央红军第十二军第三十四师第一〇〇团。

10月18日，红四军第二纵队政委张恨秋、司令员刘安恭率部由永定峰市向大埔石上区署虎市进攻。刘安恭在战斗中牺牲。

10月，在埔北先后成立长富、长东、长北乡苏维埃政府及埔北区苏维埃政府。同月，在大东、石云地区，由平和县委领导成立埔东区革命委员会。

11月1日，大埔埔东赤卫大队，西河、岩上的铁血团配合第四十八团第一营出击大埔木教乡的民团及警卫队。

## 1930 年

大埔成为中央苏区的一部分。

8月，闽西中央红军攻占大埔县城和高陂镇。

9月，中共中央建立上海—香港—汕头—大埔—福建永定—江西瑞金的红色交通线，在大埔设立交通中站，卢伟良任站长。

11月，饶平、平和、大埔三县苏区合并为饶和埔县苏区，丘宗海任饶和埔县委书记。韩江以西部分归丰梅县委领导。

12月，叶剑英等人经香港转饶平黄岗，步行进入饶和埔苏区县县委所在地——大埔和村，再进入闽西苏区，作交通线（陆路）试行考察。

12月，闽西苏维埃主席邓子恢到大埔和村指导工作，召开农民代表大会，成立饶和埔县革委会。

是年，成立"大埔县革命委员会"及"大埔县赤卫总队"。

埔东、埔西、埔南、埔北先后建立了 4 个区、30 多个乡苏维埃政府，同年 5 月，成立"大埔县苏维埃政府"。

## 1931 年

1 月，在大埔的红军第四十八团编入闽西武装系列。

2 月 7 日，饶和埔县工农兵贫民代表大会在大东召开。会议选举产生饶和埔县苏维埃政府。

3 月，改成立饶和埔诏（诏安）县委并逐步恢复苏区工作。

5 月，饶和埔诏县代表出席瑞金举行的中华苏维埃共和国第一次全国代表大会。

11 月，中华苏维埃第一次全国代表大会召开，大埔成为中央苏区所辖的闽粤赣苏区饶和埔县苏区的中心区。

## 1932 年

春，闽粤赣省委改福建省委，大埔县归福建省苏区领导。

3 月，埔南党组织以埔南苏维埃政府名义发布文告打击反动势力。

6 月，在诏安石下村召开工农兵代表大会，选举产生饶和埔诏县苏维埃政府。

## 1933 年

春，恢复成立中共坪沙区委。

5 月，在第五次反"围剿"中，大埔苏区积极扩红，筹集物资支援主战场红军的反"围剿"。

10 月，埔北地区代表曹托生、曹哲夫等出席中共福建省第三次代表大会，并承担大埔苏区扩大红军 100 名的任务。

## 1934 年

1 月，埔五区派赖济华为代表出席第二次中华苏维埃全国代表大会。

8 月，中共漳州中心县委，饶和埔诏县委、潮澄饶县委合组为中共闽粤边特委，饶和埔诏县委领导赖洪祥、谢卓元、张华云等当选为委员。

10 月，中央红军长征出发，大埔交通中站部分交通员奉命参加长征。同时，有数以百计大埔儿女跟随中央红军参加长征，其中有姓名可考的有 26 人。

冬，饶彰风回到县城茶阳创办文化书店，销售进步书籍。并出任梧冈学校校长，与陈以我、绕乃跃等创办《小小》刊物。

## 1935 年

4 月，成立闽西南军政委，张鼎丞任主席，领导永定、大埔、平和边的党组织。

5 月，成立永埔工委和永埔游击队。

7 月，大埔交通站副站长郑启彬等不幸被捕，壮烈牺牲。

冬，古大存率 17 名武装战士从大南山突出重围后，由丰顺转至大埔桃花、桃源、平原、帽山等地坚持游击战争。

## 1936 年

1 月，永和靖及永埔军政委员会属第四支队支队长刘永生率部活动于大埔、永定、平和、南靖边区。

8 月，邓子恢率闽西红军进入大埔西河汶水一带活动。

9 月，中共南方临时工作委员会成立，薛尚实任负责人。

10 月，中共大埔县工作委员会成立，是红军长征后梅州地区最早恢复县级党组织建制的县。

## 1937 年

春，全县各地以学校为中心，相继成立抗日后援组织，开展抗日救亡活动。

10 月，根据中共南临工委决定，成立中共闽粤赣省委。大埔工委归潮汕工委领导。

是月，成立中共梅县中心县委，大埔工委归中心县委领导。

## 1938 年

1 月，第二次全县抗日社团学校联席会议在高陂中学举行。

春节，大埔各级党组织发动民众捐赠年糕、肉品，前往潮汕前线慰劳抗日将士。

3 月，第三次全县抗日社团学校联席会议在大埔中学举行。全县 29 个乡先后组织了青抗会、妇抗会、学抗会等民众团体。

6 月，中共大埔县工委在西河黄沙赤蕨寺举行工委扩大会议，成立中共大埔县委员会，肖力克任书记。

11 月，中共大埔县代表大会在赤蕨寺召开。

## 1939 年

1 月，中共大埔县委归闽西南潮梅特委直接领导。

7 月，中共闽西南潮梅特委从梅县转移至大埔。

9 月 2 日，高陂青抗会组织慰问团，中共党员丘奇、廖曾领团到丰顺汤坑、潮州枫溪慰问抗日部队。

## 1940 年

春，党组织整顿后成立中共大埔县委，书记黄芸。

10 月，全县党员 400 多人，有埔北、高陂、百侯三个区委及坪沙、三河、埔中、陂中、侯中、侨中总支。

11 月，中共南方工作委员会在西河大溪背竞业楼成立，由方方任书记。

## 1941 年

1 月，建立埔北、埔南两个县委。后执行"隐蔽精干，长期埋伏，积蓄力量，以待时机"的方针，改委员制为特派员制。

4 月，南委机关从西河转至大麻恭州下村"宜慎山庄"，7 月，又转到高陂，9 月，转至大埔角仓下黄维礼家。

下半年，中共党员李碧山、陈明在大埔双溪翠群小学出版油印小报《时代文选》，宣传坚持抗战。

## 1942 年

春，根据南委的决定，在大埔成立中共闽粤边临时委员会。

5 月，南委组织部原部长郭潜叛变，带国民党特务抓捕南委副书记张文彬，并洗劫大埔角南委机关及高陂交通站、大埔角"天成"商号联络点。史称"南委事件"。

## 1943 年

春，南委书记方方去延安，指定李碧山任南委联络员，负责与潮梅、闽西南各地党的联络。

春夏间，发生大旱灾。日军占领潮汕，灾民涌入大埔。大埔饥荒严重。高陂、平原、英雅等地党员组织民众开展破奸商粮仓、反对富豪"放青苗"斗争。

6 月，李碧山由英雅水兴移驻大麻莲塘，将身边的党员组织起来，于次年秋成立中共莲塘支部。

下半年，李碧山审查恢复了一批中共党员的组织关系。放点联络，恢复外出中共党员的联系工作。

## 1944 年

1 月，党员审查和恢复组织关系加快进行，各地党的组织逐步恢复。

7 月，南委联络员李碧山与潮梅地区党的负责人商定加快恢复党的组织，建立抗日武装。随后成立中共饶和埔丰诏工作委员会、中共梅埔丰边工作委员会。同时建立精干的武工队向各县边区放点连线，发展组织。

10 月，张克昌接替胡伟联系埔北党务。

## 1945 年

春至 6 月，李碧山先后组建起抗日游击队韩江纵队留守、第二、第三、第四支队，向外伸展建立据点。完成放点连线后，又建立了韩纵第九支队和第一支队。

7 月，中共广东区委决定，李碧山任中共闽粤赣边区特派员。

## 1946 年

2 月 21 日，刘永生、黄维礼率部队夜行军，从福建平和县的长乐经大埔县的大东、双溪、大王坑到达高陂的甜竹坑休整。

2 月，在银江胜坑沙窝里召开会议，成立了闽粤赣中心县委，李碧山任书记。会议决定韩江纵队精简转化为地方武工队和生产组。

6 月，党的"七大"代表王维到中心县委传达"七大"精神后，实施隐蔽策略，党以边县建制，设特派员领导斗争。

11 月，撤销中共闽粤赣中心县委和闽粤边临委，统一成立中共闽粤边工作委员会，建立闽西、闽南、闽西南、梅埔四个地委。

12 月 7 日，梅埔地委特务队在茶阳棉畲成立。

## 1947 年

5 月，闽粤赣边工委在大埔七里溪召开会议，传达党中央《关于蒋管区发动农民武装斗争问题的指示》及香港分局同意实施"先粤东，后闽西南"的方针。闽粤边工委改为闽粤赣边工委，机关迁入大埔。

6 月，中共闽粤赣边工委决定，在埔北成立的粤东支队作为边工委的主力部队，并命名为"闽粤赣边人民解放军总队"。

8 月，成立中共饶和埔丰县委，黄维礼任书记；成立中共梅埔县委，黎广可任书记。

9 月，成立中共埔永边县工作委员会，张克昌任书记；成立中共永和埔边县委，胡伟任书记。

10 月下旬，粤东支队取得"大麻出击"战斗胜利。

秋，埔丰、饶和埔丰、埔永、梅埔游击队分别在大埔境内的郑石寮、银江黄草崄整训与学习，推动大埔各地先后成立了 15 个地方武装。

夏秋，以粤东支队为基础组建闽粤赣边总队。在各边县委领导的地方武装配合下，摧毁了大埔境内 3 个区署，21 个乡公所，恢复了老区，开辟了新区。

## 1948 年

1 月，中共埔永工委与永和埔县委合并为中共永和埔县委。

是月，埔丰边县委组建了"独一大队"，梅埔边县委组建了"独二大队"，饶和埔丰边县委组建了"独五大队"，永和埔边县委组建了"独六大队"。2 月，闽粤赣边工委组建了"独八大队"

　　1月27日，黄维礼在湖寮双髻山三堂村主持召开会议，传达粤东地委决定，成立饶和埔丰诏（福建诏安县）边县委，黄维礼任书记。

　　春夏间，中共闽粤赣边工委继续以大埔为基地，领导边区军民粉碎了闽粤两省国民党军对游击区的"重点进攻""十字扫荡"。

　　8月7—24日，中共闽粤赣边党代会在大埔县光德漳溪村启明寺召开，成立了以魏金水为书记、朱曼平为副书记的中共闽粤赣边委员会，下辖闽西、闽南、梅州、潮汕、韩东5个地委。同时，宣布成立中国人民解放军闽粤赣边纵队。

　　8月，埔永梅县委在青溪案湖成立。同月，韩东地委在平原大王坑成立，韩东地委决定将饶和埔丰诏县委分为饶和埔及饶埔丰两个县委。

　　是月，埔丰县委与梅埔县委合并为梅埔丰边县委。

　　10月，中共闽西地委在大埔岩上大老寨，整编组成地委直属的新的闽西支队。

　　冬，边区党委在枫朗大埔角甲背村创办边区医院和卫生学校。

## 1949 年

　　春，大埔县东、西、南、北，分归饶和埔、饶埔丰、梅埔丰、埔永梅、永和埔靖游击根据地。境内形成了连片的游击区。

　　1月10日，边一团在刘永生司令和朱曼平副政委的率领下，攻克大埔重镇湖寮。

　　1月29日，在光德漳溪举办了庆祝边纵成立暨攻克湖寮军民大会。

　　2月，韩东地委在光德富岭开办"中共韩江军政干部学校"。

3 月，撤销中共饶和埔、饶埔丰两县委，成立饶和埔丰县委。

3 月 19 日，驻光德富岭下村的边纵第十三团打响富岭保卫战，掩护边区党委、边纵等机关、人员安全转移至枫朗大埔角村。

5 月 14 日，由黄维礼、范元辉指挥闽粤赣边纵部队解放了大埔县城。县城解放后，即组织大埔县军管会和人民政府，大埔成为广东省第一个全境解放的县。

5 月，中国人民解放军闽西南联合司令部成立，在太宁排头坝举行北上誓师大会，到闽西南各地执行新任务。

6 月，边区党委决定撤销边县建制，成立张克昌任书记的中共大埔县委、张铁城（县委副书记）任县长的大埔县人民民主政府。并将全县调整为附城、高陂、侯云、大麻、湖寮、三河、西河、埔北 8 个区。

7 月，国民党胡琏残部南逃至梅县、大埔等地。转移到大埔青溪镇桃林大塘背村等地的中共华南分局、闽粤赣边区党委机关及其他机构共有 400 多人。方方、魏金水、刘永生及梅州地委、大埔县委在青溪镇桃林大塘背村晋寿楼指挥各地抗击胡琏残部的战斗。

9 月 12—27 日，胡琏残部分批撤往汕头逃至台湾。

10 月 1 日，中华人民共和国成立，大埔人民集会庆祝。"大埔县人民民主政府"改称为"大埔县人民政府"。

# 主要革命人物简介

## 一、在大埔战斗过的非埔籍主要革命人物

### （一）主要领导人

彭　　湃（1896—1929），广东省海丰县人。1927 年 9 月 19 日，任南昌起义军前敌委员会委员的彭湃在大埔县城接见太宁、西河漳溪农军并正式委任饶龙光等大埔县工农革命政府成员。1927 年 10 月，领导建立海陆丰苏维埃政府（中国第一个农村苏维埃政权）。1929 年 8 月，在上海龙华英勇就义。

李立三（1899—1967），湖南省醴陵人。中华人民共和国成立后曾任中华全国总工会副主席。1927 年 9 月 19 日，以南昌起义军前敌委员会委员身份在大埔县城接见太宁、西河漳溪农军。

李井泉（1909—1989），江西省临川人。中华人民共和国成立后曾任全国人大常委会副委员长。1927 年参加南昌起义。在起义军三河坝战役后曾留大埔坚持斗争。

周士第（1900—1979），海南省琼海人。1955 年被授予上将军衔。1927 年任南昌起义军第二十五师师长，该师为南昌起义军三河坝战役的主力部队。

恽代英（1895—1931），湖北省武汉人。南昌起义时任中国共产党前敌委员会委员，1927 年 9 月 18 日随起义军途经大埔县城。1931 年 4 月因叛徒出卖遇害。

李硕勋（1903—1931），四川省高县人。1927 年任南昌起义军第二十五师党代表，参与指挥三河坝战役。后历任浙江省委代理书记、中共广东省军委书记。1931 年受党的委派前往海南指导武装斗争途中，因叛徒出卖在海口被捕，英勇就义。

王尔琢（1903—1928），湖南省石门人。南昌起义时任二十五师七十四团参谋长，参加了"八一"起义军三河坝战役。1928 年 8 月在追击叛徒时英勇牺牲。

许光达（1908—1969），湖南省长沙人。1927 年 8 月奉命赶上南昌起义部队，任第十一军二十五师七十五团三营十一连排长、代理连长。10 月初，在三河坝战斗中被炮弹炸伤。新中国成立后曾任装甲兵司令员，1955 年被授予大将军衔。

张鼎丞（1898—1981），福建省永定人。他是在大埔当小学教员时入党的，后成为闽西革命根据地的主要创始人之一。新中国成立后，历任中共福建省委书记兼省人民政府主席、中共中央华东局第四书记、中共中央组织部第一副部长等职。

方　方（1904—1971），广东省普宁人。新中国成立前历任闽西南潮梅特委常委、闽粤赣边区省委书记、中共南方工作委员会书记。他把"南委"机关设于大埔，在大埔领导南方各省贯彻执行党的抗日民族统一战线方针，开展抗日斗争。新中国成立后曾任华南分局第三书记、广东省人民政府第一副主席、全国侨联副主席等职。

古大存（1897—1966），广东省五华人。新中国成立前历任中共东江特委常委、东江苏维埃政府副委员长、红十一军军长、广东省委常委等职。1935 年率 17 名战士从大南山突出重围后，由丰顺转至大埔。在与党组织失去联系的情况下，在大埔的桃源、平原等地坚持开展游击战争，时间长达三年之久。中华人民共和国成立后历任华南分局副书记、广东省委副书记、广东省人民政府副主席、全国人大常委会委员等职。

张文彬（1910—1944），湖南省平江人。1938 年任中共广东省委书记，1940 年任中共南方工作委员会副书记，在曲江负责领导粤北、粤南以及香港工委。1942 年发生"南委事件"，因叛徒出卖，在大埔高陂被捕。1944 年 8 月在江西泰和国民党监狱中英勇就义。

李坚真（1907—1992），女，广东省丰顺人。1929 年由东江特委派往饶和埔县委工作。同年秋，闽西特委领导张鼎丞在巡视途中参加在大埔和村召开的饶和埔县委会议。会上，在听取李坚真的工作汇报后，张鼎丞觉得李"很会做群众工作，政策执行得很好"，便于 1930 年将李从东江特委调往闽西。后李坚真任长汀县委书记、中央局妇女部部长等职并参加长征。新中国成立后历任广东省委书记、广东省人大常委会主任等职。

李碧山（1912—1981），越南人。1934 年在中央苏区工作时转为中共党员。红军长征后留在苏区。"南委事件"后，南委书记方方指定其为南委联络员。他在大埔领导恢复了粤东地区党组织。1945 年春，奉命组建抗日游击队韩江纵队，任负责人。同年任中共闽粤赣边特派员。1946 年任中共闽粤赣中心县委书记。同年 7 月经中共中央批准，回越南工作。曾任越南政府外贸部部长等职。

魏金水（1906—1992），福建省龙岩人。曾任闽粤赣边区党委书记兼中国人民解放军闽粤赣边区纵队政委。他的革命足迹遍布大埔各地。新中国成立后，历任福建省委副书记、副省长、省长，中顾委委员等职。

刘永生（1904—1984），福建省上杭人。历任闽粤赣边区游击总队队长、中国人民解放军闽粤赣边区纵队司令员等职。他的革命足迹遍布大埔各地。新中国成立后，历任福建省军区司令员，福建省委常委、副省长、省人大常委会副主任等职。1955 年被授予少将军衔。

王　维（1918—2019），广东省梅县人。中共七大代表。历任中共闽粤赣边工委常委、组织部部长，中共闽粤赣边区委常委、组织部部长等职。曾转战大埔各地。新中国成立后历任中共兴梅地委书记兼兴梅军分区政治委员、广东省水利厅厅长、广东省农业厅厅长、中共广东省委候补委员、广东省第六届人大常委会副主任等职。

朱曼平（1910—1985），广东惠阳人。历任中共闽粤边区特派员、闽粤赣边区党委副书记、闽粤赣边纵队副政治委员等职。曾转战大埔各地。新中国成立后历任广东潮汕地委书记、国家华侨事务委员会司长、新华社香港分社副社长等职。

**（二）在大埔牺牲的非埔籍主要革命烈士**

游步仁（？—1927），湖南省邵阳人。黄埔军校第1期毕业。1927年8月参加南昌起义，任第十一军二十五师参谋处处长。在三河坝战斗中负重伤牺牲。

孙树成（1902—1927），江苏省铜山人。黄埔军校第1期毕业。1927年8月参加南昌起义，任第二十四师第七十二团团长。在三河坝战役中牺牲。

黄让三（1902—1928），湖南省宁乡人。1926年进黄埔军校第4期学习，同年加入中国共产党。参加南昌起义部队，并在三河坝战役中负伤，后留在大埔坚持斗争，成为大埔工农红军第十五团参谋长兼二营营长。1928年在战斗中负伤被捕遭敌杀害。

蔡晴川（1903—1927），湖南省石门人。黄埔军校第3期毕业。1927年8月参加南昌起义，任第二十五师第七十三团代理团长。

蔡晴川

在三河坝战役中牺牲。

**（三）非埔籍中共大埔县委（边县委）书记**

张家骥（？—1931），海丰县人。1928 年 7 月任中共大埔县委书记。后任普宁县委书记、中共广东省委巡视员。1931 年被捕牺牲。

何丹成（1905—1933），海丰县人。1931 年 2 月任中共饶和埔县委书记。1933 年负伤后病故。

赖洪祥（？—1935），福建省永定县人。1933 年 8 月任中共饶和埔县委书记。曾任福建省委巡视员。1935 年病故。

许其伟（1908—1977），福建省惠安县人。1935 年任中共饶和埔县委书记。

马发贤（1899—1946），福建省永定县人。1928 年加入中国共产党。1935 年 4 月任永东县委书记。1946 年牺牲。

郑树昌（1897—1937），福建省永定县人。1936 年 4 月任闽西南军政委员会参谋长兼中共永埔县委书记和军政委员会主席。1937 年牺牲。

黄　芸（1916—1942），梅江区人。1937 年入党，1940 年起历任中共大埔县委书记、饶和埔丰县委书记，1941 年调中共南方工作委员会。在巡视途中被捕，牺牲于茶阳。

黄　芸

郑　敦（1917—1980），广东揭阳人。1941 年起任中共永和埔县委书记、埔北特派员。后赴延安。新中国成立后曾任云南省委常委、组织部部长。

林胡鳅（1916—1944），福建省平和县人。1932 年参加革命，1934 年入党。在中共闽西南潮梅特委第六次党代表扩大会议上当选为党的第七次全国代表大会候补代表（未出席会议）。1941 年任永和埔县委书记。1943 年 12 月因叛徒出卖被捕，1944 年 12 月在建瓯县监狱被杀害，年仅 28 岁。

胡　伟

廖　伟

江　岩

胡　伟（1917—1989），福建省永定县人。1945 年春起历任中共永和埔县委书记、中共梅蕉武埔县工委书记、中共大埔县委书记、中共永和埔县委书记。新中国成立后曾任龙岩地委统战部部长。

张全福（1909—1948），福建省上杭县人。1931 年加入中国共产党。1945 年春任中共饶和埔丰诏边工委书记，后任埔梅地委书记。1948 年在大埔县岩上牺牲，1954 被追认为革命烈士。

廖　伟（1914—1997），梅县人。1941 年 6 月起历任中共埔南特派员、中共饶和埔县委书记。1986 年起任广东省顾问委员会委员。

罗炳钦（1911—1993），福建省上杭县人。1946 年任永和埔县委书记。曾任闽西南边地委书记、解放军闽粤边纵队闽西南临时联合司令部副政委。新中国成立后，历任龙岩专署专员、中共龙岩地委书记。

江　岩（1911—1970），福建省永定县人。1948 年 8 月起任中共永和埔县委书记、中共饶和埔靖县委书记。解放后曾任永定县县长、县委书记，龙岩地区副专员。

## 二、埔籍主要革命人物

### （一）大埔党组织创建及早期党的活动组织者

张善铭

张善铭（1900—1928），西河镇人。1921 年 8 月加入中国共产党，是中共广东支部早期党员之一。1927 年"四一二"反革命政变后，任中共东江特委书记，与彭湃等策划了东江武装起义，建立海陆丰工农民主政权，并创立东江革命根据地。广州起义失败后，代理广东省委书记。1928 年 5 月，在前往恢复海陆丰苏维埃政权时被捕，遭国民党杀害，年仅 28 岁。

郭瘦真

郭瘦真（1900—1980），桃源镇人。1923 年任团广东区委执委兼秘书，1924 年入党。1923 年任"旅穗大埔同学会"会长并派员返乡组织新学生社，在大埔传播马克思主义。1925 年春回埔举办"青年团讲座"，吸收赖释然等参加广州农民运动讲习所并加入共产党。1925 年任中共汕头地委书记。1927 年 8 月奉命返大埔，迎接、策应"八一"南昌起义军南下。起义军入埔后他向周恩来等领导人汇报大埔和潮汕情况，后随军进占潮汕。起义军在潮汕失利后，复参加广州起义。广州起义失利后，思想动摇，脱党、脱离革命队伍，后受乡人资助出国留学。新中国成立后，任广东省人民政府参事室秘书、省政协文史馆员。

赖玉润

赖玉润（1899—1975），枫朗镇人。1923年加入新学生社和社会主义青年团。历任青年团广州地委、广东区委书记等职。1925年入党，先后任中共汕头地委书记、汕头市革命政府市长。在任中共广州市委宣传部部长期间，曾参加领导广州起义。参加广州起义失利后，思想动摇，脱党、脱离革命队伍，后受乡人资助出国留学。

蓝裕业（1902—1928），湖寮镇人。1923年入党。是"广东新学生社"创始人之一。1924年后，历任青年团广东区委执行委员、中共潮梅特委书记兼汕头市委宣传部部长等职。1928年在汕头市被捕牺牲，年仅26岁。

赖释然

赖释然（1901—1976），枫朗镇人。1925年入党，在广州农民运动讲习所学习结业后回埔发展中共组织和农民协会，创建中共大埔第一个支部。先后任中共大埔县委农运委员、工农革命军第十四团参谋长。1928年赴南洋，1976年病逝于新加坡。

罗欣然（1903—1931），高陂镇人。1925年入党。1927年参加领导高陂暴动。先后任中共东江特委粤省西北七县巡视员、中共东江特委委员兼秘书长、东江苏维埃政府执行委员、红十一军政治部主任。1931年率部转战梅埔丰地区，在战斗中殉职，时年28岁。

温仰春

温仰春（1904—1981），大东镇人。1926年入党。先后任埔东革命委员会主席、工农革命军饶和埔独立支队党代表、东江红军第四十八团政治委员、福建省苏维埃秘书长、新四军第二支队及中共中央东南分局秘书长、华东南下干部纵队政治委员。新中国成立后，任中共中央华东局组织部副部长、上海市政协第五届常委。

### （二）埔籍中共大埔县委（边县委）书记

郭栋材

饶龙光

郭栋材（1893—1969），桃源镇人。1926年入党。同年任中共大埔县委执委书记。1927年调任国民革命军新编第二师政治部主任。"四一二"反革命政变后回埔，曾任县委委员。1928年赴南洋。新中国成立后曾任大埔县政协副主席。

饶龙光（1896—1951），茶阳镇人。1925年入党。1926年领导成立大埔县第一个农会——太宁农民协会。1927年起先后任中共大埔县委首任书记、县军事委员会主席、工农革命政府主席。1928年赴南洋，1935年回国。1949年曾为大埔解放做了一定的统战工作。新中国成立后，任龙岩县政府主任秘书。1951年病故。1981年被追认为烈士。

贺遵道（1900—1931），高陂镇人。1925年入党。参加过高陂暴动，曾任中共大埔县委书记、中共汕头地委秘书、中共东江特委常委兼宣传部部长、中共广东省委任巡视员、中共顺德中心县委书记。1931年1月，因叛徒出卖被捕，于广州就义。

贺遵道

黄　炎（？—1931），高陂镇人。1928年6月任中共大埔县委书记。后调丰顺县委工作。曾任东江西北分委委员。1931年被叛徒杀害。

邓凤翱（？—1930），茶阳镇人。1928年8月任中共大埔县委书记。曾任共青团汕头市委书记、中共香港互济委员会书记。1930年被捕牺牲。

李明光

张土生

李明光（1906—1932），高陂镇人。1926年入党。1928年底任中共大埔县委书记。曾任工农革命军独立第十五团团长、红军第十六团团长，第四十八团政委。是饶和埔、梅埔丰革命根据地创建人之一。1930年后任闽粤赣边区特委组织部部长，福建省委党委、福建省军区政治部主任，兼连城县委书记。1932年在连城保卫战中牺牲。1933年，连城县改名为明光县。

张土生（？—1931），高陂镇人。1923年在湖寮湖山公学组织"新学生社"。1929年1月任中共大埔县委书记。后历任东江特委巡视员、东江特委常委、广东省委巡视员。1931年在广州被捕牺牲。

丘宗海（1906—1931），洲瑞镇人。1927年入党。曾组织大埔农民协会，创建工农革命军第十五团。历任中共大埔县委书记、饶和埔县委书记、红军第四十六团政委、闽粤赣苏维埃政府筹备委员等职。1931

丘宗海

年巡视东江时遭敌袭击牺牲。

谢卓元（1905—1935），大麻镇人。1927 年入党。历任中共大埔县委书记、饶和埔县委常委、饶和埔诏县苏维埃政府主席、闽粤边区特委委员等职。1935 年在内部"肃反"中遭错杀。1985 年平反，被追认为革命烈士。

饶乃跃（1912—1941），茶阳镇人。1936 年任中共大埔县工委书记。曾任闽粤赣边省委学校教员。1940 年冬于龙岩被捕，1941 年在国民党狱中被折磨而故。

肖力克（？—2002），又名肖明，百侯镇人。1938 年 6 月任中共大埔县委书记。1939 年冬调新四军武汉办事处。新中国成立后曾任中国世界经济导报社副社长。1989 年离休，享受副部级待遇。

张　光（？—2005），西河镇人。1939 年 10 月任中共大埔县委书记。1940 年调闽粤边委工作。离休干部，2005 年病故。

陈　明，大麻镇人。1941 年起先后任中共埔南特派员、中共梅埔边工委书记、闽粤赣边区财经委员会主任。新中国成立后曾任汕头专署专员、广东省物价局副局长。

黄维礼

黄维礼（1916—1996），枫朗镇人。1940 年入党。黄维礼家祖屋曾作为南委机关驻地。历任中共饶和埔丰诏县委书记、饶和埔丰工作委员会书记、闽粤赣中心县委执委，主持创办韩江干校并兼任校长。大埔解放后任军管会主任和大埔县人民民主政府县长。后任兴梅地委常委、人民银行广东省分行行长等职。

何勇为（？—1988），高陂镇人。1945 年 11 月起历任中共梅埔丰县工委书记、梅埔丰县特派员、梅埔丰县委书记、兴梅地委组织部部长。1982 年离休。

张克昌（1920—2007），大麻镇人。1946年9月起历任中共埔北特派员、埔永工委书记、埔永梅县委书记、大埔县委书记。1988年于珠江水利委员会离休。

张克昌

黎广可（？—1973），大麻镇人。1947年8月起任中共梅埔县委书记。新中国成立后曾任浙江省水利电力厅党组成员。

刘　健（1918—1991），大麻镇人。1947年12月起历任中共埔丰县委书记、中共梅埔丰县委书记。新中国成立后曾任平远县委书记、汕头港务局副局长等职。1980年离休。

黎广可

钟　盈，大埔县人。1948年6月任中共饶和埔县委书记。泉州军分区政委任上离休。

罗克群（？—2006），女，枫朗镇人。1948年6月起历任中共饶埔丰县委书记、中共饶和埔丰县委书记。在广东省粮食局储运公司党委书记任上离休。

## （三）主要革命烈士

张恨秋（1905—1935），西河镇人。1926年入党，曾任中共大埔县附城区委书记。1927年随南昌起义军南下潮汕。起义军在潮汕失利后，他辗转进入中央苏区。1929年起先后任红四军前敌委员会秘书长、政治部主任、红四军第二纵队党代表兼纵委书记。1930年春调赣西南苏维埃政府工作。后调上海中共中央机关工作。1935年牺牲于

张恨秋

上海。

　　刘端生（1905—1932），青溪镇人。1925年入党。历任中共厦门市委书记、中共闽南临时特委常委兼共青团特委书记、中共闽西特委委员中共（长）汀、连（城）县委书记、闽西红军学校校长兼政治委员、红军新编第十二军代理政治委员等职。1932年，在"左倾"路线影响下的"肃反"运动中被错杀。新中国成立后追认他为革命烈士。

罗扬才

　　罗扬才（1905—1927），枫朗镇人。1925年入党。1926年2月，厦门大学成立福建第一个党支部，罗扬才担任党支部书记。曾任中共闽南特委委员兼中共厦门市委组织部部长、厦门农民协会会长。1927年4月因叛徒出卖被捕。5月23日，罗扬才高唱《国际歌》走上刑场，从容就义，时年22岁。

　　张华云（1907—1935），女，大麻镇下村人。1927年加入中国共产党，后与谢卓元结为夫妻。历任中共三河区委、中共饶和埔诏县委、闽粤边特委委员。1935年在党内"肃反"中，被诬为"社会民主党分子"并被错杀。新中国成立后，被追认为烈士。

　　杨兰史（1907—1938），百侯镇人。1925年入党。参加过县内的"百侯暴动"等革命斗争；参加长征到达陕北后，任抗日军政大学教授、教育科长。因积劳成疾，于1938年病逝，时年31岁。当年，中共中央为其举行了隆重的追悼会；毛泽东、朱德、刘少奇、周恩来等领导人送了花圈；毛泽东

杨兰史

孙世阶

亲笔写下挽联："哀悼我们教育战线上的勇士，杨兰史同志永远不死！"

孙世阶（1910—1936），青溪镇人。1925年加入中国共产党。是中央红色交通线大埔中站在茶阳开设的"同天饭店"联络和转运物资据点交通员。曾被国民党多次逮捕，受尽严刑，坚贞不屈。1936年被枪杀于茶阳。

## （四）其他主要革命人物（参加过长征或新中国成立后任省部级以上职务）

罗 明

罗 明（1901—1987），枫朗镇人。1925年入党，曾任福建省委书记等职，是共产党早期活动家。他推崇毛泽东的主张。认为，闽西根据地边缘地区条件困难，党的政策应不同于巩固地区。当时党内"左"倾错误领导人把这说成是"机会主义的、取消主义的逃跑退却路线"，开展了反"罗明路线"的斗争。长征中，因身负重伤，留在贵州，随之脱党。后辗转回埔当中学教员。1980年恢复党籍，后任全国政协六届常务委员和广东省五届人大常委会副主任。

杨永松

杨永松（1918—），百侯镇人。1930年（时年12岁）任福建省永定县共青团、儿童团组织科长。参加过长征、抗日战争、解放战争。新中国成立后历任坦克第一师政委、北京军区工程兵政委等职。1955年被授少将军衔。享受副兵团级待遇。

肖月华

肖月华（1910—1983），女，百侯镇人。中共党员。曾任大埔县、饶和埔县妇女部部长、中共中央和共青团中央书记处秘书处干部。参加过长征。到延安后与共产国际军事顾问李德（德国人）离婚。后任延边地区妇女会干部。新中国成立后任湖南省公路局、交通局办公室主任等职。大校军衔。

杨辉图

杨辉图（1910—1987），大东镇人。中共党员。参加过长征。历任红一方面军干部团营文书、八路军团政治委员、中国人民解放军晋鲁豫第四纵队后勤供给部政委。新中国成立后历任广东省军区政治部副主任、副政委等职。少将军衔。

连　贯

连　贯（1906—1991），枫朗镇人。1925年入党。曾参加"广州左翼文化联盟"并任委员。后任中共南方工委委员、粤港分局委员、中共华南分局委员、中共香港工委副书记等职。新中国成立后历任全国政协副秘书长、中共中央对外联络部副部长、国务院侨务办公室副主任、全国侨联副主席等职。

谢小梅

谢小梅（1913—2006），女，福建省龙岩人。其为中央红军参加长征的32位女战士之一，也是与罗明一起参加长征的革命夫妻。享受老红军待遇。

饶彰风（1913—1970），茶阳镇人。

饶彰风

邹健东

钟嘉华

1936年入党，先后任中共南方临时工作委员会委员、广东省委宣传部部长、东江纵队司令部秘书长、新华南通讯社社长、中共港粤工委（后改称香港工委）委员、中共中央香港分局秘书长。新中国成立后，历任中共中央华南分局统战部副部长、中共广东省委统战部部长、政协广东省副主席、广州外国语学院院长等职。"文革"期间冤逝于狱中。1980年得以平反昭雪。

邹健东（1915—2005），茶阳镇人。1935年参加革命活动，1937年入党。先后在新四军军部摄影室、华东野战军新华社前线总分社、新华社军分社任摄影记者。是著名历史照片《百万雄师过大江》《占领总统府》等之作者。1953年至1954年任新华社摄影部中央新闻组组长。享受副军级待遇。

钟嘉华（1915—2008），三河镇人。抗战爆发后，从印尼回国，奔赴延安。1938年入党。历任抗日军政大学股长、抗大第五分校四队指导员、新四军司令部政治协理员、华中局政治教导队政治协理员、新四军兼山东军区保卫部秘书、第三野战军政治部组织部干部科科长。1975年任安徽省军区副政委。

杨　杰

周伯明

何渠若

蓝天民

杨　杰（1917—2004），大东镇人。曾就读百侯中学、香港华南中学。1938年奔赴延安，在抗日军政大学学习。同年入党。先后任八路军第三四四旅第六八七团文化教员、指导员、教导员、团政治部主任及师干部部副部长。1973年任武汉军区政治部干部部部长。1978年任军区炮兵顾问，副军级。

周伯明（1919—1998），三河镇人。1936年入党。1937年奔延安抗日军政大学学习。后回广东参与组建东江纵队，开展抗日战争。还参加了解放战争、抗美援朝战争。1960年被授大校军衔，后任炮兵副军长、浙江省军区副司令员、中国科学院广州分院副院长等职。

何渠若（1921—1973），湖寮镇人。1938年埔中毕业后，奔赴延安，进入抗大学习，同年入党。参加过抗日战争、解放战争、抗美援朝战争。曾任军副政委。1971年调任朝鲜军事停战委员会朝中方面中国人民志愿军首席委员。1973年在岗位上病逝，成为抗美援朝最后一位志愿军烈士。

蓝天民（1920—2017），湖寮镇人。1938年辗转投奔延安，1939年入党。先后在陕北公学、晋察冀边区抗日军政大学学习。参加过抗日战争、解放战争、抗美援朝战争。曾任甘肃省军区政委、兰州军区政治部顾问等职。

江 田

杨应彬

吴星峰

江 田（1921—2006），茶阳镇人。先后在中共琼崖特委抗日独立总队、中国人民解放军琼崖纵队参加抗日战争和解放战争。曾任琼崖纵队第五总队政委。1962 年起历任广东省公安总队副政委、韶关军分区政委、广东省军区副军级顾问等职。

杨应彬（1921—2015），百侯镇人。1935年参加左翼教联，1936 年入党。后受党组织派遣，打入张发奎司令部从事地下工作，毕业于黄埔军校第十七期和陆军大学参谋班特第五期。参加过淞沪、武汉、桂柳等抗日会战。解放战争时期在粤桂边区任纵队参谋长。解放后历任广州市军管会副秘书长、广东省人民委员会办公厅主任、中共广东省委常委兼秘书长、广东省政协副主席等职。

吴星峰（1922—1994），湖寮镇人。出生于新加坡，1932 年回国。1938 年奔赴延安，在陕北公学、抗大分校学习。同年入党。参加过抗日战争、解放战争。曾任中国人民解放军第一军政大学副政委兼政治部主任。1958 年转业至石油工业部，任大庆石油会战指挥部副指挥。1963 年任石油工业部党组成员。1983 年任中共福建省纪律检查委员会书记。

丘回春（1914—1988），大东镇人。中共党员。1929 年参加中国工农红军第十一军第四十八团，时年 15 岁。长征时，曾任叶剑英参谋长的警勤干部。后历任广州军区管理局副局长、湖南省黔阳军区副司令员等职务。

邓乃举（1910—1980），茶阳镇人。1928 在乡苏维埃政府当交通员，1928 年参加工农红军。参加过长征、保卫延安阻击战、天津战役、淮海战役等。新中国成立后曾任安徽省军区参谋长。

萧　光（1917—2014），百侯镇人。参加长征时在一方面军司令部当译电员。新中国成立后曾任中央档案馆馆长等职。

罗松山（？—1985），枫朗镇人。中共党员，长征时任中国工农红军第一一五师战士。1950 年 6 月起历任广东省兴梅军分区秘书科副科长，肇庆市民政处副处长等职。

萧　光

黄天蟾（1906—？），高陂镇人。1925 年考入黄埔军校第三期步科。历任国民政府武汉宪兵司令部警卫团上校团长、中央军校步兵大队长、国民党粤汉铁路护路司令部少将副司令等职。1941 年率部投奔中共，在八路军中多次参加抗击日本侵略战。1946 年加入中国共产党。1967 年以军级待遇退休。

黄天蟾

廖习仗（1914—2004），大麻镇岐丰村人，出生于印尼。曾在北京辅仁大学、广东中山大学读书，后奔赴延安，1938 年加入共产党。参加过抗日战争、解放战争、抗美援越战争。历任军委工程兵科研部副政委、军委工程兵政治部副主任、工程兵政治部顾问（正军职）。

廖习仗

刘兆伦

杨　远

邬梦兆

刘兆伦（1920—），百侯镇人。1938年加入中国共产党，1939年入延安中央党校学习。先后任延安自然科学院副科长、中共吉林省委组织部干事、和龙县县长。新中国成立后历任珠江水利工程总局副局长、广东省水利电力厅厅长、水利部副部长、水利电力部珠江水利委员会主任、顾问等职。

杨　远（1916—1993），大麻镇人。1936年入党。同年赴延安抗大学习。历任河北丰滦县委书记、冀东区委委员。新中国成立后历任唐山市委第一书记、河北省副省长等职。

邬梦兆（1934—），湖寮镇人。1949年8月在百侯游击区参加革命工作。曾任中共广东省封开县委书记、县人民武装部第一政委，肇庆地委办公室主任，广东省委副秘书长，广州市委副书记，广州市政协主席，全国政协港澳台侨委员会委员等职。

杨英耀（1935—），百侯镇人。1949年4月参加大埔韩江干校培训，结业后分配到大埔军管会工作。1951年10月调入野战

杨英耀

军，参加过抗美援朝战争。历任军事教员、侦察参谋、连长、营长、处长、副师长、军副参谋长。1987年12月调任广西军区副参谋长。1988年被授予少将军衔。

# 革命遗址及纪念场所

　　大埔是一块英雄辈出的红色土地。这里分布着一处处蕴涵革命历史的遗迹，留下了一个个中国共产党人英勇奋斗的红色印记。

　　据县委党史室等相关部门详查统计，全县有重要革命遗址80多处。近几年来，县委、县政府加大了对革命遗址的保护、开发和利用的力度，使之成为缅怀革命先烈、传承革命精神、繁荣红色旅游的重要载体。

## 一、革命遗址

### "八一"起义军三河坝战役遗址
### ——笔枝尾山、三河坝战役纪念园、田氏宗祠

　　"八一"起义军三河坝战役烈士纪念碑1963年兴建于当年战场——三河坝笔枝尾山上，它是为纪念在三河坝战役中牺牲的数百名官兵而兴建的。碑高15米，宽4米，用35种356块密纹花岗岩石砌成。碑正面镌刻着朱德总司令的亲笔题字："八一"起义军三河坝战役烈士纪念碑。碑座上刻着时任第二十五师师长周士第上将撰写的碑文。几十年来，特别是近几年来，笔枝尾山上已建成占地18万平方米的纪念园（含纪念碑、纪念馆、主题雕塑、石浮雕文化墙、体验式战壕、游客中心、停车场等基础设施）。"八一"起义军三河坝战役烈士纪念碑已被列为国家级革命

烈士纪念遗址重点保护单位、省级文物保护单位，并成为梅州市、大埔县爱国主义教育基地、革命传统教育基地。

"八一"起义军三河坝战役作战指挥部设在笔枝尾山汇东村的田氏宗祠，起义军在这里的墙上留下"誓死杀敌"四个大字。田氏宗祠于 2018 年进行了修缮。

## 中央红色交通线大埔中站遗址及纪念馆

近几年来，围绕打造红色旅游经典线路目标，对位于青溪的中央红色交通线的多宝坑小站、棣萼楼秘密仓库等旧址进行了维修，新建了"中央红色交通线"纪念馆等，大埔中站纪念园建设粗具规模。

## 大埔县第一个党支部——中共仰文学校党支部遗址

1925 年初夏，参加广州农民运动讲习所学习后返埔的中共党员赖释然，在大埔高陂的仰文学校（今高陂中学内）师生中秘密发展廖仲达等人入党，创建了大埔县第一个党支部（也是梅州市第一个党支部），廖仲达被推选为第一任党支部书记。

## 第一个农会（太宁农会）旧址——福兴寺

该旧址福兴寺位于茶阳镇太宁村。

1926 年春，省农民协会派农运特派员赖释然到太宁协助饶龙光、张高友、饶炳寰等人组织农民协会，公推饶龙光为农会主席。太宁农会成为大埔县第一个农民协会，会员很快发展到 1500 多人。太宁农会开展了轰轰烈烈的"二五"减租运动，还编印了《太宁月刊》，传播革命思想和农运事迹，对大埔县农民运动的兴起发挥了示范和推动作用。

## 中共大埔县部委会遗址——茶阳养育堂

该遗址茶阳养育堂位于现在的茶阳粮所内。

1926 年 11 月，中共党员郭栋材奉中共汕头地委委员郭瘦真之命，在茶阳养育堂召开会议，组建中共大埔县部委。会议选举郭栋材任县部委（县委）书记，饶龙光为组织委员，李言皆为宣传委员，赖释然为农运委员，杨简士为工运委员。中共大埔县部委为大埔的第一个中共县委会。

## 早期大埔县委办公旧址和农运领袖饶龙光故居——义训堂

该旧址义训堂位于茶阳镇太宁村。

1927 年，蒋介石发动"四一二"反革命政变后，以饶龙光为书记的中共大埔县委机关从县城茶阳养育堂移至饶龙光老家义训堂，并以此为中心领导、指挥全县工农武装和革命群众与国民党反动派进行斗争。

饶龙光是大埔最早的农会和农军创建和领导者，是早期中共在大埔的党政军主要负责人，是老一辈无产阶级革命家张鼎丞的入党介绍人。

## 大埔县第一次农民暴动旧址——茶阳镇政府

该旧址现为茶阳镇政府。

1927 年 6 月 5 日，中共大埔县部委发动工农群众武装反抗国民党政府。大埔各地农军举行暴动，分三路占据县城茶阳。暴动后成立大埔县政务委员会，郭栋才任主席，饶龙光、李敏丞任副主席。同时成立大埔县军事委员会，饶龙光兼任主席，军事委员会设农民自卫军独立一团（两个连），饶龙光兼团长和党代表。

## 大埔县部委扩大会议旧址——郭氏学校

该旧址位于桃源镇。

1927 年 11 月，在中共东江特委委员、汕头地委书记郭瘦真的组织下，梅县、大埔、丰顺边区党员代表会议在桃源郭氏学校召开，50 多人参会。会议传达了中共南方局和广东省委联席会议关于实行武装夺取政权，建立苏维埃政府等决定精神。党员代表会议结束后，大埔党的领导人留下继续开会，决定将中共大埔县部委扩大成立中共大埔县执行委员会，选出饶龙光任书记，张土生任组织部部长，李沙蒂任宣传部部长，郭栋材任军事部部长，赖释然任农运部部长。会议确定了发动农民抗租抗税，打土豪分田地，建立工农革命军和革命政权等方针。

## 工农革命军饶和埔独立支队成立旧址——西竺寺

该旧址西竺寺位于枫朗镇上山下村的西岩山上。

1928 年 5 月间，中共大埔县委面对反动军警"围剿"埔东红色区域的严峻形势，主力转移一部分力量到韩江以西，开辟梅埔丰游击根据地。留下部分力量在埔东地区与敌周旋，牵制敌人，坚持斗争。同年冬，留在埔东的中共党员温仰春与平和县、饶平县部分领导人商定，动员受敌"围剿"后失散的武装人员，在枫朗西岩山西竺寺召开会议，成立了工农革命军饶和埔独立支队，詹阿遂为队长，温仰春为党代表。

## 长北乡、埔北区、埔五区苏维埃政府旧址——高乾村

该旧址属茶阳镇茅坪村高乾自然村。

1928 年，闽西革命领导人张鼎丞、范奉林、郑启民等来到高乾村，组建了党支部委员会及长北乡苏维埃政府。后来的埔北区

苏维埃政府、埔五区苏维埃政府（属闽西序列，受福建苏区领导）也设在高乾村。

当年，高乾村遭广东、福建国民党军警屡次洗劫，全村原有280多人，只剩下80余人。长北乡苏维埃政权片区有25名革命烈士，其中19位是高乾村人。

2016年7月1日，大埔又一个红色展馆——埔北区苏维埃政府纪念馆在茶阳镇高乾村落成开馆。

## 中共大埔县委改组会议旧址——下坝村

该旧址下坝村属洲瑞镇赤水村的一个自然村。

1929年3月，在东江特委巡视员罗欣然指导下，中共大埔县委在下坝村召开中坚分子会议，改组县委，选举丘宗海任县委书记。在全县设立埔北区委、高陂区委、三河区委、大麻区委和一个特别支部。会后发布《告农民书》《大埔赤卫队组织章程》，创办《时报》周刊等，极大地鼓舞了群众的革命热情。

## 埔北区苏维埃政府旧址——严背畲

该旧址位于茶阳镇严背畲村

1929年，埔北的长东（太宁）、新村、石茅、长北、长中、青溪等乡先后成立了乡苏维埃政权。同年冬，在长治严背畲召开埔北各乡苏维埃政府代表会议，成立埔北区苏维埃政府，谢卓元任主席。

## 埔东区苏维埃政府旧址——上木村

该旧址位于枫朗镇上木村圳下。

1930年3月，在枫朗镇上木村圳下成立杨鹤松为主席、刘弄章为副主席的埔东苏维埃政府。埔东人民在苏维埃政府领导下进行了打土豪、分田地的土地革命。

### 埔东区第一乡苏维埃政府旧址——温家祠

该旧址温家祠位于大东陂下。

1930年春，在中共埔东区委领导下，先后建立了大产（今大东）五个乡苏维埃政府。其中第一乡苏维埃政府设在温家祠，选举丘映质为乡苏维埃政府主席。管辖：塘市、陂下、泮村、溪口、大片里、下西坑、琵琶树背、湖下、锅笃塘、楼下。

### 埔西区苏维埃政府旧址——葛里

该旧址位于银江镇坪上葛里村。

1930年春，在银江镇坪上葛里村成立埔西区苏维埃政府，黄朋生任区苏维埃政府主席。同年秋，埔西区苏维埃政府在银江明新村南树窠召开会议，改名大麻区苏维埃政府，黄文英任主席。

### 大埔县苏维埃政府成立旧址——青碗瑶

该旧址位于高陂镇青碗瑶村。

1930年5月，大埔县代表出席东江苏维埃代表大会回埔后，中共大埔县委、县革委在高陂青碗瑶村召开代表大会，成立大埔县苏维埃政府，由谢卓元任政府主席，连铁汉、徐履祥任副主席。大埔县苏维埃政府下辖大麻（埔西区）、埔北区、埔南区、埔东区苏维埃政府。

### 埔南区苏维埃政府旧址——陈大畲

该旧址位于高陂镇陈大畲村。

1930年下半年，埔南区苏维埃政府在高陂陈大畲村成立，邓蕉衍任区苏维埃政府主席，吴晓初、丘丽容、徐善垣任委员。埔南区苏维埃政府后迁至竹山村办公。同年秋在黄泥塘对区苏维埃政府进行调整充实。

### 饶和埔县委成立旧址——枫朗镇和村坑子里

1930 年 11 月，中共闽西特委张鼎丞、邓子恢在和村主持大埔、饶平、平和三县县委会议，遵照中共闽粤赣边特委决定，成立中共饶和埔县委和县革委，机关设于和村坑子里。任命丘宗海为中共饶和埔县委书记，连铁汉为县委常委兼组织部部长，余丁仁为宣传部部长，刘振群为饶和埔县革命委员会主席。边县委成立后，将原三县境内苏区划为 10 个区，另成立陶业区。

### 饶和埔县工农兵贫民代表大会遗址——丘氏宗祠

该遗址丘氏宗祠位于大东泮溪村新田下（2007 年因火灾被毁）。

1931 年 2 月 7 日至 11 日，饶和埔县工农兵贫民代表大会在丘氏宗祠举行，11 个区代表 300 多人参会。大会总结了过去斗争的经验和教训，决定了今后斗争的任务与策略，通过了苏维埃政权的 14 项提案。选举产生了县苏维埃政府，陈彩芹任主席。

### 中共南方工作委员会成立及机关旧址、纪念设施
### ——竞业楼、培才学校、宜慎山庄、黄维礼故居

中共南方工作委员会机关先设在漳北竞业楼。1941 年 4 月，转移至大麻镇恭州下村老虎塘的宜慎山庄。9 月，南委机关又转移到大埔角仓下黄维礼家的小屋子里。在离仓下不到 500 米远的大埔角圩场开办经营文具日用百货的"天成"商号，在高陂镇开设"鸿达批发商行"，作为南委联络点。除在这间屋子里架设电台外，在百侯及福建长乐都有备份电台，在双溪新民学校办《时

代文选》，在侯西小学建立交通站。

1942年6月"南委事件"（郭潜叛变，南委机关受国民党破坏）后，方方等转到梅县松源，后北上延安，留李碧山在大埔联络。

2006年，对枫朗大埔角仓下黄维礼家旧址进行保护性维修。2015年以来，又对旧址周边环境进行了改造，增设了闽粤赣边区革命历史陈列馆（二楼展出南方工委革命史，三楼展出闽粤赣边区革命历史）、红色文化长廊、宣誓广场等景点，完善了停车场、卫生间等基础配套设施，成为集旅游、教育、发展农村经济于一体的红色基地。

### 中共莲塘联络支部旧址——怡怡草庐

该旧址怡怡草庐位于大麻镇莲塘村。

1944年秋末，留在大埔的原南委联络员李碧山，在大麻莲塘村建立党支部，成员有温碧珍、陈明、张克昌、余坚，温碧珍任支部书记。支部成立后，一方面与上级机关沟通，另一方面联络并指导闽粤赣边党组织开展工作。它凝聚了党的力量，为抗日战争后期乃至解放战争初期整个闽粤赣边区党组织的发展壮大和武装斗争的开展奠定了基础。

### 抗日游击队韩江纵队第三、四支队成立旧址——豆甲坑

该旧址豆甲坑位于银江镇明德村。

1945年1月，李碧山决定组织抗日游击队韩江纵队，从各地抽调何献群、胡伟、古关贤、陈木、张光、程严、胡冠中、刘旭、魏成水、罗定能、张全福、王长胜、蓝汉华、黄大水、方波、阿许、阿先、阿隆、刘玉虎、黄维礼、黎广可等20多人到福建长乐大科学习总结武工队经验，并于2月13日举行抗日游击队韩江纵

队成立誓师大会，组成留守支队和第二支队。参加会议部分人员后来转移至大埔银江豆甲坑。2月26日，李碧山在豆甲坑主持召开三、四支队成立大会，任命李健华为第三支队队长，胡伟为政委；邹子招为第四支队队长，何献群为政委。

### 中共闽粤赣中心县委成立旧址——沙窝里

该旧址沙窝里位于银江镇胜坑村。

1946年2月20至27日，在沙窝里召开了中共闽粤赣中心县委扩大会议，选举产生了中共闽粤赣中心县执行委员会。李碧山任书记，梁集祥任副书记，张全福任组织部部长，黄维礼任宣传部部长，温碧珍任妇女部长，何献群任秘书长。中心县委下辖梅县、兴宁、大埔、蕉岭、平远等边县党组织。

### 中共闽粤赣边工委扩大会议旧址——七里溪

该旧址七里溪位于丰溪林场。

1947年4月，魏金水赴香港向中共香港分局汇报后返回闽粤边，在埔北的七里溪召开闽粤赣边工委（3月中旬，中共闽粤边工委改为中共闽粤赣边工委）执委会议，贯彻中央批准的"先粤东后闽西"的战略方针。会议决定：今后的任务是以粤东为重点，放手发动群众，普遍开展游击战，创建革命根据地；将中共闽粤赣边工委机关及闽西南部分军事骨干调入粤东的大埔境内，以形成闽粤赣边武装斗争的指挥中心。

### 解放军粤东支队成立遗址——豪猪窟

该遗址豪猪窟位于青溪镇下坪沙村。

1947年5月，中共梅埔地委决定，将集结于埔北的人员组成新的部队，选定豪猪窟为新的部队集结地，在山上搭寮居住。梅埔地委及特务队在程严、王立朝率领下从棉畲迁至豪猪窟。随后，闽西的刘永生、杨建仓等 15 名武装人员也转到豪猪窟，与梅埔特务队合编成粤东支队，刘永生任支队长，杨建仓任政治委员。6 月，中共闽粤赣边工委决定，以粤东支队作为边工委的主力部队，并命名为"闽粤赣边人民解放军总队"，由魏金水任总队政委，刘永生任总队长，朱曼平任总队副政委。

### 中共粤东地委执委第一次（扩大）会议旧址——麻子坜

该旧址位于洲瑞镇。

1947 年 8 月 8 日，粤东地委在麻子坜村召开地委执委第一次扩大会议。出席会议的有粤东地委、粤东支队和各边县委领导人，闽粤赣边工委常委朱曼平、刘永生、王维到会指导。会议由地委书记张全福主持，朱曼平在会上作《开展粤东武装斗争条件及其可能前途》的报告，分析了开展粤东武装斗争的有利条件和存在困难，提出了粤东支队的战略和出击计划。这次会议对粤东地区，特别是对大埔革命根据地的开辟产生了极其深远的影响。

### 中共粤东地委旧址——军营村

该旧址属银江镇胜坑村的一个自然村。

1948 年 2、3 月间，为便于对梅埔丰地区斗争的领导，按闽粤赣边工委指示，粤东地委由埔北迁至大麻汶子里，后又迁至银江胜坑军营村。闽粤赣边区党委常委兼组织部部长王维与粤东地委代书记廖伟等地委领导在这里指挥粤东地区武装斗争和根据地建设。

### 中共闽粤赣边区党委成立旧址——启明寺

该旧址启明寺位于光德镇上漳村鸟子石半山腰。

1948 年 8 月 7 日，中共闽粤赣边工委在启明寺召开闽粤赣边区党代表大会，出席这次会议的有闽粤赣边工委和粤东、潮汕、闽西、闽南地委主要领导人魏金水、刘永生、朱曼平、王维等 15 人，代表边区 2300 多名党员。会上成立了中共闽粤赣边委员会，魏金水为书记，朱曼平为副书记，王维为组织部部长，林美南为宣传部部长。中共闽粤赣边委员会下辖闽西、闽南、梅州、潮汕、韩东 5 个地委，其中韩东地委（后改名为韩江地委）为新建立的地委。此后，机关设在大埔的边区党委，把边区党的建设、武装斗争和根据地建设等全面推向了新的阶段，最终夺取了革命的胜利。

## 中共韩东（韩江）地委旧址——大王坑

该旧址位于高陂平原大王坑村。

1948 年 8 月 8 日，潮安、澄海、饶平、南澳、汕头市及丰顺、大埔、南靖、平和的部分地区党组织负责人，集中于大王坑村举行会议，贯彻落实闽粤赣边工委代表会议决定，成立中共韩东地委，黄维礼任书记，吴健民任副书记兼组织部部长，李习楷任宣传部部长。韩东地委下设中共饶和埔县委、饶埔丰县委、潮澄饶县委等。

## 中共闽西地委、闽西支队成立旧址——庆云楼

该旧址庆云楼位于西河镇（岩上）南丰村大老寨。

1948 年 10 月，中共闽西地委在庆云楼召开扩大会议，通过了闽西地委新一届领导成员，范元辉任书记，罗炳钦任组织部部长，胡伟任宣传部部长。会后，集中各县武装大队及永和埔基干队在大老寨成立闽西支队，下设第一、三两个大队。蓝汉华任支队长，范元辉兼任政委。同年 12 月，闽西支队再次在大老寨集中

整训。

### 中共闽粤赣边区党委机关旧址——鹧婆屋

该旧址鹧婆屋位于光德镇富岭村。

1949 年 1 月，中共闽粤赣边委员会机关从启明寺迁至富岭村鹧婆屋，党委电台、《新民主报》均设在此地。1943 年 3 月，富岭遭国民党高陂驻军袭击后，边区党委机关转移至枫朗保安村大围屋。

### 闽粤赣边区纵队成立旧址——上漳小学

该旧址位于光德镇上漳小学。

经党中央、中国人民解放军总司令部批准，中国人民解放军闽粤赣边区纵队于 1949 年 1 月 1 日正式成立。1949 年 1 月 29 日，中共闽粤赣边区党委在大埔光德上漳小学背后山坡上举行军民大会，宣布"中国人民解放军闽粤赣边区纵队"成立命令，"边纵"正式纳入了中国人民解放军的战斗序列，刘永生任边纵司令员，铁坚任副司令员兼参谋长，魏金水任政治委员，朱曼平任副政委，林美南任政治部主任。

### 中共闽粤赣边区党委机关旧址——大围屋

1949 年 3 月，中共闽粤赣边区党委驻地富岭遭国民党高陂驻军袭击后，转移到枫朗镇保安村的大围屋。边区党委领导、电台人员、财经委员同驻大围屋，在这里召开了政权会议、财经会议、妇女代表会议等。至 1949 年 6 月全梅州解放后，迁往梅县。

### 中共韩江军政干部学校旧址——德庆堂

该旧址德庆堂位于枫朗保安村溪背岭。

1949 年 3 月，根据中共闽粤赣边区党委的指示，由中共韩东地委、中共饶和埔县委共同在光德镇创办了中共韩江军政干部学校。办学第一期刚开学几天，因国民党军偷袭骚扰，学校紧急转移到枫朗保安村德庆堂。大埔县城茶阳解放后，学校迁往茶阳，后因国民党胡琏兵团流窜骚扰，学校又迁往湖寮。韩江干校在大埔连续举办三期，学员总数达 1000 多人。

## 中共华南分局旧址——晋寿楼

该楼位于青溪镇桃林大塘背村。

1949 年 7 月，因国民党胡琏兵团残部逃窜至闽粤边区，意在沿韩江南下，经汕头出海到台湾。中共华南分局等机关紧急转移到大埔青溪镇桃林大塘背村一带活动。中共华南分局与闽粤赣边区党委、梅州地委、大埔县委及当地基层党组织五级党的机关集中住在晋寿楼，指挥各地抗击南逃的胡琏残部。

## 二、纪念亭、室、馆

### 饶彰风纪念亭

该亭位于茶阳镇文化广场南侧，建于 1999 年。

饶彰风纪念亭为六边形，面积 40 平方米。亭中有饶彰风遗像及生平简介。亭名由全国政协副主席叶选平题写。

### 大埔县博物馆——红色土地纪念室

该室位于县城湖寮黄腾坑大埔县博物馆内。

2008 年，大埔县委、县政府兴建起占地面积 31140 平方米的"大埔县文化活动中心"，其中有一座大埔县博物馆。2009 年 10 月，在大埔县博物馆内，专辟一处作为"红色土地纪念室"。该室面积 260 平方米，陈列有 200 件反映大埔各个革命历史时期的革命斗争事迹的图片、文字和实物。

## 罗明故居与罗明事迹展室

罗明，1925 年入党，曾任福建省委书记等职，是共产党早期活动家。

罗明故居——兰瑞传芳位于枫朗镇坎下村。2010 年，对罗明故居（兰瑞传芳）进行了保护性维修并设立罗明事迹展室。同年，该展室被大埔县人民政府定为县级文物保护单位。

## 杨应彬革命生涯陈列室

杨应彬，1935 年参加革命，1936 年入党。被党组织安排在中共特别支部工作，潜伏十年，成功挫败了蒋企图制造第二次"皖南事件"的阴谋，挽救了抗日东江纵队。新中国成立后曾任广东省委常委、广东省政协副主席等职。

该馆于 2013 年 7 月在百侯镇侯南村永庆堂挂牌揭幕。

## 埔北区苏维埃政府纪念馆

2016 年 7 月 1 日，埔北区苏维埃政府纪念馆在茶阳镇高乾村落成开馆。

### 三、烈士纪念碑、烈士公墓

为缅怀革命先烈，新中国成立后，大埔县陆续建起了一批革命烈士纪念碑。

### 1."八一"起义军三河坝战役烈士纪念碑

该碑 1963 年兴建于三河镇笔枝尾山上，花岗岩石砌成。碑正面镌刻着朱德同志的亲笔题字："八一"起义军三河坝战役烈士纪念碑。碑座上刻着第二十五师师长周士第撰写的碑文。几十年来，经多次扩建，如今已成为纪念园。

### 2. 大埔革命烈士纪念碑

该碑位于县城虎山公园西山顶。

1997 年春，中共大埔县委、县人民政府为纪念中国共产党成立以来，为正义事业光荣牺牲的 770 多位大埔的仁人志士，作出在县城虎山公园西山顶兴建大埔革命烈士纪念碑的决定。同年 9 月动工，历时半年，于 1998 年 4 月建成。纪念碑由 476 块花岗石筑成，碑座高 3 米，碑高 16 米，碑面宽 4.8 米。时任广东省政协副主席杨应彬题写碑名、碑记。

### 3. 茶阳革命烈士纪念碑

1956 年动工，翌年清明节落成，1985 年继建六角平顶纪念亭，2003 年因建设需要而迁建至该镇西湖村岗仔下，投入 34 万元，占地面积 520 平方米，安葬着为人民解放事业而牺牲的中共梅埔地委书记张福全、独六大队第二中队指导员李隆吉等 21 位烈士。

### 4. 西河革命烈士纪念碑

该碑位于和平村新民学校侧后山顶，建于 20 世纪 50 年代，1987 年重修，纪念张高营、李耀春两位烈士。

### 5. 大麻革命烈士纪念碑

该碑于 20 世纪 50 年代建于大麻戏院侧，因常受洪水之患，于 1960 年迁至卫生院后山，安葬着中共梅埔地委秘书长何献群、中共梅兴平蕉县委书记黄戈平等 15 位烈士。

### 6. 汪光聪烈士纪念碑

该碑位于西河镇南桥村，建于 1955 年，汪光聪烈士曾任闽粤赣边纵闽西第七支队第三团副团长。

### 7. 百侯革命烈士纪念碑

该碑位于百侯中学背后的月形山，1958 年建成，1962 年、1968 年曾重修，1998 年再次重修，安葬着南昌起义军留埔任工农革命军第十五团参谋长黄让三（湖南人）、边纵直属第一团政委杨建仓等 19 位烈士。

### 8. 古野革命烈士纪念碑

该碑位于古野中学校园内，1961 年兴建，1968 年、1984 年两次重修，纪念中共闽粤赣临时省委组织部部长李明光等烈士。

### 9. 李明光烈士纪念碑

该碑位于高陂镇古西村，1989 年兴建。李明光烈士牺牲于福建连城，连城县曾改名为明光县。

### 10. 洲瑞革命烈士纪念碑

该碑位于赤水村狮子崟大桥头。1965 年兴建，纪念 1949 年 2 月在狮子崟战斗中牺牲的闽粤赣边纵第一团 11 名官兵。

### 11. 英雅革命烈士纪念碑

该碑位于英雅中心小学背面的老虎头岗，1977 年兴建，1980 年续建配套工程。纪念中共闽粤赣边特委委员、大埔县革命委员会主席谢卓元，中共闽粤边特委委员张华云，长征途中牺牲的红军战士刘先汉等 28 位烈士。

### 12. 青溪革命烈士公墓

该墓位于青溪镇青溪中学背面山顶，1981 年兴建，纪念青溪籍永和埔独立第六大队战士梁香贤（亚献）、梁象贤（亚香）、张昌沃、丁金昌、陈衍桃（陈铁魂）等烈士。

### 13. 青溪革命烈士纪念碑

1998 年，因青溪水电库区的青溪村大部分革命烈士纪念设施将被水淹没，是年兴建该碑于村中一小山上，纪念红色交通线接头户余君平、余映周等 7 位烈士。

## 14. 光德革命烈士纪念碑

该碑位于光德镇富岭村王公崀，建于 2000 年，纪念黄海波等 24 位烈士。

## 15. 茶阳高乾村革命烈士纪念碑

该村是土地革命战争时期埔北区苏维埃政府所在地。2011 年建纪念碑于村内，以纪念该村 19 位烈士。2016 年择地迁建新的纪念碑。

## 附录四 边纵军歌

### 一、闽粤赣边纵队军歌

**闽粤赣边纵队军歌**

集 体 创 作
梁集祥执笔
张广哲整理

1=G 4/4

金 砂暴动 工 农起家 三 年游击战碧血鲜 花

抗日烽火正浓烈 健儿们龙岩集 结 慷 慨上征途转 战 江南江 北

二 十年艰苦斗争 风 寒雨 雪 千百次惊涛骇浪 天崩地 裂

为民族为人民 高举起毛泽东的 旗 帜 大 麻出击三乡歼敌

燃烧起灿烂的火 花火花 火花 烧 遍了闽粤赣边的原 野 火花

火花 烧毁国民党的 统治 烧毁蒋 宋孔陈四 大 家

火花火花烧吧烧吧 以胜利的火 花 迎接大军 南下 以胜利的火 花

创造闽粤赣边的解放 区 以胜利的火 花建设新民主主义的 新中华

## 二、粤东支队队歌

### 粤 东 支 队 队 歌

1=A  4/4

梁集祥填词
李德伦　曲
张广哲整理

6 6 | 6 · i 6 i | i | 6 4 3 · 2 3 4 | 3 3 3 6 · 6 6 |
星 光 映 着 韩 江，月 色 迷 着 铜 鼓 嶂，我们 雄 壮 的

5 6 5 4 3 3 3 | 5 · 6 3 6 | i 2 3 2 3 — | 6 6 6 6 6 i 6 |
粤 东 解放军，英 勇 领 导 人民 来 解 放。 我 们 扫荡梅埔丰，

3 3 3 3 3 5 3 | 6 · 5 3 5 6 | 6 — 5 5 0 | 6 · 5 3 5 3 |
我 们 转战华兴平，攻 进 蕉 岭 城。 你 看： 闽 粤 赣 边

3 5 3 2 i · 7 | 6 · 6 3 0 | 3 4 3 2 3 3 | 2 2 i i 6 |
广大 人 民 上 前 方，你听， 老 百 姓 的 呼 声 愤 怒 而 高 涨，

i · i 7 6 | 3 — — 6 6 | 6 · i 6 i | i | 3 4 3 · 2 3 4 |
勇 敢 而 坚 强， 星 光 映 着 韩 江，月 色 迷 着 铜 鼓

3 3 3 6 · 6 6 | 5 6 5 4 3 3 3 | 5 · 6 3 6 | i 2 3 2 3 — |
嶂，我们 雄 壮 的 粤 东 解放军，英 勇 领 导 人民 来 解 放，

6 6 6 · i 6 i | i 6 4 3 · 2 | 3 4 3 3 3 5 | 5 · 6 5 4 3 3 5 |
克服 一 切 困 难，打进 敌 人 心 脏，蒋 匪 帮 的 统 治 快 灭

3 3 3 5 · 6 | 5 3 3 0 5 0 | 6 — — 0 ‖
亡，蒋 匪 帮 的 统 治 快 灭 亡！

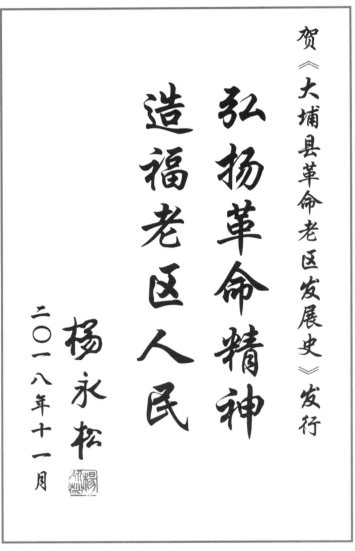

贺《大埔县革命老区发展史》发行

弘扬革命精神
造福老区人民

杨永松

二〇一八年十一月

杨永松系长征老红军、开国少将、曾任北京军区工程兵政委，享受副兵
团级待遇，现年101岁

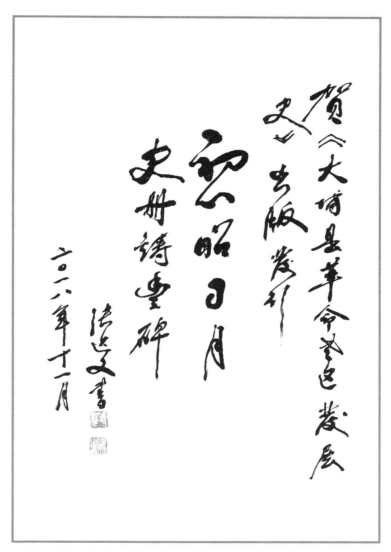

贺《大埔县革命老区发展史》出版发行

恶昭日月

史册铸丰碑

张达文书

二〇一八年十一月

张达文系大埔县政协原主席、大埔县老游击战士联谊会原会长，现年 91 岁

　　根据中国老区建设促进会编纂《全国革命老区县发展史》丛
书部署，广东省老区建设促进会、梅州市老区建设促进会高度重
视，除发出相关文件外，还分别召集了编纂会议，进行具体部署
与编纂指导，大埔县老区建设促进会也把这一工作摆到重要位置，
精心做好组织协调工作。《大埔县革命老区发展史》编纂工作在
县委、县政府的关心支持下，于2018年2月初起动，成立了编纂
委员会及编纂班子并立即开展工作。经过编纂人员近半年的努力，
初稿于8月下旬脱稿。编委会组织了有县委办、县委宣传部、县
党史室、县方志办等相关部门人员及部分老同志参加的"审稿小
组"，着重从"政治、史实、文字"三方面对书稿进行了两次审
核。编纂人员亦根据"审稿小组"提出的意见和建议进行修改，
几易其稿。书稿还得到广东省老区建设促进会领导的审读，提出
修改意见，并帮助修改。

　　《大埔县革命老区发展史》共分九章。全书运用了大量的史
实资料，全景式反映了新中国成立前在党的领导下大埔革命老区
人民为推翻帝国主义、封建主义和官僚资本主义"三座大山"，
为人民解放事业而英勇奋斗的光辉革命历程；客观地展示了新中
国成立后，特别是改革开放以来在党中央和省、市、县委的领导
下大埔革命老区的快速发展并发生巨大变化的辉煌成就史。既展
现了大埔老区人民为革命勇于牺牲、前赴后继的崇高革命品质，

又记录了老区人民百折不挠、科学发展的良好精神风貌。我们相信,《大埔县革命老区发展史》将成为传承红色基因的丰厚载体,学习宣传革命老区、弘扬老区精神的生动教材。

本书编纂过程中,得到了县委办、县府办、县委宣传部、县委组织部、县党史办、县方志办、县扶贫局、县财政局、县经贸局、县农业局、县旅游局、县统计局、县图书馆等部门的大力支持,得到了众多老同志的大力协助,值此仅致诚挚的谢意!

由于水平所限,本书也难免有错漏之处,诚请专家批评指正。

《大埔县革命老区发展史》编委会

2019 年 8 月